Sammlung Metzler
Band 294

for Ted 'heiß aus
der Pfanne ' with
my best wishes.

Lac.

April 1995

Ladislaus Löb

# Christian Dietrich Grabbe

Verlag J.B. Metzler
Stuttgart · Weimar

Die Deutsche Bibliothek – CIP-Einheitsaufnahme

*Löb, Ladislaus:*
Christian Dietrich Grabbe / Ladislaus Löb.
– Stuttgart ; Weimar : Metzler, 1996
(Sammlung Metzler ; Bd. 294)
ISBN 3–476–10294–7
NE: GT

ISBN 3–476–10294–7
ISSN 0558 3667

SM 294

© 1996 J.B. Metzlersche Verlagsbuchhandlung
und Carl Ernst Poeschel Verlag GmbH in Stuttgart
Einbandgestaltung: Kurt Heger
Satz: Johanna Boy, Brennberg
Druck und Bindung: Franz Spiegel Buch GmbH, Ulm-Jungingen
Printed in Germany

Verlag J.B. Metzler Stuttgart · Weimar

*EIN VERLAG DER* SPEKTRUM FACHVERLAGE GMBH

# Inhalt

# Vorwort

»Ein origineller und ziemlich absonderlicher Dichter« – so charakterisierte Sigmund Freud im Jahr 1930 Christian Dietrich Grabbe in *Das Unbehagen in der Kultur* (Freud, *Gesammelte Werke*, 1948, XIV, 422). Eine derart zwiespältige Reaktion rief Grabbe schon in seiner eigenen Zeit hervor und tut es oft heute noch, obwohl er inzwischen auch als einer der bemerkenswertesten deutschen Dramatiker gilt. Um eine ausgewogene Darstellung dieses umstrittenen Autors bemüht sich der vorliegende Band.

Die Einleitung erläutert die Problematik und Bedeutung Grabbes als Mensch und als Künstler in allgemeinen Zügen. Der Abschnitt über Leben und Werk verbindet die notwendigen biographischen Untersuchungen mit Angaben zur Entstehung und Veröffentlichung der einzelnen Dramen und Aufsätze, bei deren ausführlichen Deutungen Grabbes Selbstkommentare mit zur Sprache kommen. Der Abschnitt über die Forschung berichtet über die Interpretation und Wertung Grabbes von ihren Anfängen bis zur Gegenwart, erörtert Sonderfragen der Grabbe-Rezeption durch die Bühne und durch die Nationalsozialisten und sichtet die vorhandenen Materialien. Das Literaturverzeichnis ist nach Sachgebieten geordnet. Das Register führt Grabbes Werke und die im Buch genannten Personen in zwei gesonderten Teilen an.

Grabbes Werke und Briefe werden nach Alfred Bergmanns historisch-kritischer Göttinger Akademie-Ausgabe zitiert. Über die beim Nachweis dieser und anderer Zitate benutzte Methode gibt die Vorbemerkung zum Literaturverzeichnis Auskunft.

# I.
# Einleitung

Christian Dietrich Grabbe gehört zu den großen Einzelgängern der deutschen Literatur. Während seines kurzen Lebens (1801-1836) wurde er als genialisches Talent gefeiert und als versoffener Lump verdammt. Nach seinem Tod geriet er in Vergessenheit, bis ihn im späten 19. Jahrhundert patriotische Regisseure, naturalistische Schriftsteller und positivistische Texteditoren wieder entdeckten. Im 20. Jahrhundert erkannten in ihm sowohl die Expessionisten, Surrealisten und Absurdisten als auch Brecht verwandte Züge. Nach glanzvollen Aufführungen in der Weimarer Republik verfälschten ihn Propagandisten des Dritten Reichs zum überragenden dichterischen Vorläufer des Nationalsozialismus. Eine intensive wissenschaftliche Interpretation seiner Werke begann erst nach dem zweiten Weltkrieg. Heute gilt er als einer der faszinierendsten und zugleich irritierendsten Dramatiker der letzten zwei Jahrhunderte. Obwohl sein Platz in der Geschichte der deutschen Dramatik gesichert scheint, bleiben seine Dramen im einzelnen nach wie vor umstritten.

Grabbes Werk wurde lange nach einem verzerrten Bild seiner Persönlichkeit eingeschätzt. Obwohl die dabei entstehenden Fehlurteile die prinzipielle Fragwürdigkeit biographischer Literaturinterpretation unterstreichen, ist die Kenntnis seines Lebens und Charakters unentbehrlich für ein Verständnis der weltanschaulichen Grundlagen seiner Dramen. Allerdings wird die genaue Nachprüfung biographischer Tatbestände bei ihm wie bei wenigen anderen durch die Unzuverlässigkeit des überlieferten Materials erschwert.

Seine an sich schon beträchtliche Exzentrizität übertrieb Grabbe durch extravagante Streiche und Phantasien, die von zeitgenössischen und späteren Berichterstattern noch weiter zu einer undurchsichtigen Legende ausgemalt wurden. Seine ausgedehnte Korrespondenz ist zur Erforschung seiner Gedankenwelt ebenfalls nur begrenzt brauchbar. Seine Briefe aus dem juristischen Dienst erwecken meist einen vernünftigen Eindruck. Seine Privatbriefe an Eltern, Frau, Freunde, Verleger und Schriftstellerkollegen dagegen tragen überall Zeichen extremer Subjektivität, Launenhaftigkeit oder Unaufrichtigkeit. Logische Überlegungen und objektive Stellungnahmen sind Grabbe fremd. In kräftigen, oft witzigen Formulierungen, aber auch verwirrend sprunghaft mischen sie persönliche Bekenntnisse mit scharfsinnigen Aperçus über Literatur, Kultur und Geschichte, überschwengliche Schmeicheleien mit zügellosen Invektiven, unverbindliche Einfälle und wilde Gefühlsausbrüche mit berechneten Selbstlobpreisungen, Provokationen und Mystifikationen. Dennoch gewähren sie wichtige Einblicke in sein Weltbild und darüber hinaus in die wirtschaftlichen und sozialen Bedingungen dichterischer Produktion in der Restaurationszeit.

Konkrete Aspekte der Grabbe-Biographie – etwa seine Erlebnisse als Kind des Aufsehers im Detmolder Zuchthaus, sein Verhältnis zu Vater und Mutter, seine unregelmäßige Amtsführung und Abdankung als Auditeur (Militärrichter), seine unglückliche Ehe, seine physischen und psychischen Beschwerden und sein Alkoholismus – hat die Forschung in vielen Bereichen geklärt. Eine exakte Trennung von Dichtung und Wahrheit in seiner Legende wird wohl nie gelingen, aber sicher ist, daß er gern als Erzbohemien, Originalgenie und Bürgerschreck posierte und seine Umgebung zwanghaft und genußvoll durch sein Rollenspiel schockierte.

Obwohl Grabbe nicht so einsam war, wie man oft behauptete, litt er an lähmenden Kontaktschwierigkeiten. In Detmold fühlte er sich – teils infolge eigener Verhaltensstörungen, teils wegen der bedrückenden provinziellen Atmosphäre – mißachtet und zugleich seinen Landsleuten überlegen. Seine namentlich von Tieck in Dresden und Immermann in Düsseldorf unterstützten Bemühungen, im großstädtischen Literatur- und Theaterbetrieb Fuß zu fassen, scheiterten an seiner Unfähigkeit, mit der Mentalität gebildeter Kreise Kompromisse zu schließen. Seine Ausschweifungen vernichteten seine ohnehin schwache Gesundheit und brachten ihn früh ins Grab. Insgesamt bietet er das Bild eines hochbegabten, aber körperlich und seelisch labilen, manisch-depressiven Menschen, der in der Enge des Biedermeiers seine niedrige Geburt mit künstlerischem Ruhm zu kompensieren sucht und im Zwiespalt zwischen Emotion und Intellekt, Ekstatik und Zynismus, Minderwertigkeitskomplex und Größenwahn, Aggressivität und Selbstsabotage, mangelndem Anpassungsvermögen und vorsätzlicher Auflehnung untergeht.

Grabbes Weltanschauung gibt zahlreiche Rätsel auf. Während abstraktes Denken und diskursive Argumentation ihm fern liegen, drücken alle seine künstlerischen und privaten Äußerungen ein tiefes gefühlsmäßiges Unbehagen aus, das gleichermaßen seine persönlichen Umstände, die historischen Zustände in Deutschland und die philosophische Verfassung Europas widerspiegelt. Unversöhnlich haßt und verachtet er das Besitz- und Bildungsbürgertum. Für den jungdeutschen Liberalismus hat er ebenso wenig Sympathie wie für den Konservatismus der Burschenschaften, aber die Sehnsucht nach nationaler Vereinigung und Erneuerung teilt er mit Gleichgesinnten in allen politischen Lagern. Als strahlendes Gegenbild zum allgemeinen Verfall verehrt er Napoleon und beobachtet anfangs auch die französische Revolution vom Juli 1830 mit einiger Hoffnung. Seine Geschichtsdramen enthalten verschlüsselte Proteste gegen die Stagnation, Korruptheit und Mittelmäßigkeit, die er für Hauptmerkmale der Restaurationsära hält. Dennoch interessiert er sich kaum für Fragen der Tagespolitik und bleibt im Grunde immer ein unpolitischer Rebell. Auf geistigem Gebiet richtet sich seine Traditionsfeindlichkeit in erster Linie gegen die Literatur der Klassik und Romantik und deren Epigonen. Schiller liebt er zwar, aber in Goethe verabscheut er den erfolgreichen Repräsentanten einer falschen Kultur und Gesellschaft. Wie viele andere junge Intellektuelle und Künstler krankt er an einem für die Periode typischen Weltschmerz. Nach dem Zusammenbruch des Idealismus revoltiert er wütend gegen jeden Versuch einer metaphysischen Deutung und jeden Glauben an Transzendenz in einer als durchweg materiell erlebten Welt, die sich jeder rationalen, moralischen oder religiösen Sinngebung zu verweigern und höchstens die Selbstbehauptung der Individualität als vorübergehende Erfüllung anzubieten scheint.

Auch als Dichter war Grabbe ein Außenseiter, aber kein verkanntes Genie. Als Erzeugnisse der Übergangsperiode vom Idealismus zum Materialismus stehen seine Werke zwischen dem klassizistischen und dem avantgardistischen Drama. An Shakespeare, den Sturm und Drang und Kleist anknüpfend und Affinitäten zur barocken Tragödie, zum romantischen Lustspiel und zum zeitgenössischen Schicksalsdrama zeigend entwickelt er, gleichzeitig mit Büchner, einen eigenen, teils den Realismus, teils die Moderne antizipierenden Dramenstil. Seine erste Tragödie *Herzog Theodor von Gothland* und seine erste Komödie *Scherz, Satire, Ironie und tiefere Bedeutung* wurden bei ihrem Erscheinen zu einer mit Bewunderung und Bestürzung begrüßten Sensation. Seine späteren Dramen – *Die Hohenstaufen, Napoleon oder die hundert Tage* und *Hannibal* -wurden ebenfalls bald enthusiastisch gepriesen, bald heftig kritisiert, aber immer mit Achtung entgegengenommen. Zur Aufführung gelangte allerdings, mit Ausnahme einer einzigen Vorstellung von *Don Juan und Faust,* zu seinen Lebzeiten keines seiner Stücke. Die Zwiespältigkeit der Urteile lag im allgemeinen an seiner Originalität, die er nicht verleugnen wollte und konnte, obwohl er sich oft vornahm, um des Erfolgs willen Zugeständnisse zu machen. Vom Theater im besonderen wurde er abgelehnt, weil er die technischen Möglichkeiten der damaligen Bühnen ignorierte und mit seinem ungehobelten Benehmen Intendanten, Regisseure und Schauspieler vor den Kopf stieß. In seiner eigenen Tätigkeit als Kritiker erwies er sich als ausgezeichneter Kenner von Literatur und Theater, aber seine oft ebenso gescheiten wie boshaften Kommentare gründen nirgends auf einer durchdachten Theorie.

Unter Grabbes Dramen gilt *Gothland* als einer der eindrucksvollsten tragischen Erstlinge und *Scherz, Satire* als eines der wenigen großen Lustspiele der deutschen Literatur. In beiden Stücken desillusioniert er alle idealistischen Wertsetzungen, sei es durch sadistische Greueltaten und Blasphemien, sei es durch freche Karikatur und höheren Blödsinn. *Don Juan und Faust* verkündet als sein bühnengerechtestes und dem traditionellen Ideendrama am nächsten verwandtes Stück seine endgültige Absage an die Metaphysik zugunsten der Diesseitigkeit. Seine bedeutendste Leistung konstituieren seine Geschichtsdramen, deren Form und Inhalt ihn gleichermaßen als einen kühnen Neuerer ausweisen. Unter diesen gelten *Marius und Sulla* meist als vielversprechender Anfang, *Die Hohenstaufen* als Nebenprodukte und *Die Hermannsschlacht* als Dokument des Niederganges. Sein Meisterwerk und eines der bemerkenswertesten Geschichtsdramen der Weltliteratur überhaupt ist *Napoleon*, die persönlichste Abbildung seiner eigenen Leiden *Hannibal*.

Dank seiner vorzüglichen Sachkenntnis erreicht Grabbe in seinen Geschichtsdramen einen hohen Grad der Authentizität, entfaltet jedoch gleichzeitig eine selbständige Geschichtskonzeption. Radikal verwirft er sowohl die fortschrittsgläubige Historiographie seines Jahrhunderts wie die idealistisch orientierte Geschichtsdramatik des Klassizismus. Im Gegensatz etwa zu Schiller findet er in der Geschichte keine abstrakten Ideen, keine moralischen Werte, keine transzendente Bedeutung, sondern nur den sinnlosen oder zumindest unbegreiflichen Zusammenstoß immanenter Kräfte, in dem der brutale Machtkampf alle anderen Bestrebungen verdrängt und der Zufall die Rolle des Schicksals übernimmt. Als erster deutscher Dramatiker deutet er historische Prozesse nicht aus den Projekten und Konflikten großer Helden, sondern aus dem Neben- und Gegeneinander herausragender Einzelgestalten und sozialer, ökonomischer und politischer Tendenzen, in dem unpersönliche Massenfaktoren gegenüber heroischen individuellen Aktionen den Ausschlag geben. Die Massen erscheinen in seiner Wiedergabe meist als passiv, wankelmütig und anarchistisch, nur dann zum Heldentum fähig, wenn eine führende Persönlichkeit sie, vor allem im Krieg, zu einer begeisterten Gemeinschaft vereinigt. Die Helden sind ihrerseits vitalistisch konzipierte, amoralische Gewaltmenschen, die kein positiver Entwurf und kein hohes Ziel, sondern nur ein hypertropher Wille zur Selbstbehauptung vorantreibt. Sie mögen der allgegenwärtigen Banalität und Dekadenz ein Vorbild der Energie entgegenhalten, indem sie scheinbar autonom in die Ereignisse eingreifen, aber sie scheitern an der Niedertracht der Menge, dem Geist der jeweiligen Zeit oder der Vergänglichkeit aller Dinge. Ihre Taten haben keine bleibende Wirkung, und nach ihrem Untergang wälzt sich die Geschichte in leerem Kreislauf unverändert weiter.

Ebenso neuartig wie Grabbes Geschichtskonzeption sind seine technischen Experimente, zumal in seinen späten historischen Stükken. Mit dem Gehalt des klassischen Ideendramas verwirft er auch dessen regelmäßige äußere Gestalt und ersetzt sie durch eine episodische, offene Form. Seinem Begriff einer zusammenhanglosen Welt entspricht eine fragmentarische Dramaturgie. Seine Helden gehorchen keiner psychologischen Motivierung, kennen keine innere Entwicklung und stehen nicht ebenbürtigen Antagonisten, sondern einsam der Übermacht anonymer Umstände gegenüber. Seine Sprache wandelt sich allmählich von einem durch Bombast, Hyperbolik und ungewollten Stilbrüchen gezeichneten Vers zu einer pointierten, lakonischen Prosa, die ihre stärksten Effekte aus einer eigentümlichen Mischung von alltäglichen und gehobenen Registern, Roheit und Raffinesse, Wirklichkeitsnähe und Stilisierung bezieht. Seine Metaphern charakterisieren Leben und Geschichte als Bestialität, Zerstörung, Leerlauf und Komödie. Durch die Aufsprengung der traditionellen dramatischen Struktur, die in manchen Beziehungen den Film vorwegnimmt, vermag er, in breiten historischen Panoramen und polyphonen Massenszenen eine Fülle empirischen Materials in seiner Totalität zu erfassen und lebendig zu vergegenwärtigen. Seine Genrebilder von Stadtvolk, Soldaten und Bauern zählen zu den Paradebeispielen theatralischer Epochen- und Milieuschilderung. Berühmt – oder berüchtigt – sind seine Schlachtszenen, in denen er einerseits mit bemerkenswertem Geschick ganze Armeen auf die Bühne zaubert, andererseits manchmal an den Rand der Unspielbarkeit gerät. Hauptmerkmale seiner Kunst sind Diffusität und Inkongruenz, dynamische Bewegung und explosive Konzentration, grelle Kontraste und abrupte Umschläge, der kaleidoskopartige Wechsel der Perspektiven, die Antinomie nach Geschlossenheit strebender und divergenter Momente, das Durcheinander von Tragik und Komik, Pathos und Banalität, zorniger Satire und übermütigem Spiel, die gegenseitige Durchdringung des Realistischen mit dem Burlesken, Grotesken und Absurden. Grundprinzip seiner gesamten Dramaturgie ist die Ironie.

Angesichts der Komplexität von Grabbes Persönlichkeit und Werk verwundert es nicht, daß die Forschung ein widerspruchsvolles Bild von ihm zeichnet. An seiner Weltanschauung werden die antiidealistischen Grundzüge selten bestritten, aber im übrigen schwanken die Interpretationen zwischen den Extremen: Nihilismus oder heimliche Sehnsucht nach Erlösung; Fatalismus oder Voluntarismus; Titanismus als Gegenentwurf zur gemeinen Masse oder Entmythologisierung des Einzelnen durch Aufdeckung der anonymen historischen Triebkräfte; Destruktivität um ihrer selbst willen oder als Voraussetzung der Regeneration; fortschreitende Verdüsterung oder zunehmend intensive Suche nach Positivem; Triumph des Asozialen oder Utopie der Gemeinschaft. In ästhetischer Hinsicht steht zur Debatte, ob der Mangel an Synthese, Kohärenz und Harmonie künstlerische Inkompetenz verrate oder überzeugend die Erfahrung einer chaotischen Wirklichkeit reproduziere. Mit besonderer Relevanz für die Geschichtsdramen diskutiert man, ob die gleichzeitige Hochschätzung und Relativierung des großen Einzelnen personalistische und kollektivistische Anschauungen in einer ästhetisch störenden oder fruchtbaren Weise verbinde. Die weltanschaulichen und ästhetischen Überlegungen münden gemeinsam in der unentschiedenen Frage, wie weit Grabbes antiidealistischer Immanenzglaube, seine materialistische Geschichtskonzeption und seine antiklassische Handlungs- und Sprachführung ihn zum Realisten stempeln und wie weit andererseits die expressiven, grotesken und absurden Merkmale der Dramen die These des Realismus widerlegen. Auf politischer Ebene sucht man schließlich, nicht ohne Kontroversen, nach Elementen, die seine fatale Einvernahme durch die Nationalsozialisten begünstigt haben könnten.

Grabbe ist nicht der einzige Dichter, den sich die verschiedensten Richtungen und Phasen der literarischen Rezeption im Sinne der jeweils bevorzugten Ideologie aneigneten. Die ungewöhnliche Fülle disparater Fragen und Antworten reflektiert jedoch in seinem Fall eine ungewöhnliche Faszinationskraft. Trotz aller Vorbehalte und Einschränkungen gehört er zweifellos zu den großen Experimentatoren der dramatischen Weltliteratur.

# II.
## Leben und Werk

## 1. Leben

### 1.1. Elternhaus, Kindheit Schule: Detmold 1801-1820

Christian Dietrich Grabbe wurde am 11. Dezember 1801 als einziges Kind seiner Eltern in deren Dienstwohnung im Zuchthaus Detmold im westfälischen Fürstentum Lippe-Detmold geboren. Der Vater, Adolph Henrich Grabbe (1765-1832), früher Taglöhner und Postbote, arbeitete als Zuchtmeister (Zuchthausaufseher) und im Nebenberuf Leihkassenverwalter in Detmold. Er wird allgemein als wenig gebildeter, aber fleißiger Kleinbürger geschildert. Die Mutter, Amalia Catharina Dorothea geb. Grüttemeier (1765-1850), war vor ihrer Heirat Dienstmagd gewesen. Ihr Charakter, der Grabbe stärker beeinflußt zu haben scheint, ist umstritten.

Grabbes erster Biograph Duller schildert Dorothea als eine »bösartige, halbverrückte Natur«, deren »bizarrer Starrsinn in des Sohnes Blut übergegangen« sei und deren »sonderbares Wesen« seinen »angeborenen Trotz« verstärkt und ihn zugleich »bis zur Blödigkeit« eingeschüchtert habe (Duller, 7.3 1838, 8, 11-12). Die Schuld an seinem späteren Alkoholismus trage »eine Mutter, die ihrem Kinde von dessen viertem Lebensjahre an täglich betäubende geistige Getränke darbietet, und ihm des Nachts beim Schlafengehen solche vor das Bette setzt« (8). Grabbes zweiter Biograph Ziegler, der Grabbe und seine Verhältnisse besser kannte, beurteilt sie freundlicher. Obwohl ihr »etwas Leidenschaftliches und Hastiges« eigne und »höhere geistige Bildung« fehle, »soll sie von jeher ein honettes und solides Regiment in ihrem häuslichen Kreise geführt haben« (Ziegler, 7.3 1855, 9). Zwar sei Grabbe »ein guter Theil Barockheit und Starrsinn von seiner Mutter angeboren«, doch verdanke er ihr auch seine »weibliche Erregbarkeit und Beweglichkeit« (12). Das Material zu Dullers Anklagen entstamme ganz dem »Gehirn der Wittwe Grabbes« (11). Wie weit beide Biographen recht hatten, läßt sich nicht genau entscheiden, zumal ein Prozeß, den Grabbes Witwe gegen verschiedene Zieglersche Anschuldigungen einleitete, bei ihrem Tod ohne Urteil endete. Wohl mag Grabbes Mutter ihrem Sohn schon früh Alkohol als Beruhigungsmittel verabreicht haben, aber ob sein Alkoholismus tatsächlich daher rührte, ist ungewiß. Ebenso kann man über die Ursachen seines lebenslangen neurotischen Verhaltens nur spekulieren, wobei man sich heute hüten wird, bereits beim Kind eine durch die Mutter verursachte »psychopathische Minderwertigkeit« (Piper, 7.2 1898, 7) zu diagnostizieren.

Immermann berichtet Grabbes wiederholten Ausruf: »Was soll aus einem Menschen werden, dessen erstes Gedächtniß das ist, einen alten Mörder in freier Luft spazieren geführt zu haben!« (Bergmann, 7.1 1968, 148). Nach Duller war ihm »wie sein Stolz und sein Eigensinn (...) von der Kindheit her sein ganzes Leben hindurch auch eine gewisse Aengstlichkeit im Benehmen geblieben, welche fast an Unbeholfenheit grenzte«; die »Furcht, sich lächerlich zu machen«, habe ihn gezwungen, das »Gegenteil von dem, was er dachte«, zu sagen und »seine heiligsten Gefühle« unter »phantastischen Masken« zu verbergen (Duller, 7.3 1838, 13). Nach Ziegler reagierte er bald »niedergeschlagen, zumal wenn ihm Widerspruch entgegen gekommen war«, bald »ausgelassen bei den geringsten Erfolgen«; eine »außerordentliche Unruhe« habe ihn »theils zu einem eigenthümlichen Starrsinn« und »theils zu allerlei wunderlichen Ausflüchten und Sprüngen« getrieben (Ziegler, 7.3 1855, 23-24). Obwohl während Grabbes Kindheit kein Mörder im Detmolder Zuchthaus inhaftiert war, mag seine Anekdote auf beunruhigende Erlebnisse oder auch auf seine Scham über den Beruf seines Vaters hinweisen. Eine schwache Konstitution, Übersensibilität, Verunsicherung durch die labile Mutter und Verwöhnung durch beide Eltern dürften ihn weiter belastet haben. Jedenfalls litt er zeitlebens an manisch-depressiven Anfällen und Minderwertigkeitsgefühlen, die er mit Verstellung, Arroganz und Größenwahn kompensierte.

Von 1807 bis 1812 besuchte Grabbe die Bürgerschule, ab 1812 das Gymnasium in Detmold. Früh begann er eine lebenslange weitläufige Lektüre, die Geschichte, Geographie, Reisebücher, Journale und klassische sowie neue Literatur umfaßte. In charakteristischer Weise Begeisterung und Berechnung verbindend – und seine Ambitionen ankündigend – bat er 1818 seine Eltern um Bezahlung der Werke von Shakespeare, die er insgeheim bestellt hatte: »Durch *eine* Tragödie kann man sich Ruhm bei Kaisern, und ein Honorar von Tausenden erwerben und nur durch *Shakespeares* Tragödien kann man lernen gute zu machen, denn er ist der erste der *Welt*« (V, 14). Neben Shakespeare bewunderte er Schiller am meisten. Das Detmolder Theater besuchte er regelmäßig, wobei er das Spiel »bald aufglühend vor Lust, bald vor Schmerz und Aerger das Gesicht verziehend« (Ziegler, 7.3 1955, 17) verfolgte und oft spöttisch kritisierte.

Als Gymnasiast zeigte Grabbe ein zwiespältiges Bild. Seine Lieblingsfächer waren Geographie und Geschichte. Für ein Universitäts-Stipendium der Fürstin Paulina zur Lippe empfahl ihn 1818 der Rektor »sowohl in Rücksicht seiner Gesinnung und seiner Sittlichkeit als seiner Fähigkeit und Kenntnisse«, während andere Lehrer seinen »stillen Fleiß« und seine »Beweise eigenen Nachdenkens« lobten (V, 10-11). Ein Märchen, das er mit 16 oder 17 Jahren schrieb, bewunderte sein Deutschlehrer: »Es ist ja, als ob man von Calderon oder Shakespeare etwas lese« (Ziegler, 7.3 1855, 18). Vor der fürstlichen Familie rezitierte er mit Erfolg aus Schillers »Lied von der Glocke«. Sein Betragen war jedoch problematisch. Der Gönner seines Vaters, Archivrat Christian Gottlieb Clostermeier, lobte sein »Talent«, aber beklagte den »bizarren Zug in seinem Charakter« und seine »unbeschreibliche Menschenscheu« (Bergmann, 7.1 1968, 14-15). Bereits damals trank er. Als ihn ein Lehrer bei einem verbotenen Besuch in einem »Conditorladen« ertappte, »wandelt ihn eine solche Verlegenheit und Keckheit an, daß er augenblicklich sechs Liqueure fordert und alle sechs in Gegenwart des Lehrers herunterstürzt« (Ziegler, 7.3 1855, 22). Das Reifezeugnis wurde ihm 1819 trotz fachlicher Universitätsreife »in Hinsicht seines frühen Alters, von dem man jugendliche Ausbrüche fürchtet« (V, 18), verweigert und erst am 15. März 1820 gewährt.

Am 28. Juli 1817 sandte er sein erstes Drama *Theodora* an die Göschensche Verlagsbuchhandlung. Von seiner Naivität und Einbildung zeugt der Begleitbrief, in dem er den Verleger auffordert, das Manuskript »den ersten oder den zweiten Tag nach dem Empfange durchzulesen«, ihm »gleich darauf für jeden geschriebenen Bogen eine Pistole in Golde« zu zahlen und das Werk »mit einem Kupfer zu irgend einer Szene verziert« bis »künftigen Ostern« herauszubringen (V, 8-9). Im Jahr 1819 oder 1820 arbeitete er an einem Trauerspiel *Der Erbprinz*. Beide Manuskripte sind verschollen. Möglicherweise erscheinen Stellen aus ihnen in *Herzog Theodor von Gothland* wieder.

## 1.2. Studien, Boheme, dichterische Anfänge: Leipzig, Berlin 1820-1823

Am 5. Mai 1820 immatrikulierte sich Grabbe an der Universität Leipzig zum Jurastudium, obwohl er sich nur für die historisch-theoretische Seite des Fachs interessierte und nicht Anwalt werden wollte. Finanziell war er, dank der Ersparnisse der Eltern und der ihm von Fürstin Paulina gewährten Hälfte der »Stipendien der Elftausend Jungfrauen und des Heiligen Kreuzes«, besser gestellt als die meisten Studenten aus einfachen Familien. Im Stadttheater sah er häufig Dramen deutscher und ausländischer Klassiker und zeitgenössischer Trivialautoren sowie Oper und Ballett. Viel Zeit verbrachte er mit Kommilitonen und Schauspielern in Kaffeehäusern und frequentierte vermutlich Prostituierte. Obwohl er wahrscheinlich nicht, wie oft behauptet, an Syphilis erkrankte, dürfte er sich zumindest durch alkoholische Exzesse Schaden zugefügt haben. Wie Ziegler mitteilt, »gab er sich häufig einem wilden zügellosen Leben hin, es war als ob er sich in den Armen der Sinnlichkeit, in dem Genuß der heißesten Getränke betäuben wollte; er stürmte förmlich auf seine Gesundheit los« (Ziegler, 7.3 1855, 27). Seine bereits aus der Schülerzeit bekannten rebellischen Stimmungen kehrten als »schmerzliche Empörung« gegen »den Druck der Alltäglichkeit, die Macht der Verhältnisse« wieder, wobei seine »Lust am Zerstören« und sein »Zweifel an dem Idealen« seine Neigung verstärkten, »jeder Begeisterung einen spöttischen Nachklapp zu geben« (27-28). An der Tagespolitik nahm er keinen Anteil, trat keiner Studentenverbindung bei und interessierte sich nicht für die liberalen Bewegungen in Deutschland und anderswo in Europa.

Einigen Aufschluß über sein Studentendasein geben seine Briefe an die Eltern, obwohl sie in farbiger, aber extrem sprunghafter Weise meist nur Alltäglichkeiten melden. An eine juristische Laufbahn in Detmold dachte er mit Widerwillen und hoffte, anderswo an einem Theater als Dichter, Dramaturg oder Schauspieler Anstellung zu finden. Im Januar 1822 schrieb er: »Ich bin bald (sehr bald) so weit, daß ich mich um alle lippischen Räthe, Assessoren ect. nicht mehr zu bekümmern brauche«. Deutlicher erklärte er etwas später: »Mein Stück kommt täglich seiner Beendigung näher; (...) es wird mich gewiß sehr berühmt machen« (V, 36-37). Wie echt dieser Optimismus war, ist schwer zu entscheiden; möglicherweise wollte er sich selbst ermutigen oder die Eltern hinhalten. Tatsächlich arbeitete er aber an dem bereits in Detmold begonnenen *Gothland* und machte die Bekanntschaft seines Mitstudenten Georg Ferdinand Kettembeil, der sein erster Verleger werden sollte. Am 9. März 1822 verließ er Leipzig mit dem Abgangszeugnis der Universität.

Am 29. April 1822 immatrikulierte er sich an der Universität Berlin, wo er außer Jura Vorlesungen beim Historiker Friedrich von Raumer hörte. Das Studium nahm er noch weniger ernst als in Leipzig. Das Schreiben setzte er dagegen energisch fort. Am 11. Juni beendete er *Gothland* und Mitte September *Scherz, Satire Ironie und tiefere Bedeutung*. Auch festigte sich seine Freundschaft mit Kettembeil, der jetzt in Berlin den Buchhandel erlernte. Am 2. August lernte er Heinrich Heine, Karl Köchy, Friedrich von Uechtritz und andere junge Schriftsteller und Bohemiens kennen. Wieder besuchte er häufig das Theater, wo er den bedeutenden realistischen Darsteller Ludwig Devrient spielen sah. Über seinen Lebenswandel kursierten bereits viele Anekdoten, die – wie etwa die über die sukzessive Versetzung der Silberlöffel seiner Eltern – oft von ihm selbst oder von Bekannten erfunden oder ausgeschmückt worden sein dürften. Etwas einseitig berichtet Ziegler über seine »geniale Liederlichkeit«: »Da gab es meistentheils tolle Scenen in der Weise Fallstaffs, und Grabbe, welcher der Mittelpunkt dieser Gesellschaft wurde, ward angestaunt, wenn er sich in seinen Sonderbarkeiten gehen ließ« (Ziegler, 7.3 1855, 47). Womöglich gehörte er zu zwei Gruppen, deren eine ernste literarische Gespräche führte, gemeinsam Werke bekannter Dichter las oder eigene Schriften vorstellte, während die andere in Gaststätten E. T. A. Hoffmanns berühmte Gelage im Weinhaus Lutter & Wegener nachahmte. Daß er schon schwer trank, bezeugt Friedrich Wilhelm Gubitz, der Herausgeber der Zeitschrift *Der Gesellschafter*, der »von dem Schreckensanblick und den Folgen dieser, den Manneswerth selbstmörderisch entwürdigenden Trunkwuth erschüttert« wurde (Bergmann, 7.1 1968, S. 26). Sein Geldmangel und seine gesundheitlichen Beschwerden sind bei dieser Lebensweise nicht verwunderlich.

Obwohl Grabbe seiner Zukunft als Schriftsteller zunächst mit krampfhafter Zuversicht entgegensah, litt er weiterhin an einer »innern Zerrissenheit« und »Gleichgültigkeit, die (...) ihn auch seine eigenen Werke und sein poetisches Talent oft mit Geringschätzung, fast mit Ekel anblicken ließ« (Ziegler, 7.3 1855, 46). Daß sein Ehrgeiz nicht unbegründet war, erkannte Heine als einer der ersten. In seinen *Memoiren* schrieb er später,

»daß besagter Dietrich Grabbe einer der größten deutschen Dichter war und von allen unseren dramatischen Dichtern wohl als derjenige genannt werden darf, der die meiste Verwandtschaft mit Shakespeare hat. (...) Er hat dieselben Plötzlichkeiten, dieselben Naturlaute (...). Aber alle seine Vorzüge sind verdunkelt durch eine Geschmacklosigkeit, einen Cynismus und eine Ausgelassenheit, die das Tollste und Abscheulichste überbieten, das je ein Gehirn zu Tage gefördert. Es ist aber nicht Krankheit (...), was dergleichen hervorbrachte, sondern eine geistige Intoxikation des Genies (...) so könnte man unsern Grabbe leider mit doppeltem Rechte einen betrunkenen Shakespeare nennen« (Bergmann, 7.1 1968, 23-24).

Grabbe äußerte sich seinerseits über Heine immer in verächtlichen und antisemitischen Tönen.

Am 21. September schickte Grabbe das Manuskript des *Gothland* an Tieck, den er »im Bewußtseyn«, daß er »etwas Ausgezeichnetes, wenn auch nichts Gutes geleistet« habe, aufforderte, ihn »öffentlich für einen frechen und erbärmlichen Dichterling zu erklären«, wenn sein Trauerspiel »den Producten der gewöhnlichen heutigen Dichter ähnlich« sei (V, 46). Tiecks Antwort vom 6. Dezember enthielt eine ausführliche Beurteilung. Sie bezeugt dem Stück eine einmalige »Seltsamkeit, Härte, Bizarrerie und nicht selten große Gedanken, die auch mehr wie einmal kräftig ausgedrückt sind«; allerdings gefalle es sich »im Entsetzlichen, Grausamen und Cynischen« und zerstöre »alles Gefühl und Leben des Schauspiels« durch seinen »unpoetischen Materialismus«; gerade die besten Stellen ließen mit dem »Zweifel an Gott oder Schöpfung« den »Ton einer tiefen Verzweiflung ausklingen« (V, 49-50). Obwohl er »zweifle«, daß Grabbes »Talent ein dramatisches« sei, da ihm »die Ruhe und Behaglichkeit, die Fülle der Gestalten« abgehe, zieht Tieck das Fazit: »Ihr Werk hat mich angezogen, sehr interessirt, abgestoßen, erschreckt und meine große Theilnahme für den Autor gewonnen, von dem ich überzeugt bin, daß er etwas viel Besseres liefern kann« (51).

Grabbes Antwort vom 12. Dezember vermengte Wahrheit und Pose, dürfte jedoch das Klischee vom wilden Genie – zumindest seine Arbeitsweise betreffend – bedeutend einschränken. Obwohl er seit seinem siebzehnten Jahr »fast alle Höhen und Tiefen des Lebens durchgemacht« habe, wolle er nicht »auf Lord Byrons Manier« mit seinem »Schmerze renommiren«. Er werde sich bemühen, »bloß heitere Sachen zu schreiben«, die auch »besser gelingen« würden, weil sie ihm »ferner stehen«. Überhaupt dichte er »nicht in leidenschaftlicher Bewegung, sondern besitze (...) während des Schreibens die starrste Kälte«. Zum gleichzeitig an Tieck gesandten Manuskript von *Scherz, Satire* erklärte er unaufrichtig, daß die Angriffe auf bekannte literarische Persönlichkeiten im Stück »harmlos gemeint« seien. Zutreffend und aufschlußreich ist dagegen seine Behauptung, daß »der ganze Gang der Handlung absichtlich so lose und wunderlich aneinander gestellt ist« (V, 53). Tiecks Urteil über *Scherz, Satire* fiel im folgenden Frühjahr negativ aus. Seine Würdigung von *Gothland* ließ Grabbe in der Erstausgabe von 1827 mit einigen eigenen Anmerkungen abdrucken, in denen er eher aus Berechnung als aus Überzeugung erklärte, daß die Fabel vielleicht an »Überhäufung«, aber nicht an »Unwahrscheinlichkeit« leide (51) und der »Cynismus« sich nicht als »das Höchste und Letzte geben« wolle, sondern »nur stellenweise als Gegensatz der neumodischen Sentimentalität« erscheine (49).

Während Grabbes Eltern, die nicht mehr für seinen Unterhalt aufkommen konnten, ihn an sein Studium und seine Zukunft als Jurist in Detmold mahnten, meldete er ihnen um diese Zeit große Berliner Erfolge. *Gothland* falle seinen Lesern »so sehr auf, daß sie

beinahe wirblicht vor Überraschung werden«, und verschaffe ihm
»immer mehr Freunde, Bekannte und Bewunderer«; eine Veröffentlichung habe er abgelehnt, weil er das Stück zuerst »auf das Theater
bringen« wolle (V, 42-43). Ein Angebot von »nur ein Louisd'or für
den Bogen« für *Scherz, Satire* habe er ebenfalls ausgeschlagen (47).
Zusammenfassend schrieb er:

»Noch nie bin ich so anerkannt worden als wie jetzt; in einer beschränck-
ten, kleinen Stadt wie Detmold können mich die Leute nicht begreifen,
und ich muß darin verkümmern wie welkes Laub; hier haben meine Bekannte Nachsicht mit meinen Fehlern, weil sie einsehen, daß dieselben aus
meinen Vorzügen entspringen. Ein hiesiger Schriftsteller hat von mir ge-
sagt: ich wäre ein Mensch, den man erst nach Jahrhunderten verstehen
würde« (48).

Obwohl er tatsächlich unter seinen Bekannten den Ruf eines unge-
wöhnlichen Talents genoß, malte er seine Aussichten noch rosiger
als früher in Leipzig, nicht zuletzt um die Eltern über seine präkere
Lage hinwegzutäuschen und sich selbst die Notwendigkeit einer bal-
digen Rückkehr nach Detmold zu verhehlen.

Trotz seiner Wunschträume konnte sich Grabbe in Berlin nicht
durchsetzen. Ein Verleger für seine Dramen fand sich ebensowenig
wie ein Engagement an einem Theater. Wahrscheinlich im Frühjahr
1823 verfaßte er unter charakteristischen Verdrehungen der Wahrheit einen Hilferuf an Friedrich Wilhelm Kronprinz von Preußen.
Mit Recht bemerkt er, daß er sich als Jurist »vor keinem Examen zu
fürchten brauche« und für *Gothland* »wegen seiner Sonderbarkeit einen hohen Preis zu erhalten dachte«. Seine Not schildert er jedoch
mit phantastischen Übertreibungen und der Pointe: »Viele nannten
mich genial, ich weiß indeß nur, daß ich wenigstens Ein Kennzei-
chen des Genies besitze, den *Hunger*« (VI, 361-362). Er scheint den
Brief allerdings nicht abgeschickt zu haben und verließ am 28. Februar oder 1. März 1823 Berlin, ohne sein Studium abzuschließen.


*1.3. Beziehung zu Tieck, Schauspielerträume,*
    *Wanderschaft: Leipzig, Dresden, Braunschweig, Hannover 1823*

Am 6. März 1823 kam Grabbe in Leipzig an. Zwei Tage später
schrieb er an Tieck nach Dresden und bat ihn dringend um eine für
Verleger bestimmte Begutachtung von *Scherz, Satire* und um Vermittlung eines Engagements am Theater, da er »ein höchst bedeu-
tendes Talent zum Schauspieler besitze« (V, 65). Gleichzeitig meldete er ihm die Vollendung von *Nannette und Maria* und den Anfang

der Arbeit an *Marius und Sulla*. Der Brief erteilt trotz seiner typischen Mischung von falscher Demut, maßloser Prahlerei und berechtigtem Stolz nützliche Auskünfte. So ist es durchaus möglich, daß er in seiner Schulzeit manche seiner Lehrer »in den Wissenschaften (...) überflügelte« und daß Archivrat Clostermeier seine »mehr als gewöhnliche Kenntniß der Geschichte« erkannt und ihm bereits als Gymnasiasten »Hoffnung dereinst sein Adjunct zu werden« gemacht habe (63-64). Ob seine früheren »Ausbrüche des jugendlichen Muthes« an sich eine bürgerliche »Laufbahn im Lippischen« vereitelt hätten, ist ungewiß; seine Furcht, im provinziellen Detmold »zu dem erbärmlichsten Brodgelehrten« zu »versauern«, ist jedoch durchaus verständlich (64). Echt scheint auch die Versicherung an Tieck: »es ist keine Frechheit daß ich Sie hierum bitte, es ist Verzweiflung«. (65). In einem weiteren Appell an Tieck bat er um »Nachsicht« für die jugendlichen »Gemeinheiten« in *Scherz, Satire* und erklärte über sein »Talent zur Bühne«, daß er seine Stimme »ohne Anstrengung vom feinsten Mädchendiscant bis zum tiefsten Basse moduliren« könne und »den Falstaff oder Dupperich nicht weniger gut agiren« würde als »z. B. den Hamlet oder Lear« (V, 66-67).

Nach Tiecks prompter Empfehlung bemühte er sich bei dem Ästhetikprofessor Amadeus Wendt und dem Schauspieler Eduard Jerrmann umsonst um eine Stellung am Theater in Leipzig. Jerrmann erinnerte sich später, von Grabbes Vortrag von Shakespeare-Rollen nicht überzeugt, aber von der Lesung einer eigenen Szene »hingerissen« gewesen zu sein (Bergmann, 7.1 1968, 39). Wendt schrieb etwas zweideutig an Tieck, daß Grabbe »unter den Schauspielern nicht als *gewöhnliche* Person stehen« würde; als »eine der Eigenthümlichsten Naturen« scheine er »bestimmt zu seyn, durch die mannichfaltigsten Zustände sich hindurchzuschlagen, bis die Kraft sich zerrieben oder er in Anschauung eines Höhern Ruhe finden kann« (Bergmann, 7.1 1968, 40). Auf die Frage, was ihn interessiere, soll er Wendt geantwortet haben: »Das ist ja das entsetzlichste an diesem Menschen, daß ihn nichts reizt und fesselt!« (41). An seinen Freund Ludwig Gustorf schrieb er: »Neulich war ich seit vier Jahren wieder zum erstenmal in der katholischen Kirche, und ich fühlte fast bis zu Thränen, wie sehr mir ein inniger Glaube Noth thut« (V, 79).

Am 25. März fuhr Grabbe auf Tiecks Einladung nach Dresden. Obwohl Tieck, seinem Biographen Rudolf Köpke zufolge, bald erkannte, daß Grabbe »weder Stimme, noch Haltung, noch Wandlungsfähigkeit« (Bergmann, 7.1 1968, 46) für die Bühne besaß, verschaffte er ihm finanzielle Unterstützung für einen Aufenthalt in

Dresden. Auch führte er ihn in seine eigenen Intellektuellen- und Künstlerkreise ein, die Grabbe allerdings mit seiner »Zügellosigkeit« vor den Kopf stieß:

»er war bald scheu, bald hochfahrend. An keinem Gespräche nahm er Theil; oft stand oder saß er stumm auf einer Stelle, oder sah, unbekümmert um die Gegenwärtigen, zum Fenster hinaus. (...) Am beredtesten war er in der Mitte ungebildeter Leute (...), denen er erhitzt und großsprecherisch von sich und seinen Dramen erzählte, obgleich sie schwerlich je etwas von Poesie, und von seinem Namen gewiß nichts gehört hatten« (46-47).

Tieck mußte bald erkennen, daß Grabbe nicht in die gehobene Gesellschaft paßte, während Grabbe sich von Tieck, der ihm weder ein Engagement am Theater noch die Veröffentlichung seiner Dramen ermöglichen konnte, verraten fühlte.

Als die gegenseitige Enttäuschung unerträglich wurde, schickte Tieck Grabbe Ende Juni unter Vorwand eines Auftrags an einen Verleger nach Braunschweig. Grabbe machte zuerst sechs Wochen Halt in Leipzig, wo er sein Bohemeleben wieder aufnahm und das Reisegeld durchbrachte. Den Eltern hatte er aus Dresden, wie früher aus Leipzig und Berlin, künstlerische und gesellschaftliche Erfolge gemeldet. Jetzt versprach er ihnen erneut »etwas Gedrucktes«, weil Tieck »einen tüchtig bezahlenden Buchhändler« für ihn suche. Die Unwahrheit, daß er sich »heiter, frisch, froh, gesund« fühle, begleitete die Bitte um ein Darlehen (V, 89). Anfang August traf er in Braunschweig ein. Der Intendant des Nationaltheaters, August Klingemann, kaufte ihm *Nannette und Maria* ab, aber es kam weder zu einer Aufführung noch zu einem Engagement. In seinem Empfehlungsschreiben hatte Tieck erklärt, Grabbe könnte, »wenn er erst alle Grillen und Seltsamkeiten seines Wesens überwunden hat, als Dichter etwas leisten; jetzt sind seine Sachen, wenn sie auch Talent verrathen, noch sehr roh und unbeholfen«; an Grabbes Talent zum Schauspieler »zweifle« er allerdings (Bergmann, 7.1 1968, 44). Klingemann gestand seinerseits Grabbe als Dichter »viel Eigenthümlichkeit und Phantasie« zu, sah ihn aber als ungeeignet für die Bühne, weil »ein von Innen heraustobender Sturm« nicht erlaube, daß sich bei ihm »etwas ruhig bilde und gestalte« (Bergmann, 7.1 1968, 49). Klingemanns Rat, sein Glück in Bremen zu versuchen, befolgte Grabbe anscheinend nicht, weil er kein Geld mehr für die Reise hatte. Der Intendant in Hannover war unmittelbar vor seiner Ankunft verreist.

Ende August 1823 kehrte Grabbe niedergeschlagen nach Detmold zurück. Sein gesellschaftlicher Mißerfolg läßt sich wohl zum Großteil seinen psychischen und sozialen Kontaktstörungen, sein schauspielerisches Fiasko seiner ungenügenden Begabung zuschreiben. Für die Ablehnung seiner Dramen durch Theater und Verleger trägt jedoch die meiste Verantwortung ein Kulturbetrieb, der ihre Originalität nicht erkennen konnte.

## 1.4. Anpassungsversuche: Detmold 1823-1827

Am 29. August 1823 ersuchte Grabbe Tieck erneut um »irgend eine theatralische, juristische, schriftstellerische oder abschreiberische« (V, 93) Arbeit und meldete ihm den Fortgang von *Marius und Sulla* sowie die Idee von *Don Juan und Faust*. Der Brief zeigt seine übliche Tendenz zu Selbstdramatisierung und Berechnung, gibt jedoch wertvolle Aufschlüsse über seine Stimmung. Auf die Beschreibung seiner verstohlenen nächtlichen Heimkehr in »das verwünschte Detmold«, wo er sich gegen die »Freudenthränen« seiner Eltern »mit der plumpsten Grobheit« habe »waffnen« müssen, um nicht »eine ifflandische Scene« aufzuführen, folgt sein drastisches Urteil: »Mein Malheur besteht einzig darin, daß ich in keiner größern Stadt, sondern in einer Gegend geboren bin, wo man einen gebildeten Menschen für einen verschlechterten Mastochsen hält« (92-93). Ähnlich klagte er im nächsten Monat gegenüber Gustorf, daß er in Detmold »abgeschnitten von aller Litteratur, Phantasie, Freunden und Vernunft (...) am Rande des Verderbens« stehe (94).

Nachdem sich weder eine Antwort von Tieck noch eine andere Fluchtmöglichkeit einstellte, fand Grabbe sich, wenigstens zeitweilig, mit der Notwendigkeit eines bürgerlichen Berufs ab. Im Februar 1824 beantragte er die Zulassung zur Prüfung, und am 8. Juni bewilligte ihm Leopold II. Fürst zu Lippe die Ausübung der Advokatur. Kettembeil berichtete er später:

»Hier wurde *wild*, vielleicht *gemein* von mir gelebt, ich kam, wie ich glaube, in üblerm Ruf als ich gewesen, ich dachte nicht daran, mich in der Kleinstädterei anzusiedeln. (...) Aber nun – nach jenen 4 Monaten wüster Wirthschaft entschloß ich mich (sta viator), das juristische Examen zu machen, und, was noch mehr war, alle Vorurtheile, die wider mich im Schwange waren, entscheidend zu besiegen (...). Fuimus Troes, ich ward Advocat« (V, 148).

Zunächst arbeitete er gewissenhaft als Advokat, obwohl er meist nur triviale Aufträge mit niedrigen Honoraren erhielt. Seine Dichtungen ließ er liegen. Er lebte zurückgezogen und kam nur gelegentlich mit ehemaligen Schulkameraden zusammen oder saß allein in einem Wirtshaus und las. Wenn er an öffentlichen Orten »Personen aus den ersteren Ständen« traf, »war er gewöhnlich sehr still (...), indem er sich einestheils bei seiner für ihn unglücklichen Stellung zurückgesetzt fühlte, anderntheils aber (...) sich weit über alle seine Umgebung erhob und diese mit einer Art Geringschätzung ansah« (Ziegler, 7.3 1855, 60). Sein einziger Freund war der Kanzleirat und spätere Redakteur des *Lippischen Magazins* Moritz Leopold Petri. Ihm schickte er am 18. November 1826 *Gothland* mit der Bemerkung: »er ist (...) der berechnetste und *verwegenste* oder doch *tollste* dramatische Unsinn, den es gibt. Ich verfalle nicht wieder darein« (V, 140). Damals wie später war er einer der eifrigsten und gebildesten Benutzer der Öffentlichen Bibliothek Detmold.

Allmählich begann Grabbe, den Advokatenberuf zu hassen. Ende 1825 bewarb er sich umsonst beim Fürsten um die Stelle des Amtsschreibers in Örlinghausen und Anfang 1826 um die des Amtsauditors in Horn. Im Sommer 1826 bat er den alternden Archivrat Clostermeier, ihn als seinen Nachfolger zu empfehlen. Bei dieser Gelegenheit gestand er seine »aus Blödigkeit herstammende Scheu«, die ihm von Kind auf »jede Annäherung« an den ihm an Alter und Stand überlegenen Clostermeier verunmöglicht habe; überhaupt könne er infolge seines »Mißtrauens« gegen sich selbst schwer glauben, daß seine Bekanntschaft »einem Dritten irgend angenehm seyn« könnte (V, 112). Obwohl Grabbe selbst sein »Wissen« als »großes, meist unnützes Stückwerk« (114) bezeichnete, empfahl ihn Clostermeier warm als seinen Nachfolger. Die Regierung lehnte aber das Gesuch ab und ernannte den Bibliothekar Friedrich August Wasserfall zum Assistenten des Archivrats. Grabbe schien dadurch »allen Lebensmuth verloren« (Ziegler, 7.3 1855, 63) zu haben, und »ein bitterer Groll vergiftete von nun an seine Tage« (Duller, 7.3 1838, 28). Unterdessen hatte er sich jedoch auch um eine Stellvertretung für den kranken Auditeur Wilhelm Christian Rotberg beworben. Auf Empfehlung des Regierungsrats Christian von Meien wurde er am 19. Oktober 1826 ohne festes Gehalt Rotberg als einstweiliger »Gehülfe beygeordnet« (V, 133).

Unverhofft bot Kettembeil, jetzt Inhaber der J. C. Hermannschen Buchhandlung in Frankfurt a. M., Grabbe am 28. April 1827 die Veröffentlichung seiner Werke an. Am 4. Mai antwortete Grabbe:

»Ich stehe erträglich und verdiene auch erträglich – aber ich bin nicht glücklich, werde es auch wohl nie wieder. Ich glaube, hoffe, wünsche, liebe, achte, hasse *nichts*, sondern verachte nur noch immer das *Gemeine*; ich bin mir selbst so gleichgültig, wie es mir ein Dritter ist; (...) ich bin überzeugt alles zu können, was ich will, aber auch der Wille erscheint mir so erbärmlich, daß ich ihn nicht bemühe (...). Meine jahrelange Operation, den Verstand als Scheidewasser auf mein Gefühl zu gießen, scheint ihrem Ende zu nahen: der Verstand ist ausgegossen und das Gefühl zertrümmert« (V, 149).

Auf einen »angemesseneren Wendepunct« für sein Leben hoffend referiert er über seine Dramen. Zu *Gothland* und *Scherz, Satire* erklärt er, seine frühere Bemerkung gegenüber Petri fast wörtlich wiederholend, daß es schwerlich »in der Litteratur etwas Tolleres und Verwegeneres« gebe, wodurch sie allerdings »die Aufmerksamkeit um so mehr erregen« könnten; sie hätten »abscheuliche Fehler«, aber auch »Lichtseiten, wie keiner unserer dermaligen jungen Poeten sie schaffen möchte«. Trotz ihrer »alles überbietenden Frechheit«, wehe »ein Geist darin, der sicher hier und da imponirt, ja vielleicht zerschmettert« (151). Ferner meldet er, daß »die Hälfte des vollkommen umgearbeiteten Sulla« vor ihm liege und daß er neulich zur Übung »2 Scenen« aus *Don Juan und Faust* geschrieben habe; außerdem denke er an einen »Roman«, der »in der trüben Zeit von 1806-1813 spielt, und Vieles aus unserem Staats- und Wissenschafts-Wesen reflectiren soll«. Wenn die vorliegenden Werke Erfolg hätten, würde er sich »als der Litteratur zurückgegeben« betrachten; für den Verleger wäre er »nicht die schlechteste Acquisition«, denn er besitze »Bizarrerie, zuweilen Witz, ein wenig Lauge, mancherlei Wissenschaftlichkeit, erträgliche Kenntniß der Litteratur und Kritik pp« und könne auch »arbeiten« (152). Der Brief ist ein Paradebeispiel der Grabbeschen Mischung von echter Depression und Weltschmerzpose, Selbstironie und Überheblichkeit, Angst und Aggressivität, spontaner Selbstenthüllung und kalter Berechnung.

Die drei fertigen Dramen und das Fragment von *Marius und Sulla* schickte Grabbe am 1. Juni an Kettembeil. Im Begleitbrief behauptet er zuversichtlich, seine »früheren Poesie-Producte (...) jetzt weit überflügeln zu können« (V, 159), und meldet eine Fülle von »Journal- Bücher- Kritik- Theater- Musik-Ideen« (159). Mit einiger Berechtigung fragt er, ob seine Werke »nicht mehr Kern, Feuer pp als die Eseleien der sämmtlichen heurigen Dramatiker« (160) hätten. Durch eine burschikose Grobheit verkündet er eine dissidente Kunstauffassung: »ich speie in die sogenannte Poesie!«, und seinen Ehrgeiz bekennt er unverhüllt: »Fehlt auch alles, *imponiren* müssen wir« (158-159). Am 26. Juli folgte *Über die Shakspearo-Manie.* Von der »Tendenz« der Abhandlung, die für eine Zeit der Shakespeare-Vergötzung »etwas Unerhörtes« sei, versprach er sich »etwas kritischen Ruf und ohne Zweifel Eintritt in die kritischen Journale« (V, 170). Mit charakteristischer Undankbarkeit gedachte er, wie er es zwei Wochen später ausdrückte, »den Matadors-Ruhm zu erlangen«, indem er »Tieck, i.e. seiner albernen Kritik den Todesstoß« gebe (V, 177).

Im Sommer 1827 überschüttete er Kettembeil mit Briefen über Textänderungen, Drucklegung, Verkaufspreis und andere technische Fragen. Gleichzeitig äußerte er sich zu ästhetischen Aspekten der Werke, wobei erneut sein aus Bombast und Selbstironie, künstlerischer Begeisterung und zynischer Effekthascherei zusammengesetzter Ton auffällt. Seine hektischen Bemühungen um Publizität entsprangen, hier wie später, nicht nur dem Kompensationsdrang eines narzißtischen Außenseiters, sondern auch der Entschlossenheit eines kleinbürgerlichen Schriftstellers, sich im Literaturbetrieb der Zeit durchzusetzen. Eine nach allgemeinem Brauch von ihm selbst verfaßte anonyme Rezension, die allerdings nirgends erschien, zeigt beispielhaft seine Sensationsgier, aber auch seine Einsicht in die eigene Problematik:

»Offenbar ist der Verfasser in mehr als einer Rücksicht untergegangen, mit Ernst und mit Spott scheint er alles Sittliche und Ideale zertrümmert zu haben, er selbst ist mit sich uneins, er ist sich nichts, deshalb ihm auch die Welt (...). Man muß dem Verf. dieser Dichtungen bedeutende Objectivität und Phantasie zugestehen (...). Dennoch spürt man in seinen Stücken überall nur die Trümmer einer *zerstörten* Subjectivität; der Verf. hat Ruinen gemacht, um daraus neu zu bauen; seine Werke erfreuen nicht, aber erschüttern« (V, 194-196).

Der Veröffentlichung sah er mit starker Zuversicht entgegen. Dabei hoffte er weniger auf einen soliden künstlerischen Erfolg als auf einen »großen Eclat« (V, 169) und wollte hauptsächlich »vor den Kopf schlagen« (184). Begeistert kündigte er Kettembeil seine nächsten Dramen an. *Marius und Sulla* möge »bis dato« sein »Höchstes« darstellen, doch *Don Juan und Faust* und *Die Hohenstaufen* würden »größer«; er habe »genug zertrümmert und verdaut« und müsse »wieder aufbauen« (161). Ferner meldete er Gedanken an »ein Journal (...) mit einem täglichen Überblick der Albernheiten, die in den übrigen Journalen erscheinen« (162), die Schilderung eines »großartigen Juden« (164), seine eigene »Lebensbeschreibung (...) in einem Romane« (164), »ein Buch über die Gefahr, welche uns von Rußland droht« (172), eine »Erbschaftsrecht«-Edition (172) und einen Angriff auf die »Napoleono-Manie« (191). Bedenkenlos versprach er dem Verleger »zwei Trauerspiele, zwei Comödien, sechs Abhandlungen über Literatur und ihre Heroen, eine Masse Kritiken (...) Jahr für Jahr« (179).

Ende September 1827 erschienen die fünf Werke in der J. C. Hermannschen Buchhandlung in Frankfurt in zwei Bänden unter dem Titel *Dramatische Dichtungen von Grabbe. Nebst einer Abhandlung über die Shakespearo-Manie.* Grabbe schickte sie an Goethe und

Tieck, erhielt jedoch keine Antwort. Sein »Vorwort« zeigt die übliche Verkoppelung von Selbstlob und Erkenntnis:

»All hier erscheinenden Stücke (...) schweifen in Extreme hinaus, die jetzt dem Verfasser wohl Erstaunen abnötigen, doch keinesweges sein Wohlgefallen erregen. Findet nun der Leser neben diesen Extremen nicht eine Masse unverzärtelter Poesie, tüchtigen Scharfsinns und Witzes, so verdient der Verfasser Gewissensbisse und literarische Strafe. Er verdient diese Strafe auch dann noch, wenn bei genauer Prüfung nicht jeder kunstverständige Leser entdeckt, daß grade bei den verwegensten Stücken ein konsequent befolgter Plan zu Grunde liegt, der jene Extreme nicht nur *bedingt*, sondern hier und da auch *rechtfertigt*, und bis in Kleinigkeiten (...) hineinwirkt« (I, 1-2).

In den folgenden Monaten bemühte sich Grabbe hektisch um Rezensionen. Als Material, aus dem Kettembeil für das Publikum »brauen« möchte, was er wolle, notierte er beispielsweise anfangs Dezember 1827 sein »vielfaches Geschäftsleben als Jurist«, die »Gefängnisscenen« seiner Kindheit, seinen »Haß auf die detmoldischen kleinlichen Umgebungen a priori«, die »Zuneigung«, die er »in den höchsten Ständen« genossen habe, und »innere und äußere Abgründe«, die er »bestmöglich verstecken« müsse. Ebenso arrogant wie geschäftüchtig erklärte er, daß »der Pöbel (wozu mancher Autor gehört)« zwar »nichts« entscheide, aber die Werke durch den »Tadel selbst (...) Aufsehen erregen« würden (V, 190). Mitte Januar 1828 forderte er mit unverfrorenem Opportunismus Kettembeil auf: »Bei Katholiken gib mich nur für bekehrt und katholisch aus, und bei Juden meinetwegen für einen Juden, – was frag' ich nach der Chaussée, wenn ich nur die Stadt erreiche« (V, 204-205).

Tatsächlich erschienen zwischen November 1827 und April 1829 in rund einem Dutzend der führenden literarischen Zeitschriften Rezensionen, die Grabbe ein außerordentliches Talent bescheinigten. Im allgemeinen erging sich die Kritik, meist in bezug auf *Gothland*, in erschreckten und faszinierten Tiraden über die beispiellose Kreuzung von Gräßlichkeit, Gemeinheit und Unanständigkeit mit überwältigender gedanklicher Kühnheit und poetischer Gewalt der Werke. Binnen kurzem war Grabbe berühmt, und seine Depression wich einer manischen Phase.

# 2. Werk

## 2.1. Herzog Theodor von Gothland
Vollendet 1822, Erstdruck 1827, Uraufführung Wien 1892

*Herzog Theodor von Gothland* gilt allgemein als eines der eindrucksvollsten Erstlingswerke der deutschen Dramatik. Grabbe selbst weist
auf einige Ähnlichkeiten der Hauptperson mit dem norwegischen
König »Erik Blutaxt« (genauer Erik Blodöx) hin, erklärt aber: »Mr.
Gothland ist in der Handlung reine Erfindung, obwohl ich, eh' ich
ihn begann, aus angeborener Liebe nordische Natur und Geschichte
studirt hatte« (V, 184). Zu den zahlreichen literarischen Einflüssen
gehören das elisabethanische Drama (namentlich Shakespeares *Titus
Andronicus, Richard III., Othello* und *King Lear*), das Sturm-und-
Drang-Drama (Schillers *Räuber*), die nachromantische Schicksals-
tragödie (Adolph Müllners *König Yngurd* und *Die Schuld*) und die
Dichtung Byrons (*Cain*). Nicht zu Unrecht nannte man das Stück
»die Zusammenfassung einer bunten, z.T. höchst trivialen Prima-
ner- und Studentenlektüre, eine individuelle Summa der gesamten
vor- und schauerromantischen Barocktradition« (Sengle, 8 1980,
153).

Der lange Text überbordet in inhaltlicher wie in formaler Beziehung jede dramatische Norm und geht, wie Grabbe selbst bemerkte,
»in Extreme aller Art« (V, 182). Trotz der herkömmlichen fünfaktigen Form gelang Grabbe keine »konsequent-finale, das ganze Stück
umgreifende Entwicklung«, sondern nur »eine Summierung einzelner Handlungsbögen und -abschnitte« (Hegele, 8 1970, 22). Der
lückenhafte Zusammenhang zwischen Aktionen und Aussagen, die
Fülle mangelhaft integrierter Ereignisse und Personen, die unüber-
sichtlichen Intrigen und Gegenintrigen, die chaotischen Kampfsze-
nen, die weitschweifigen Dialoge und Monologe, die wild schwankenden Stimmungen wirken verwirrend. Die Häufung der Greueltaten, die pubertären Gedanken- und Gefühlsexzesse, die überspannte
sprachliche Mischung von Bombast und Vulgarität erzeugen Momente unfreiwilliger Komik, obwohl Grabbe, wenigstens in bezug
auf die Diktion, behauptete: »den Vers hätte ich leicht verbessern
können, aber theils ist er berechnet, theils gehört er zum Gothland
wie das Fell zur Hyäne« (V, 182). Dennoch ist das Stück ein bemer-
kenswertes Zeugnis für sein originelles Talent. Die »ästhetischen
Brüche« seiner neuartigen Darstellungweise, in der das Grob-Reali-
stische oder das Groteske und Absurde wiederholt das tragische Pathos verdrängt, lassen tatsächlich den »Beginn einer neuen Ästhetik
des Dramas« erkennen (Ehrlich, 7.3 1986, 52).

Das Stück ist vor allen Dingen Ausdruck einer radikalen Desillusion. Die eigentliche Handlung besteht im Umschwung des Helden von Idealismus zu Zynismus, Friedlichkeit zu Gewalt, Gerechtigkeit zu Anarchie, Liebe zu Haß, Humanität zu Misanthropie, Glauben an eine göttliche Ordnung zu Blasphemie und Atheismus. Eben weil er »vorher (...) gut« war, ist Gothland »dreifach bös« geworden (I, 96). Da sein Vertrauen auf ewige Werte sich als illusorisch erwies, glaubt er nur noch an die »Allmacht und Allgegenwart der *Zeit*« (129). Der Mensch erscheint ihm als »ein geschminkter Tiger« (33), dessen niedrige Triebe ironisch seine edleren Bestrebungen verneinen: »Der Mensch / Trägt Adler in dem Haupte / Und steckt mit seinen Füßen in dem Kote!« (81). Da anstelle einer gütigen Vorsehung »allmächtger *Wahnsinn*« die Welt »erschaffen hat« (81) und »allmächtge *Bosheit*« sie »lenkt« und »zerstört« (82), folgert er: »Ja, Gott / Ist boshaft und *Verzweiflung* ist / Der wahre Gottesdienst!« (82-83). Aufgrund der vermeintlichen Verkommenheit der Welt und Nichtigkeit des Menschen feiert er sadomasochistisch den Zusammenbruch alles Positiven. Jeder Hoffnung auf Erlösung beraubt, wirft er sich in die totale Negation.

Gothland verwandelt sich vom treuen Sohn, Bruder, Vater, Ehemann und Vasallen in einen Verräter und Mörder, weil er sich infolge tragischer Irrtümer in seinem schwärmerischen Glauben an das Gute und Wahre getäuscht zu haben meint. Seine Verblendung ruft die Erkenntnisprobleme Heinrich von Kleists, sein mörderischer Fanatismus dessen Michael Kohlhaas in Erinnerung; mit Büchners Danton teilt er eine zunehmende Lethargie. Seine fatalen Trugschlüsse führt sein Gegenspieler, der Neger Berdoa, der außerdem seinen Sohn durch sexuelle Exzesse zugrunderichtet, mit systematischen Täuschungsmanövern herbei. Nach Grabbe selbst zerstört Berdoa »alles Gemüthliche und rein Menschliche« im Stück; durch seine Manipulationen »erstarrt« Gothland, »ein kühner, aber schwacher Mensch, (...) zu einem Bösewicht, der den Neger noch überbietet« (V, 194). Gothlands Vernichtung durch Berdoa vollzieht sich in einer für die Schauerdramen der Zeit typischen, stürmischen skandinavischen Landschaft unter grellen Kontrasten zwischen Schwarz und Weiß, Christentum und Heidentum, Zivilisation und Barberei. Mit seinen Ränken will sich Berdoa für Mißhandlungen durch die Europäer rächen, die jedoch dramatisch seine Ruchlosigkeit ungenügend motivieren. So wird er zu einer satanischen Figur, die Verderben als Selbstzweck betreibt und deren verhängnisvoller Einfluß auf Gothland den Sieg des Bösen über das Gute überhaupt repräsentiert. Seine Bestialität unterstreichen Raubtiermetaphern, die eine Umkehrung des Rousseauschen »edlen Wilden« suggerieren. Gothland wiederum stirbt, nachdem er sich an Berdoa gerächt hat, nicht in einer kathartischen Stimmung der Reue, Sühne oder Versöhnung, sondern in Apathie und Langweile. Durch den Untergang des Bösen wie des Guten wird keine höhere Ordnung wiederhergestellt.

Geistesgeschichtlich reflektiert Gothlands Desillusionierung die häufige seelische Krise junger Intellektueller im frühen 19. Jahrhundert, die sich »ohne den Glauben an ein ewiges überzeitliches Ideal« der »Isolierung und Entfremdung« ausgeliefert fühlten (Cowen, 8 1977, 424-425). Der Zerfall idealistischer Überzeugungen führte bei Grabbe – wie auch etwa bei Büchner, Heine und hauptsächlich Byron – zu einem Weltschmerz, der sich einerseits in gelangweiltem Dandyismus, andererseits in trotziger Destruktion aller überzeitlichen Werte manifestierte. Dementsprechend wurde *Gothland* »ein dramatisches Monstrum des Weltschmerzes« und »das erste Drama des völligen Nihilismus« (Wiese, 8 1948, 461-462) genannt. Obwohl das Stück in einem unbestimmten Mittelalter spielt, läßt es die Grundzüge von Grabbes späteren Geschichtsdramen ahnen, in denen die historischen Entwicklungen keinerlei transzendenten Sinn beinhalten und die scheinbar autonomen historischen Persönlichkeiten unentrinnbar von der jeweiligen Gegenwart determiniert bleiben. Grabbes zorniges Gefühl, auf der ganzen Linie betrogen worden zu sein, artikuliert sich in Gothlands Umschlag ins absolut Negative.

Als Reaktion auf objektive Tatbestände verkörpert das Stück je nach Interpreten eine »Radikalisierung des Aufklärungsmaterialismus« (M. Schneider, 8 1973, 15), einen »Protest gegen das geistige und kulturelle Leben der beginnenden Restaurationsepoche und im besonderen gegen die spätromantische und pseudoromantische Literatur« (F. J. Schneider, 7.3 1934, 101), eine »Anklage gegen eine real antihumanistische Gesellschaftsordnung« (Ehrlich, 7.3 1986, 47) oder die Suche nach einer »neuen Sicht der Dinge« in Anbetracht des »Mißverhältnisses zwischen realem gesellschaftlichen Leben und den Projektionen des Idealismus« (Kopp, 8 1982, 30). Eine von Grabbe bewußt schockierend formulierte Provokation seiner Zeitgenossen ist es in jedem Fall.

## 2.2. Scherz, Satire, Ironie und tiefere Bedeutung
Vollendet 1822, Erstdruck 1827, Uraufführung Wien 1876

*Scherz, Satire, Ironie und tiefere Bedeutung* ist nicht nur Grabbes komisches Meisterwerk, sondern auch eines der größten deutschen

Lustspiele. Mit seiner Mischung von Literaturkomödie, Gesellschaftssatire und Märchenspiel und seiner illusionsbrechenden Technik folgt Grabbe der Tradition des romantischen Lustspiels, das seinerseits auf Aristophanes, Shakespeare, die commedia dell'arte und die volkstümlichen Gattungen von Schwank, Posse, Puppentheater, Pantomime und Fastnachtsspiel zurückgeht und in den Stücken von Tieck (*Der gestiefelte Kater, Die verkehrte Welt* und *Prinz Zerbino*) gipfelt. Die Konventionen des romantischen Lustspiels benutzt er jedoch, um die Romantik selbst zu widerlegen. Dabei zeigt er nicht nur Züge eines für die Zeit neuen Realismus, sondern nimmt auch durch groteske und absurde Elemente die Moderne vorweg.

Auf der Ebene der Literaturkomödie verkündet Grabbe seine Verachtung der »Heringsliteratur« (I, 226) der Epoche. Er persifliert aber nicht nur die modischen Trivialautoren, Rezensenten, Zeitschriften, Schauspieler und Sänger, sondern auch Größen wie Klopstock, Goethe, Schiller, Shakespeare und andere. Dem Publikum wirft er vor, daß es »eine kecke starke Lustigkeit« nicht ertragen und einen Autor »verkennen« würde, der »frei und eigentümlich« ein »Lustspiel schriebe, welches bis in die unbedeutendsten Teile auf höhere Ansichten gegründet wäre« (256). Tragödien brauchten »nur die gehörige Mittelmäßigkeit«, um »den rauschendsten Applaus« zu ernten (257); auf den »kritischen Nachtstühlen« erhöben »Judenjungen« die »Armseligkeitskrämer zu den Sternen« (227). Die Klischees der empfindsamen Liebes- und Abenteuerliteratur parodiert er durch das edle, aber skurrile Paar Liddy und Mollfels. Die Eigenschaften des Dichters karikiert er durch den feigen Ästheten Rattengift, den verliebten Mollfels und zuletzt durch seinen eigenen Auftritt. Wenn er nicht nur die Darsteller des geldgierigen Wernthal und des brutalen Mordax aus ihrer Rolle fallen und vor dem Baron ins Orchester fliehen läßt, sondern selbst als »der vermaledeite Grabbe« und »Verfasser dieses Stücks« (273) auf der Bühne erscheint, so bekräftigt er mit der Verfremdungstechnik der »romantischen Ironie« nicht wie üblich die Souveränität der Kunst, sondern gibt sie, sein eigenes Stück mit eingeschlossen, endgültig dem Zweifel preis. Jenseits der Literatur attackiert er die ganze Restaurationsgesellschaft: die Kirche, die Wissenschaft, die Beschränktheit der niederen Stände, die brutale Habgier der Aristokratie und viele öffentliche Einrichtungen und Ereignisse.

Grabbes Satire wurzelt einerseits in einem handfesten Realismus und steigert sich andererseits ins Farcenhafte, Groteske und Absurde. Realistisch bei aller Karikatur sind seine niederdeutsch-dörflichen Schulmeister-Szenen. Der prügelnde, verfressene und versoffene Lehrer war schon seit dem Barock ein Stereotyp der Komödie, aber bei Grabbe wird er zu einem bemerkenswert individuellen Charakter. Mit Mollfels und Rattengift veranstaltet er eines der komischsten Trinkgelage im deutschen Drama. Als eingefleischter Materialist untergräbt er mit seinem zynischen Mutterwitz jedes Pathos und jede Prätention zeitgenössischer Kultur. Mit seinen Wort- und Gedankenspielen verwandelt er die Erkenntnisse des gesunden Menschenverstandes in Blödsinn und triviale Beochachtungen in surrealistische Visionen. Seine erotischen Erinnerungen und seine Köderung des Teufels mit Kondomen, die Grabbe aus Angst vor der Zensur für die Erstausgabe zu Casanovas *Memoiren* abschwächte, schlagen eine obszöne Note an. Trotz seiner realistischen Züge beeindruckt er vor allem als eine »phantastische Erfindung, der ganze Mann ein Spiel des Grabbeschen Witzes und der Grabbeschen Ironie« (Wiese, 8 1968, 293).

Die phantastischsten Effekte verdankt das Stück dem Teufel. Er ist weder eine dämonische Gestalt wie der »Ritter« in *Don Juan und Faust* noch das Werkzeug eines göttlichen Heilsplans wie Goethes Mephisto. Als volkstümliche Schwankfigur delektiert er sich an übernatürlichen Streichen, die ohne schlimme Folgen bleiben, und gegen den Schulmeister zieht er den kürzeren, indem er »Pfötchen« geben muß, um aus seinem Käfig freigelassen zu werden (I, 271). So stiftet er eher irdische Verwirrung als metaphysisches Unheil. Dennoch ist auch er ein Geist der Verneinung. Seine Späße kehren alle hergebrachten Werte in ihr Gegenteil um und verspotten Welt und Menschen mit schonungsloser Radikalität. Er hat »die Französische Revolution, ein Trauerspiel in vierzehn Jahren, mit einem Prologe von Ludwig XV.« verfaßt und beschäftigt sich mit »einem Possenspiele, welches unter dem Titel: der griechische Freiheitskampf vom Verfasser der französischen Revolution, im Verlage des türkischen Kaisers erscheint« (241). In einer vielzitierten Passage beschreibt er die Welt als »ein mittelmäßiges Lustspiel« (241), in dem »die Hölle« als »die ironische Partie (...) besser geraten« sei als »der Himmel, welches der bloß heitere Teil desselben sein soll« (242). In solchen bitteren Scherzen zeigt sich die düstere Seite der Komödie.

Grabbe selbst erklärt im »Vorwort«, daß »diesem Lustspiel eine entschiedene Weltansicht zu Grunde liegt«, und fügt hinzu: »Im übrigen verspottet es sich selbst« (I, 214). In seiner Selbstrezension bemerkt er: »Scherz, Satire pp (...) wird bei Jedem lautes Lachen erregen, doch im Grunde nur ein Lachen der Verzweiflung« (V, 195). Die »Weltansicht« ergibt sich allerdings nicht aus abstrakten Ideen, sondern aus der dramatischen Struktur. Indem Grabbe unbekümmert um Kausalität und Logik die skizzenhafte Haupthandlung und die breit ausgeführten Nebenepisoden »absichtlich so lose und wunderlich aneinander« (V, 53) stellt, den marionettenhaften Personen die psychologische Motivierung versagt und die gedanklichen Vorgänge ins Ungereimte verdreht, bewirkt er eine totale »Aufsprengung des klassischen Komödienmusters ebensowohl wie des romantischen« (Schnell, 8 1987, 87). Das entscheidende Formprinzip ist, wie immer wieder betont wird, die »Ironie«, mit der er »jeden scheinbar festen Standpunkt ad absurdum führt« (Wiese, 8 1968, 291). In dieser Darstellungsweise erscheint nicht nur das Leben auf Erden, sondern auch Himmel und Hölle als ein unverbindliches Spiel. Indem das Stück jede Aussage relativiert, jede Gewißheit verneint, jede rationale Einheit verweigert, demonstriert es, »daß es so etwas wie einen verborgenen Sinnzusammenhang, eine poetische und metaphysische Wahrheit gar nicht mehr gäbe« (H. Kaiser, 8 1986, 17). Die Negation geht über die bloße »Zivilisations- und Bildungsverachtung« (Brüggemann, 8 1977, 135) hinaus, und wieder scheint die Diagnose des »Nihilismus« zuzutreffen: »Jede Art von Transzendenz ist hier leer geworden (...). Nicht nur Scheinwerte werden parodiert und travestiert, sondern die Welt der Werte überhaupt« (Wiese, 8 1968, 295).

Nach Grabbes eigener Meinung ist *Scherz, Satire* »zwar aus den nämlichen Grundansichten entsprungen, aber in der äußeren tollkomischen Erscheinung ein vollkommener *Contrast* des so tragischen Gothlands« (V, 158). Tatsächlich kehren hier nicht nur einzelne Motive, sondern auch die zentrale Problematik von *Gothland* wieder. Mollfels' »abgeschmacktes Trauerspiel« über die »Gottheit der Antifatalisten, die Langeweile« (I, 251-252) verweist auf die Grundstimmung, Mordax' Abschlachten der Schneidergesellen auf die Bluttaten, die Destruktivität des Teufels auf Berdoas satanische Züge im früheren Drama. In *Scherz, Satire* überwiegt jedoch trotz des Leidens an einer alle Ideale verhöhnenden Wirklichkeit die anarchistische Komödie. Grabbe feiert fröhlich das Paradoxe, Inkonsequente und Irrationale. Er schwelgt in verrückten Einfällen, geistreichem Unsinn, maßloser Verzerrung und hemmungsloser Zerstörung. Er praktiziert das Grausame und Makabre mit spielerischer Lust und schockiert mit Genuß. Eine einseitige Betonung der »Verzweiflung« wäre ebenso verfehlt wie eine einseitige Betonung des »Lachens«. Am plausibelsten scheint der Hinweis auf die »unüberwindbare Verwirrung der Gefühle«, die »dieser schwarze Humor« erweckt (Cowen, 8 1977, 430).

## 2.3. Nannette und Maria
Entstanden 1823, Erstdruck 1827, Uraufführung Kettwig 1914

*Nannette und Maria* nannte Grabbe »eine *Skizze*, nichts weiter« (V, 194-195). Er schrieb das belanglose Stück in der Absicht, dem Theater im allgemeinen und Tieck im besonderen entgegenzukommen. Die melodramatische Handlung von Liebe, Eifersucht, Doppelmord und Versöhnung, die Beschwörung eines feindlichen Schicksals, die Evokation einer pseudo-italienischen Natur, die vermischten Gewalttaten und pastoralen Idyllen, die stereotypen adligen Gestalten, die bombastischen oder empfindsamen Jamben mit ihren abgegriffenen Bildern gehören zu den Klischees der Taschenkalender- und Frauenalmanach-Literatur, die Grabbe selbst in *Scherz, Satire* verspottete. Die abrupte Folge der Szenen, die spärliche Motivierung der Ereignisse, der Mangel an psychologischer Entwicklung erzeugen »ein nervös hastendes Tempo« (F. J. Schneider, 7.3 1934, 140), ohne seine spätere Prägnanz ahnen zu lassen. Manchmal leuchtet in einer nüchternen Bemerkung, einer realistischen Beobachtung oder einem grotesken Bild sein charakteristischer Stil auf, und das »Alltägliche, Banale, Krude« mag »stellenweise den zur bloßen Form erstarrten Idealismus« sprengen (Vogt, 8 1991, 34). Aber im ganzen hatte er durchaus recht, als er das Stück wegwerfend als »mein sentimentales Thier« (V, 84) bezeichnete. Es besteht kein Grund, mehr dahinter zu suchen, als er selbst nahelegt: »Die liebe Nannette; ich gebrauche sie als eine Hure, sie zieht die Narren an« (V, 184). In der Tat ist das »ländlich-heitre Trauerspiel«, wie er es Tieck besänftigend anzeigte (V, 66), bloß »ein oberflächlicher Anpassungsversuch« (Sengle, 8 1980, 158), der ihm nicht einmal den erhofften Tageserfolg brachte .

## 2.4. Marius und Sulla
Entstanden 1823-1827, Erstdruck 1827, Uraufführung Detmold 1936

Mit *Marius und Sulla* wandte sich Grabbe dem Geschichtsdrama zu. Die drei Akte der ersten Fassung entstanden im Frühling 1823. Die zweite Fassung umfaßt die im August 1823 beendete Umarbeitung dieser Akte und Inhaltsangaben weiterer Szenen aus dem Sommer 1827. Die erste Fassung benutzt nur Blankvers, die zweite Blankvers und Prosa. Als Quellen dienten vor allem die *Parallelbiographien* von Plutarch und die *Römische Geschichte* von Appianos von Alexandria. In einer Anmerkung erklärt Grabbe, er habe sich »genau an die Geschichte zu halten gesucht, und dennoch ganze Jahre versetzen müssen«, und verteidigt sein Vorgehen: »Der Dichter ist vorzugsweise verpflichtet, den wahren Geist der Geschichte zu enträtseln. Solange er diesen nicht verletzt, kommt es bei ihm auf eine wörtliche historische Treue nicht an« (I, 409). Damit folgt er Lessing und Schiller, obwohl er mit seinen zum Dokumentarischen neigenden Darstellungen der Geschichte Büchner näher steht.

Die historischen Ereignisse erstreckten sich von Marius' Ächtung 87 v. Chr. bis Sullas Rücktritt 79 v. Chr. Grabbe verkürzt sie auf sechs Jahre und konzentriert namentlich die Feldzüge in wenige Episoden. Von seinen Quellen übernimmt er das Bild des Marius als ein ruhmsüchtiger und rachgieriger Trinker, obwohl er ihn bemitleidenswerter macht, während er den in den Quellen zwischen Despotie und Glücksrittertum schwankenden Sulla zu einem zielstrebigen Staatsmann verklärt. Sulla läßt er bereits 82 v. Chr. gleich nach seiner Ernennung zum Diktator zurücktreten. Sein Marius stirbt nicht 86 v. Chr., sondern erst 83 v. Chr. im Anschluß an Sullas Rückkehr nach Italien. Unter den beiden Fassungen hält sich die zweite weniger genau an die Quellen und vereinfacht trotz größerer Fülle das historische Material. Die Helden agieren vor einem breiteren gesellschaftlichen Hintergrund. Die Schlachtszenen vermitteln einen perspektivenreicheren Eindruck der Kämpfe. Die Straßen- und Senatsszenen schildern den Zerfall des römischen Gemeinwesens prägnanter und zugleich vielgestaltiger. Die Einzelepisoden sind weiter ausgeführt und enger verbunden, allerdings wieder nicht durch strenge Kausalität, sondern durch thematische Parallelen oder Kontraste.

In Grabbes Worten sollte das Stück »in dem Ringen zwischen Marius und Sulla, endlich aber in dem gewaltigeren Charakter des letzteren seinen Kulminationspunkt finden« (I, 341). Beide Helden haben den rücksichtslosen Machtwillen, die sadistische Rachsucht und die Haßliebe zu Rom gemeinsam; beide sind überdimensionierte Persönlichkeiten ohne innere Entwicklung. Sonst unterscheiden sie sich aufs extremste. Marius ist ein rauher, aber warmherziger Plebejer, Sulla ein hochmütiger Patrizier. Marius reagiert impulsiv und sentimental, Sulla berechnend und überlegen. Marius zögert und zweifelt, Sulla vertraut sich selbst und dem Glück. In Hinsicht auf die nachfolgenden *Hohenstaufen* nimmt Marius Heinrich den Löwen, Sulla Barbarossa und Heinrich VI. vorweg. Sprachlich steht dem pathetischen oder elegischen Diskurs von Marius die nüchterne, zu Kolloquialität und Sarkasmus neigende Rede Sullas gegenüber.

Marius ist »ein alter Riese, (...) steif und ermattet« (I, 353). Er offenbart die Tragik des von seinem verdorbenen Volk verstoßenen Helden, aber sein Leiden hat tiefere existentielle Gründe. Als er einsieht, daß er gegen Sulla »in jedem Kampf (...) unterliegen« würde, beklagt er die »eiserne Notwendigkeit des Schicksals«, jedoch nicht als eine transzendente Gewalt, sondern als die unausweichliche irdische Tatsache, daß der alte Held einem jüngeren weichen muß: »die *Zeit* ist meine Krankheit« (396). Die Melancholie des alten Marius reflektiert den Weltschmerz des jungen Grabbe.

Im Gegensatz zur Gebrochenheit von Marius nennt Grabbe »Sullas Herz (...) ein rauhes und scharfes, aber ungetrübtes Eisen« (I, 393). Er attestiert Sulla den »schneidendsten Witz«, die »gründlichste Erkenntnis der Verhältnisse« und eine »hochbeflügelte Phantasie« (403). Daß es sich um ein Wunschbild handelt, bekennt Grabbe selbst: »der Sulla selbst wird ein höchst curioser Kerl: er soll das *Ideal* (...) von mir werden« (V, 169). Als »Typ des kalten, objektiven, selbstsicheren Logikers« mag Sulla Grabbes Versuch verkörpern, »seine eigenen Gefühle zu bekämpfen« (Cowen, 8 1977, 433), oder von Grabbes »Sehnsucht nach menschlicher und politischer Größe angesichts miserabler persönlicher und nationaler Zustände« zeugen (Ehrlich, 7.3 1986, 111). In seinen »Akten majestätischer Selbststilisierung« zeigt sich jedenfalls der von Grabbe »zum ersten Male gestaltete Monumentalheroismus« (M. Schneider, 8 1973, 67).

Während Marius im Augenblick seiner höchsten »Siegeshoffnungen« (I, 401) stirbt, verzichtet Sulla »mitten im Triumphzuge« (V, 195) auf die Ernennung zum »Diktator Perpetuus« (I, 408), um auf seinem Landgut »in heiterer Ruhe und Abgeschiedenheit zu leben« (409). Seine »scherzhafte Bitte« an seine Gemahlin, mit dem Lorbeerkranz »die Speisen zu würzen« (409), suggeriert die Erkenntnis der Eitelkeit weltlicher Erfolge. Sein Rücktritt könnte ihn als einen selbstlosen Patrioten ausweisen. Aber er zweifelt, »ob bei der allgemeinen Versunkenheit der Menge seine Anordnungen lange bestehen würden« (403), und er begründet seinen Verzicht auf die »Macht und Herrlichkeit« bei sich selbst mit der Überlegung: »dies alles ist mir unnütz, ich bedarf es nicht, das meinige hab ich getan, fortan bin ich mir selbst genug« (408). Er handelt also aus einer »egozentrischen Motivation«, weil »eine weitere Vermehrung seiner persönlichen Macht nun nicht mehr möglich ist« (Kopp, 8 1982, 68).

Das Stück hat wichtige politische Implikationen. Sulla will seine »Zeit« mit »Schrecken (...) niederwerfen«, um »dann desto sicherer das Bessere wieder aufrichten« zu können (I, 393), und Grabbe bemüht sich, diesen Terror zu einer »wahrhaft tragischen Höhe« (394) zu erheben. Durchaus sadistisch klingt jedoch seine – wenn auch historisch verbürgte – Metapher von der Notwendigkeit, »einem so unruhigen und großen Körper viel Blut abzuzapfen, um ihm die volle Gesundheit wiederzugeben« (403). Mit der Berufung auf die Dekadenz der Republik rechtfertigt er die Tyrannei:

»Immer deutlicher leuchtet aus dem Gange des Stückes hervor, daß die römische Welt weder auf der Erde noch in der Religion einen festen Haltpunkt mehr hat, und daß, wenn sie nicht auseinanderfallen soll, nur der Despotismus sie halten kann. Darum mußten Männer wie Marius und Sulla erscheinen und das werden, was sie geworden sind« (388).

Die Legitimierung des skrupellosen Autokraten reflektiert nicht nur die nach Napoleons Sturz weit verbreitete Sehnsucht nach einem neuen Despoten, sondern erlaubt auch die Eingliederung der »Apologie despotischer Gewalt« in die »Vorgeschichte faschistischer Machttheorien« (Kopp, 8 1982, 64). Dennoch interessieren Grabbe die selbstherrlichen Helden mehr als ihr politischer Stellenwert. Ihre »Entschlossenheit« mag ein »Gegenbild der Parteienzersplitterung in Rom« bieten (M. Schneider, 8 1973, 234), aber das Bewußtsein einer gesellschaftlichen oder moralischen Mission fehlt beiden.

Grabbe selbst preist die titanische Statur der Helden: »Marius (...), dieser Heros, zerschmettert durch Sulla, – das ist effectvoll« (V, 161). Dennoch hat er keine Illusionen über die Freiheit ihres Willens oder die Dauerhaftigkeit ihrer Wirkung. Beide gehorchen ihrer historischen Situation, und beide lenken die historische Entwicklung nur vorübergehend. Mit ihrem Schicksal verkündet Grabbe »die Vergeblichkeit und Wahnhaftigkeit aller, und sei es auch noch so gewaltig gelebten, irdischen Augenblicke« (Wiese, 8 1948, 478). Gleichzeitig demonstriert er eine neuartige Geschichtskonzeption. Wie die Helden so folgt bei ihm auch die Geschichte keinem höheren Plan. Sie ist ein Spiel amoralischer Kräfte, die ein großes Individuum vielleicht augenblicklich zu seinem eigenen Vorteil einsetzen, die aber langfristig kein Mensch berechnen oder beherrschen kann. Einen Ruhepunkt im Chaos bieten die wiederkehrenden kurzen Ausblicke auf ein zeitloses pastorales Dasein. Eine solche Idylle ist das friedliche Landleben, das vom jungen Marius gefeiert, von Sulla gesucht und von den Fischersleuten demonstriert wird. Überall droht jedoch die »Verstörung der Idylle« (Nieschmidt, 8 1873b, 62) die, wie die Fischersfrau erkennt, Herrscher und Untertanen gleichermaßen in ihren destruktiven Wirbel herabzieht: »Wir haben ein kleines Dasein, und wenn sie sich um uns bekümmern, so geschieht es, um uns zu unterdrücken; wir können nichts tun als auf die Seite springen, wenn die Großen fallen« (I, 344).

Im Gegensatz zum bisherigen Geschichtsdrama sind bei Grabbe nicht abstrakte Ideen, sondern konkrete Zeitumstände maßgebend. Gelegentlich rügt man, daß er »die Rolle der Heroen« dem »Massencharakter der historischen Vorgänge« gegenüber »überbewertet« (Ehrlich, 7.3 1986, 110), aber im allgemeinen wird ihm bereits bei diesem frühen Stück dank seiner »Enthüllung der sozialen Zusammenhänge des geschichtlichen Vorganges« (Ehrlich, 7.3 1986, 108), seiner Einsicht in die »wechselseitige Abhängigkeit (...) des Helden und seiner Umwelt« (M. Schneider, 8 1973, 171) und seiner Auffassung der Geschichte als ein »Prozeß von immanenten Ursachen und Wirkungen« ein »erkenntnismäßiger und infolgedessen dramaturgischer Fortschritt« (Steffens, 7.3 1966, 48) bescheinigt.

Besonders eindrucksvoll veranschaulicht Grabbe die ökonomische Motivierung der Massen, aber auch ihre Irrationalität. Obwohl die patrizischen Politiker nicht viel besser sind, verrät die gierige, wankelmütige und blutdürstige Plebs nicht nur den Einfluß Shakespeares, sondern auch seine eigenen antidemokratischen Gefühle. Wie ein solches Volk von gewissenlosen Agitatoren mißbraucht werden kann, zeigt der Tribun Saturninus. Als Vorgänger des ebenfalls unhistorischen Jouve in *Napoleon* ist er agierende Figur und Kommentator. Er schleudert den uneinigen Plebejern seine Verachtung offen ins Gesicht: »Ihr seid eine Menge, aber (mit Erlaubnis!) von Nullen. Es muß ein Zähler vor euch gesetzt werden, so seid ihr Millionen (...). Ihr müßt blind gehorchen, so könnt ihr blind siegen!« (I, 376). Indem er ihre Frustration für seine destruktiven Zwecke ausbeutet, erweist er sich als Archetyp des opportunistischen Volksverführers und veranschaulicht zugleich die Anfälligkeit der Massen für Demagogie und Despotie.

Mit seinen rasch wechselnden, polyphonen Episoden, die die Wirklichkeit in diffusen Ausschnitten wiedergeben und eine willkürliche ästhetische Einheit vermeiden wollen, zeigt das Stück erstmals Grabbes charakteristische Innovationen im Geschichtsdrama. Er gesteht, daß er »es bis jetzt für eine der schwierigsten, durch den Sulla nicht gelös'ten Aufgaben hielt, nicht nur die Historie, sondern das trockene (...) Römer-Leben den modernen ›spectators‹ annehmlich darzustellen« (V, 161), lobt aber seinen »historischen Blick« und seine »*Volksscenen* individualisirt à la Shakspeare« (158). Tatsächlich erfaßt er mit seinem originellen Mittel der »Knotenpunktfunktionsszene« durch »direkte Darstellung«, »Meldungen und Nachrichten« und »Kommentare« (Hegele, 8 1970, 86) alle Gegensätze einer komplexen politischen Situation und vertieft das Bild durch »Tupferszenen«, in denen »keine für die weitere Entwicklung des Dramas wesentliche Entscheidungen fallen«, sondern »historische Personen und historische Umwelt demonstriert« werden (102). Vor allem in seinen Massenszenen, in denen eine Fülle skizzenhaft, aber individuell entworfener Gestalten »die repräsentativen Klassen, Berufe und Ideen einer vergangenen Zeit wiederaufleben« läßt, führt er eine Technik ein, die er später »zu einer in der deutschen Dramatik vorher kaum erreichten Höhe verfeinern« wird (Cowen, 8 1977, 431).

Dennoch hat das Stück deutliche Schwächen. Im Bestreben, die »Dissonanz von zerfallender Epoche und despotischer Individualität« (Wiese, 8 1948, 474) herauszuarbeiten, erzeugt Grabbe künstlerische Brüche. Mit seiner Konzentration auf die Rivalität der Helden widerspricht er der episierenden Tendenz seiner Massenszenen. Umgekehrt verpaßt er durch seine Geschichtstreue die Gelegenheit zu starken dramatischen Effekten, etwa wenn er sich statt einer direkten Konfrontation der Helden mit der Bemerkung begnügt, daß für beide »der bloße *Name*« des anderen »die persönliche Gegenwart« ersetzen soll (I, 389). Das »alte fünfaktige Gerüst« behindert den Versuch, die »verschiedenen Phasen dieses historischen Konfliktes in (...) selbständigen Handlungsteilen zusammenzufassen« (Hegele, 8 1970, 180). Die Verwendung »traditioneller Mittel« neben »ersten Ansätzen zur Entwicklung von neuen Strukturformen« führt zu einer »formalen Inhomogenität« (Kopp, 8 1982, 73). Gleichwohl leistet das unvollendete Werk einen bedeutenden Beitrag zur Entwicklung des deutschen Geschichtsdramas.

## 2.5. *Über die Shakspearo-Manie*
Entstanden 1827, Erstdruck 1827

Im »Vorwort« zu *Über die Shakespearo-Manie* behauptet Grabbe: »Diese Abhandlung entstand vor mehreren Jahren und ist jetzt nur revidirt« (IV, 29). In Wirklichkeit meldete er Kettembeil erst am 25. Juni 1827, ein Wort Byrons zitierend, seine Absicht, »durch eine kurze Broschure ein wenig über die (...) zur *fashion* gewordene Bewunderung des Hrn. Shakspeare zu reden« (V, 162), und schickte ihm einen Monat später den Text, »heiß wie er aus der Pfanne kommt« (170). Er datierte den Aufsatz in die Entstehungszeit seiner ersten Dramen zurück, wahrscheinlich um um sich gegen Tieck abzusichern, den er als Zielscheibe seiner Polemik benutzt. Im »Vorwort« erklärt er, daß er »diesen großen Dichter mit vollster Ursache liebt und verehrt« (IV, 29). An Kettembeil schreibt er brutal, daß er Tieck »zertrümmere«, indem er »den *Götzen* angreife, zu dessen *Pabst* er sich aus Mangel eigener Kraft machen will« (V, 177). Durch seine Angriffe auf die romantische Shakespeare-Verehrung hoffte er, für sich selbst Reklame zu machen. Die »offene literarische Fehde« (IV, 55) blieb allerdings ebenso aus wie eine öffentliche Reaktion von Tieck und seinen Anhängern.

Wie jeder deutsche Dramatiker seit Lessing beschäftigte sich Grabbe zeit seines Lebens mit Shakespeare. In seiner Schülerkorrespondenz schwärmte er von Shakespeares Tragödien als »das erste Buch der Welt« (V, 13). In den *Aufsätzen über Detmold und sein Theater* erwähnt er Shakespeare nur kursorisch, aber in seinen Rezensionen in *Das Theater zu Düsseldorf* und im *Düsseldorfer Fremdenblatt* wie auch in seinen Briefen über seine verschollene *Hamlet*-Übersetzung erweist er sich als ausgezeichneter Kenner. Der Aufsatz geht von drei Fragen aus:

»I) Woher entstand (...) diese zur ›fashion‹ gewordene Bewunderung Shakspeares? / II) Verdient Shakspeare eine solche Bewunderung? / III) Wohin würde diese Bewunderung und Nachfolge Shakspeares das deutsche Theater führen?« (IV, 30).

In seiner Antwort auf die erste Frage führt Grabbe die deutsche Shakespeare-Mode auf Denkfaulheit, provinzielle Liebe zum Exotischen und nationale Minderwertigkeitsgefühle zurück. In seiner Antwort auf die zweite Frage verneint er die Argumente der Shakespeare-Bewunderer. Er schränkt Shakespeares Originalität ein, indem er ihn nicht als einmaliges Genie, sondern als »das *größte* Mitglied« der elisabethanischen »Schule« bewertet (IV, 41). Er beanstandet Shakespeares »Composition« und rügt vor allem die Geschichtsdramen als »poetisch verzierte Chroniken«, in denen »kein Mittelpunct, keine Katastrophe, kein poetisches Endziel« (41) zu erkennen sei. Shakespeares Humor, seinen Vers und seine Handhabung von Raum und Zeit bemängelt er nicht weniger als seine Menschengestaltung und seine Darstellung des Volkes. Sein Gesamturteil lautet: »Shakespeare ist groß, sehr groß, aber nicht ohne Schule, Manier, und vielfaltige Fehler und Extremitäten« (50). Unter den Tragödiendichtern hält er nicht nur Aischylos und Sophokles, sondern auch Corneille, Racine und Voltaire für größer als Shakespeare, unter den Komödiendichtern Molière.

In der Antwort auf seine dritte Frage wendet er sich gegen jede »Nachbeterei« und warnt, daß die Auflage, nur Shakespeare zu folgen, »die besseren Köpfe vor jedem selbstständigen Schritte einschüchtern« würde (52-53). Worin diese Selbständigkeit bestehen solle, erklärt er nachdrücklich:

»Wir wollen kein *englisches* Theater (...), noch weniger ein *shakspearisches*, wir wollen ein *deutsches* Schauspiel. (...) Das deutsche Volk will *möglichste Einfachheit und Klarheit* in Wort, Form und Handlung, es will in der Tragödie eine *ungestörte Begeisterung* fühlen, es will *treue und tiefe Empfindung* finden, es will ein *nationelles und zugleich echt dramatisches historisches*

*Schauspiel,* es will auf der Bühne das *Ideal* erblicken (...), es will *deutsche Charaktere,* es will eine *kräftige Sprache* und einen *guten Versbau,* und in der Komik verlangt es nicht sonderbare Wendungen (...), sondern es verlangt *gesunden Menschenverstand, jedesmal blitzartig einschlagenden Witz, poetische und moralische Kraft«* (53-54).

Grabbes Programm ist »ein eklektizistisches Sammelsurium« aus »verschiedenen Traditionssträngen und historischen Perspektiven« (Hasubek, 8 1990, 71-72), in dem das »Bekenntnis zum aristotelisch-klassischen Drama« (Ehrlich, 8 1986, 120) vorherrscht. Seine Einwände gegen Shakespeare und seine idealistischen Ansprüche an das Drama erinnern an den »Biedermeierklassizismus« (Sengle, 8 1980, 160). Seiner Zeit nahe steht auch die patriotische Tendenz, für die er Schiller einspannt. In diesem Sinn preist er die »Begeisterung« und die »Tiefe und Gewalt des Gefühls« als das, »was das deutsche Volk am Schiller sucht, bewundert und empfindet« (34). Ähnlich begründet er seine Forderung an das Geschichtsdrama: »Vom Poeten verlange ich, sobald er Historie dramatisch darstellt, auch eine *dramatische, concentrische und dabei die Idee der Geschichte wiedergebende Behandlung.* Hiernach strebte Schiller, und der gesunde deutsche Sinn leitete ihn« (41). Eine »Idee der Geschichte« ist in seiner eigenen Konzeption, allerdings anders als bei Schiller, deutlich sichtbar. Eine »dramatische, concentrische« Form ließe sich in seinen Dramen schwerer nachweisen. Eine konsistente Theorie liefert er kaum, und in seiner Praxis widerspricht er ihr, obwohl er sich oft vornahm, durch regelmäßige Stücke Erfolg zu suchen. So gestand er Kettembeil, daß der Aufsatz sich zu seinen Stücken »ganz curios« (V, 171) verhalte, und in seiner Selbstrezension »wundert« er sich, »wie ein so gelehrter und kritischer Dichter (...) so weit gegen seine eigenen Regeln in seinen Stücken *sündigen* konnte« (196).

Mit seinen klassisch orientierten Aussagen griff Grabbe in eine größere Debatte ein, in der die Romantiker sich mit Hilfe der *Vorlesungen über dramatische Kunst und Literatur* von August Wilhelm Schlegel und der Schlegel-Tieckschen Shakespeare-Übersetzung durchzusetzen versuchten und Shakespeare namentlich auf Kosten von Schiller verherrlichten. Mit der Devise »Despotie in der Kunst ist noch unerträglicher als im Leben« (IV, 53) meint Grabbe Schlegel und Tieck. Beide klagt er der Verfälschung Shakespeares an, und die romantische Verabsolutierung Shakespeares als höchstes Vorbild macht er für ein unfruchtbares Epigonentum im deutschen Drama verantwortlich: »Vieles, was sich sonst wohl selbstständig und herrlich entfaltet hätte, ist seitdem im *Shakspearischen Streben* untergegangen« (35).

Obwohl der Aufsatz einige Verwandtschaft mit der Shakespeare-Kritik Immermanns und Platens aufweist, hat er auch originelle Züge. Indem Grabbe durch seinen »historisierenden und vergleichenden Ansatz« Shakespeare »auf das Normalmaß seiner europäischen Bedeutung« reduziert (Hasubek, 8 1990, 67), vermittelt er »wichtige Einsichten in das Verhältnis von geschichtlicher und literarischer Entwicklung« (Ehrlich, 7.3 1986, 119). Stilistisch schwankt er zwischen rigoroser Gedankenführung, exakter Analyse, kritischer Scharfsicht und wenig durchdachter Polemik, inhaltlich zwischen Hochachung und Tadel. Diese Ambivalenz stammt teils von den taktischen Manövern, mit denen er Tieck und seine Anhänger vernichten und zugleich seine wahren Motive verschleiern will. Sie ist aber auch bedingt von seiner zwiespältigen Stellung zu Shakespeare in Hinsicht auf die eigene Produktion. Wenn er gesteht, daß *Gothland* »vielleicht einige Spuren« der Shakespeare-Mode trage, obwohl »Geist« und »formelle Behandlung im Ganzen mehr eigenthümlich als shakspearisch sind« (IV, 29), so verrät er seinen eigenen Konflikt zwischen dem Drang nach Selbständigkeit und dem Druck der Konventionen. Auf die weitere deutsche Dramatik hatte seine Shakespeare-Kritik wenig Einfluß. Seine Opposition gegen das Shakespeare-Bild der Romantik dokumentiert jedoch die gleiche Herausforderung der herrschenden Orthodoxien wie seine dichterischen Alleingänge.

## 1. Leben

### 1.1. Brotarbeit, Verlobung, Heirat: Detmold 1828-1833

Nach dem Tod von Wilhelm Rotberg wurde Grabbe am 23. Januar 1828 als Auditeur (Militärrichter) eingeschworen. Zu seinen Pflichten gehörten die Mitwirkung bei »Untersuchungen über Disciplinar- und sonstige Vergehen«, die Erledigung von »Contracts-Aufnahmen, Eheconsens-Gesuchen, Paß-Ertheilungen«, die Neuordnung der »Militairgerichts-Registratur« und die Verwaltung des »Militairgerichtlichen Depositen-Wesens« mit den hinterlegten Geldern (V, 209-210). Für diese Arbeiten, die ein Kontingent von 1200 Soldaten betrafen, erhielt er außer einem regulären Gehalt den Leutnantsrang. Obwohl er sein Amt eine Zeitlang zur Zufriedenheit seiner Vorgesetzten führen sollte, beklagte sich bereits im Monat seiner Ernennung Clostermeier nach einem privaten Konflikt, daß er seine Nachmittage im »Falkenkruge« zubringe und sich als »ein Genie« betrachte, »das als solches (...) befugt ist, nur allein nach seinem Willen zu handeln« (549).

Seit Erscheinen der *Dramatischen Dichtungen* arbeitete Grabbe parallel an *Don Juan und Faust* und den *Hohenstaufen*. Am 20. Januar 1828 schrieb er Kettembeil optimistisch, auch seine berufliche Stellung betreffend:

»Allmählig wird es mein Ernst, ferner etwas zu leisten, besonders durch ein Stück, welches sowohl theatralisch, correct ist, als auch alles was ich bis jetzt dem Publico (...) gezeigt, überbietet, und da finde ich nach reiflichem Überlegen nichts geeigneter als Faust und Don Juan (...). Es ist mir nunmehr, da ich Auditeur und Lieutenant (...) geworden bin, also einen etwas sicheren Boden habe, vielleicht die Periode meines Lebens aufgegangen, in der ich grade weil ich am ruhigsten bin, das Größte und Feurigste leisten kann. (...) Das Größte meines Lebens werden aber doch noch einmal die Hohenst. pp Sich und die Nation in 6-8 Dramen zu verherrlichen. Und welcher Nationalstoff! Kein Volk hat einen auch nur etwas gleich großen« (V, 212-213).

Im März meldete er Kettembeil, daß er sich mit *Don Juan und Faust* »auf die Hohenstaufen und deren reine Geschichtlichkeit vorbereite«, indem er alles, was er »noch auf dem Herzen habe, darin abschäume« (222). Gubitz versicherte er: »*Don Juan und Faust*' (...) wird (...) gleich allen meinen künftigen Werken *bühnenrecht.* Dann *binde* ich mich an die Geschichte, und zwar an (...)‹ *Die Hohenstaufen*'« (225). Besonders bedeutend sind, neben dem nationalistischen Ton, Grabbes Hinweis auf seine bevorstehende Wendung zum Geschichtsdrama und sein – allerdings vergebliches – Streben nach einem für die Bühnen der Zeit geeigneten Stil. Wann genau Grabbe *Don Juan und Faust* beendete, ist nicht bekannt. Das Manuskript war aber an Kettembeil abgegangen, bevor er ihm am 30. August 1828 ein Fragment aus den *Hohenstaufen* schickte.

Bereits am 14. Januar 1827 war im Mindener *Sonntagsblatt* Grabbes erster Theaterbericht erschienen, dem bis zum 10. Mai 1829 in verschiedenen Zeitungen acht weitere folgten. Die in Grabbe-Ausgaben unter dem Titel *Aufsätze über Detmold und sein Theater* zusammengefaßten Artikel befassen sich mit der Schauspieltruppe von August Pichler, die von 1825 bis 1848 im Hoftheater auftrat. Nach dem Fehlschlag seiner Bemühungen um ein auswärtiges Engagement als Schauspieler wollte Grabbe sich durch Kritiken in Detmold als »beherrschenden Kenner, cum pecuniis« (V, 169) etablieren und durch »einen Schlag am hiesigen Theater (...) am Vorstande Seitens des Fürsten« (229) eine Stellung, vermutlich als Dramaturg und Dichter, erobern. Nach einigen lobenden Rezensionen wurde er bald ausfällig gegen einzelne Schauspieler und Schauspielerinnen. Im Anschluß an heftige Polemiken in der Presse rächte sich die Truppe durch die Aufführung von Heinrich Becks Lustspiel *Das Chamäleon*, in der eine komische Dichtergestalt unverkennbar seine Erscheinung karikierte. Später brachten ihm die Schauspieler ein Ständchen, worauf mit viel Wein Versöhnung gefeiert wurde. Am 29. März 1829 führten sie als einziges seiner Stücke zu seinen Lebzeiten *Don Juan und Faust* auf. Der Plan einer Inszenierung von *Nannette und Maria* war, anscheinend aus bühnentechnischen Gründen, im März 1828 gescheitert. Insgesamt leiden Grabbes Detmolder Kritiken trotz origineller Ansichten an seiner Bosheit.

Zur Veröffentlichung von *Don Juan und Faust* im Januar 1829 schrieb Grabbe, wie seinerzeit über die *Dramatischen Dichtungen*, eine Selbstrezension, die wieder in keinem Journal erschien. Auch hier mischt er marktschreierische Reklame mit bemerkenswerten Einsichten. Den Entschluß, nach Mozart und Goethe »in beiden Stoffen wieder aufzutreten«, bezeichnet er als »kühn« und »die Composition« als »höchst genial« (V, 261). Beispiellos nennt er die Vereinigung von »Grausen, Humor, Spaß und Ernst« (262). Don Juan beschreibt er als einen »Character, wie er vielleicht seit Shakespeare und Cervantes nicht geschrieben worden«, und an den Nebenpersonen preist er die Kunst der »Characterisirung«, in der er »seit seinem Sulla nicht mehr zu überbieten« sei (263). Eine plausible Selbstkritik enthält der Schluß: »Wenn Grabbe eine Lebenslust wie Don Juan beibehält (...), so kann aus ihm als dramatischer Dichter das *Höchste* werden, sonst aber vielleicht auch – Nichts. Noch immer scheint sein eigner Geist mit sich selbst im vernichtenden Streite zu seyn« (264). Von den Kritikern erhielt das Stück wieder Lob, aber mit Goethe als Maßstab auch Verrisse.

Grabbe entfaltete um diese Zeit eine hektische Kreativität. Ein typischer Bericht über seine Arbeiten und Pläne wie über seine Stimmung ist sein Brief vom 16. April 1829 an Kettembeil: »Don J. wird bald wirken, Barbarossa nach, dann Aschenbr., dann Heinr. VI, dann Philipp – ich bin in vollster Kraft, und hätte ich Zeit und Geld, so könnte ich dieses Jahr noch mehr thun« (V, 268). Gleich manisch prahlte er am 13. Mai, er wolle »Barbarossa (...) lieber gemacht haben als den Götz v. B. nebst Shakspeares sämmtlichen historischen Stükken«, und fügte hinzu: »Heinrich der VI wächst und wächst wie der Aetna (...). Ein Nationalwerk wie die Hohenstaufen soll Deutschland noch nicht gehabt haben« (273-274). Das Manuskript von *Kaiser Friedrich Barbarossa* ging Anfang April an Kettembeil.

Über *Barbarossa* entwarf Grabbe zwei Selbstrezensionen, die nicht veröffentlicht wurden. Im ersten Entwurf erklärt er: »Grabbe hat sich gebessert, ist ruhig arbeitender Künstler geworden, ohne an genialischer Kraft zu verlieren« (V, 275). Er rügt die »Willkühr« und »das Skizzenhafte, welches in allen Grabbeschen Werken liegt«, begleitet aber diese möglicherweise aufrichtige Kritik mit maßloser Ruhmredigkeit: »Verdient der, welcher die glänzendste Sprache, die richtigste Characterzeichnung in der Gewalt hat, nicht mehr als jeder Andere Tadel, wenn er so oft gegen beides auf das Empörendste sündigt« (277). Im zweiten Entwurf singt er noch penetranter das Lob seiner von »Schlacken« befreiten, »überbrausenden Genialität«; zugleich betont er jedoch mit Recht bei der Handlungsführung den »Blick auf Umstände«, in dem die Forschung später eine wesentliche Komponente seines Realismus erkennen sollte (277). *Barbarossa* kam Mitte Juli 1829 heraus, nachdem das Stuttgarter und Tübinger *Morgenblatt für gebildete Stände* im Juni Probeszenen abgedruckt hatte. Die Kritik reagierte anerkennend, bemängelte aber die fehlende Bühnengerechtigkeit.

Im August 1829 schloß Grabbe einen Vertrag mit Kettembeil ab. Er sollte Kettembeil jährlich mindestens drei Dramen liefern und dafür ein monatliches Gehalt sowie, bei Vollendung der *Hohenstaufen* binnen drei Jahren, ein weiteres Honorar für jedes Stück erhalten. Kettembeil durfte ungeeignete Arbeiten unter Kürzung des Honorars zurückweisen, und, falls ihm Grabbe nicht alle vier Monate ein Manuskript schickte, die Zahlungen einstellen. Um diese Zeit auch bat der Redakteur Friedrich Arnold Steinmann Grabbe um Beiträge für die *Allgemeinen Unterhaltungsblätter* in Münster. Grabbe bot ihm Stellen aus bereits geschriebenen Stücken an. Seine Begründung gewährt einen guten Einblick in seine damalige Lebensweise: »Ich bin Auditeur, Advocat, Dichter, habe in allen drei Sachen viel zu thun und (...) die unseligste, unruhigste Natur, die mich keine zwei Stunden des Tages arbeiten läßt« (V, 279). Zu seinen kürzlich beendeten Stücken gehörte die erste Fassung von *Aschenbrödel*; wann er sie angefangen hatte, ist unbekannt. Probeszenen erschienen September und Oktober 1829 in den *Unterhaltungsblättern* und November 1830 im *Morgenblatt*.

Bereits Ende Juli 1829 waren Spannungen eingetreten, als Kettembeil *Aschenbrödel* ablehnte. Sie wuchsen, als er über das Mitte Dezember verspätet abgelieferte Manuskript von *Kaiser Heinrich der Sechste* wieder Bedenken äußerte. Wie immer bezeichnete Grabbe sein jüngstes Werk als sein bestes:

»Bei Deinem Urtheil über Heinrich VI kann ich aber Dir nur sagen: ›geh' in Dich und bereue.‹ Keine Poesie in ihm? (...) Keine Charaktere? (...) Die Handlung ist trotz der Geschichte ganz dramatisch. (...) Heinrich VI ist *durch und durch ein Meisterstück*« (V, 289-290).

Im Frühjahr 1830 versprach Grabbe wiederholt Besserung und drängte unablässig auf Veröffentlichung der beanstandeten Werke. An *Aschenbrödel* rühmt er die satirischen »Angriffe« und den scharfen »Witz«. An *Heinrich VI.* findet er »keinen Fehler, keinen Schaum« (300). Am 5. Mai, nachdem Kettembeil die Zahlungen eingestellt hatte, versicherte er ihm, unter Hinweisen auf die inzwischen angefangene Arbeit an *Napoleon oder die hundert Tage*:

»Nutzen hast Du *am Ende* gewiß bei unseren Sachen, aber die Deutschen sind literarisch übersättigt, und sehr flau und es währt lange. Wie sind wir nicht angegriffen und gelobt (...) Wir dringen wohl brillant durch. Wir sind zu gut« (302).

*Kaiser Heinrich der Sechste* erschien im November 1830. Angesichts der Kritiken und Verkaufsziffern kann man höchstens von einem Achtungserfolg sprechen. Wie weit Grabbes fieberhafte Zusicherungen um diese Zeit noch Kettembeil oder ihn selbst überzeugen sollten, ist schwer zu entscheiden. Am 25. Juni 1831 schrieb er: »Die Hohenstaufen setze ich nicht fort. Sie sind zu klein für die Zeit, und ach – auch unsere Zeit ist mehr toll als groß« (V, 342).

Von Mitte 1827 bis 1829 hatte Grabbe »auf der Sonnenhöhe seines Glückes« gestanden (Ziegler 7.3 1855, 68). Als Dichter war er berühmt, als Auditeur hatte er sein Einkommen und arbeitete gewissenhaft. Allmählich geriet er jedoch in Bedrängnis. Im August und Dezember 1829 verletzte er sich bei Wagen- und Schlittenunfällen, und im August 1830 klagte er über die »Folgen eines zerschmetterten Arms, Gicht, Biß eines tollen Hundes (...), Blutspeien und Geschäftsdrang« (V, 308). Manche dieser Leiden und die »Nervenschläge« (318), über die er ein halbes Jahr später berichtete, dürfte seine Trunksucht verursacht oder verstärkt haben. Unter besonders starken Arbeitsdruck in seinem Amt kam er anfangs 1831, als ein lippisches Kontingent nach dem deutschen Bundesstaat Luxemburg entsandt werden mußte: »Ich habe beizu ungeheuer mit Soldaten-Einrolliren, Brüche, Ausfall des Mastdarms der angebl. Dienstuntauglichen zu untersuchen, Stellvertreter zu stellen, Pässe zu visiren pp. zu thun« (321). Allmählich begann er, seine Pflichten zu vernachlässigen; die ersten Beschwerden erfolgten im Mai 1832. Seit 1829 befand er sich ferner infolge seiner Beziehungen zu zwei Frauen in dauernder Aufregung. Seine Stimmungen schwankten zunehmend zwischen Größenwahn und Frustration, Optimismus und Trübsinn. Er trank immer mehr und benahm sich, mit oder ohne Absicht, immer exzentrischer.

An öffentlichen Angelegenheiten nahm er wenig Anteil. Die französische Julirevolution von 1830 und die anschließenden Unruhen begrüßte er zunächst als »Weltereignisse«, die »die flaue Friedenszeit, ausgeputzt mit constitutionellen Schranken« aufrütteln würden (V, 311), aber bereits 1831 äußerte er politische Ansichten, die im Widerspruch zu seiner rebellischen philosophischen und ästhetischen Einstellung an den Quietismus der idealistischen Periode erinnern. Im Januar schrieb er: »Alle Staatsrevolutionen helfen aber doch nichts, wenn nicht auch jede Person sich selbst revolutionirt i. e. *wahr* gegen sich und andere wird (318)«. Im Juli ergänzte er:

»Das jetzige Revolutionsrasen ist weiter nichts als ein nothwendiges Uebel, welches die Menschheit durch Leiden dahin führen wird, daß Jeder einsieht, es gibt nur ein Glück, und das ist sich selbst zu reformieren« (345).

Den liberalen Bewegungen stand er skeptisch gegenüber. Die Freiheitskämpfe der Griechen und Polen ließen ihn kalt. Die Schriftsteller des Jungen Deutschland bedachte er nur mit wenigen abschätzigen Bemerkungen. Das Hambacher Fest von 1832 nannte er »albernes Zeug« (378). In der dynamischen kapitalistischen Wirtschaft erblickte er bloß einen kleinlichen Krämergeist. Sein Ausfall gegen die Literaturszene der Epigonenzeit, in dem auch der Antisemitismus eine Rolle spielt, hypostasiert seinen Groll gegen eine Gesellschaft, der er insgesamt die Größe abspricht:

»Die Zeit und ihre Trompeter, die Poeten, haben jetzt etwas Krampfhaftes an sich. Niemand benutzt sein Talent recht. Bruchstücke von vielen einzelnen Bruchstücksmenschen sind da, aber Keiner, der sie im Drama oder Epos zusammenfaß't. (...) Wie ist's mit unseren berühmten Tagesautoren? Haben sie Muth? Haben sie Lebensfrische? Kennen sie die Welt? Geldjuden und feige – – – sind sie zum Theil« (368).

In dieser Zeit wuchs sein Ruf als Sonderling, der während langer Zeit auch auf die Beurteilung seiner Werke abfärben sollte. Das Fehlen einer »innern Harmonie« will Ziegler bereits in seinem »schwächlichen Körperbau« (Ziegler, 7.3 1855, 69) erkannt haben:

»Während er (...) eine hochgewölbte, an griechische Weltweisen erinnernde Stirn hatte, (...) war doch sein Mund nicht sehr fein geschnitten, indem die Oberlippe über die untere herabhing, wich auch Mund und Kinn zu viel zurück und fielen die Schultern ab wie bei einem Mädchen. (...) Wenn er dahin wanderte, (...) zog er seine Schritte sehr langsam nach, hatte gewöhnlich das Haupt gesenkt und in seinem Gesichte lag etwas Verdrießliches« (69-70).

Über seine Umgangsformen schreibt Ziegler:

»In Gesellschaft konnte er (...) sehr einsilbig in einer Ecke sitzen. (...) Kam es zur Unterhaltung, so hatte er doch an ruhigen Zwiegesprächen niemals Vergnügen, dazu war er viel zu hastig und konnte zu wenig bei einem Gegenstande ausdauern, wogegen er freilich, wenn er einmal im Zuge war, (...) die verwegensten Gegensätze und sonderbarsten Schlüsse zum Besten gab, die ihm augenblicklich aus dem Kopfe sprangen und dabei doch die feinste Combinationsgabe verriethen. (...) Gar häufig ließ er sich auch in sehr frivolen und cynischen Reden gehen, (...) die (...) allerdings mitunter zum lauten Lachen zwangen« (70-72)

Seine nähere Bekanntschaft bildeten »einige junge Leute, die (...) ihm dazu dienten, in seinen berühmten Rum- oder Gloria-Thees seine Zeit so zu sagen todt zu schlagen«, bevor sie in einem Gasthaus »durch hitzige Disputationen oder sentimentale Ergüsse die Aufmerksamkeit des Publikums auf sich zogen« (73-74). In seinem seltenen Verkehr mit sozial oder bildungsmäßig höher gestellten Leuten war er »allen Anwandlungen und Anflügen zugänglich«, so daß »er leicht alle Rücksichten übersah und wider seinen Willen Verstöße machte« (74). Hinter seiner Grobheit vermutet Ziegler eine ungewöhnliche Sensibilität:

»Auch war es seine Caprice nie schwach zu erscheinen und (...) glaubte er sich (...) verletzt, (...) so konnte er sich leicht zu versteckten und offenen Malicen hinreißen lassen (...). Wobei man übrigens aus der sonderbaren

Abneigung gegen alles, was nach Sentimentalität aussah, (...) abnehmen konnte, daß tief im Grunde sein Gemüth sehr zart und weich beschaffen war« (74-75).

Grabbes Exzentrizität illustriert Ziegler mit zahlreichen Episoden, in denen er – meist unter Alkoholeinfluß – sich selbst in Szene setzte und seine Umgebung durch Mystifikationen, Clownereien, Taktlosigkeiten und aggressive Streiche in Verlegenheit brachte oder beleidigte. Eine berühmte, wenn auch vielleicht apokryphe Anekdote schildert eine Vereidigung junger Offiziere, die er betrunken, in Unterhose, Nachthemd und Frack vorgenommen haben soll.

Die Gründe für Grabbes Rollenspiel als Bürgerschreck und Enfant terrible werden wohl nie ganz geklärt werden. Bestimmt stammten viele seiner Exzentrizitäten vom Alkohol, aber fraglich bleibt, »ob sein ›Genuß‹ der Spirituosen die Krankheit selbst war oder nur das Symptom eines anderen Problems«; ebenso schwer läßt sich entscheiden, wie weit seine »Entwicklung eines persönlichen Mythos« einem übersteigerten Geniebewußtsein, einer verborgenen Unsicherheit oder der Absicht, für sich und sein Werk Reklame zu machen, entsprang (Cowen, 8 1977, 413-414). Daß seine Ungezogenheiten unter anderem einen Protest gegen seine provinzielle Umgebung und seine wirklichen oder vermeintlichen Mißerfolge als Künstler und Mensch darstellten, ist gewiß. Als besonders gravierende Faktoren gesellten sich in seinem Fall zu den »Existenzschwierigkeiten eines kritischen Schrifstellers der Restaurationszeit« (Ehrlich, 7.3 1986, 59) die »durch Veranlagung und Herkunft bedingten Reaktionen eines Außenseiters« (64) und, infolge verschiedener unglücklicher persönlicher und sozialer Umstände, »maßlose Minderwertigkeitskomplexe« (188).

Ab Anfang 1829 verkehrte Grabbe als Advokat bei der Familie Clostermeier. Kurz nach Clostermeiers Tod bat er am 26. September die Witwe um die Hand ihrer Tochter Louise, wurde jedoch abgewiesen. Louise war elf Jahre älter als Grabbe und hatte von ihrem Vater eine gewisse Bildung erworben, aber sie scheint eine nervöse und präziöse Frau gewesen zu sein. Während Duller etwas einseitig erklärt, daß ihre »schöne, ebenmäßige Ruhe« einen »wohlthätigen Zauber« auf Grabbes »Rastlosigkeit« ausgeübt habe (Duller, 7.3 1838, 34), beschreibt Ziegler sie objektiver:

»Sie hatte (...) ein schönes Auge und einen üppigen Wuchs, und besaß eine Klugheit und Beredtsamkeit, welche allerdings bezaubern konnte, zumal wenn das Herrschsüchtige und Männliche ihres Wesens sich bei ihr in zärtlichen Schmeichelton verlor« (Ziegler, 7.3 1855, 89).

Grabbe hatte Louises Freundlichkeit irrtümlich für Liebe gehalten. Die Abweisung seines Antrags verletzte seinen Stolz und forderte seinen Widerspruchsgeist heraus. Er bestürmte sie bald mit Drohungen, bald mit Tränen. Im Frühling 1830 brach er jedoch seine Werbung unvermittelt ab.

Der Grund war eine andere Liebschaft. Im Frühling 1830 lernte Grabbe bei einem Detmolder Bekannten die 20jährige Kaufmannstochter Henriette Meyer kennen. Trotz zahlreicher Streitigkeiten infolge seines flegelhaften Benehmens verlobte sich Henriette mit ihm im Frühjahr 1831. Nach einer Entlobung und zweiten Verlobung des Paars kam es schließlich am 13. Juli 1831 endgültig zum Bruch. Im September verließ Henriette Detmold ohne Abschied. Grabbes bittere Briefe aus den nächsten Monaten zeigen neben Selbstmitleid und Selbstdramatisierung viel echtes Leid. »Alles, was Ehre, Treue, Liebe, Verstand heißt«, erklärt er als »verdächtig« (V, 360). Sich selbst stellt er »keine gute Zukunfts-Aussicht« (361) und spielt mit dem Gedanken an den Tod: »Wie kann ich existiren, wenn das, was mir über Alles lieb war, Schofel ist?« (363). Henriette heiratete im folgenden Jahr und starb am 26. Januar 1835 im Wochenbett. Grabbe schrieb kurz darauf an Immermann: »Sie ist (...) nun mein, makellos, ein Stern über ihrem Grab« (VI, 175). Bei allem Posieren hatte er mit Henriette die vielleicht schmerzlichste seiner vielen Enttäuschungen erlebt.

Mit Louise war Grabbe, zumindest wegen juristischer Geschäfte, in lockerem Kontakt geblieben. Am 28. Juli 1831, kurz nach Abbruch seiner zweiten Verlobung, starb Louises Mutter, und am 3. August »drang« er Louise, wie sie selbst notierte, »unter Wehmuth u. Thränen ein Eheversprechen ab«. Als er drei Tage später auf Urlaub fuhr, bestätigte sie ihre Zusage »in der Angst, da er sich heilig vermessen, im Weigerungsfalle niemals wieder kommen zu wollen« (V, 650). Während des Herbsts warb er weiter um Louise, obwohl er gleichzeitig auch auf eine Versöhnung mit Henriette hoffte. In einem Brief vom Februar 1832 wühlt er zwar masochistisch in seinem Schmerz, zieht aber ein klares Resümee seiner Lage und Stimmung:

»Seit zwei Jahren aber nichts als Geschäfte, Undankbarkeit, Armbruch, alle drei Wochen infolge früheren wüsten Lebens einen mich immer mehr ermattenden Krankheitsangriff, seit 7 Monaten, wo ich, um ordentlicher zu werden, mich häuslich ketten wollte, eine angeblich vor meiner Geistesgröße von hier entwichene Braut, an der ich noch hänge, und wieder eine andere, die ich wohl schätze, aber an der ich nicht hänge (...). Mein bester Freund findet mich entweder wüst und wild, oder stumm und langweilig (...) und dabei stets nachlässig im Betragen. Meine Blüthenstunden sind nicht mehr« (368-369).

Im März 1832 widerrief Louise ihr Eheversprechen, und im Lauf der folgenden Monate bedrängte Grabbe sie mit vielen hysterischen Szenen. Am 15. Dezember 1832 starb sein Vater, was ein eventuell aus Louises Sicht bestehendes Hindernis aus dem Weg räumte. Auch war sie seit dem Tod ihrer Mutter schutzbedürftiger geworden, und Grabbes Hartnäckigkeit mag ihren .Widerstand weiter geschwächt haben. Trotz ihrer nur zu begründeten Bedenken gab sie schließlich nach. Die Hochzeit fand am 6. März 1833 statt. Auf dem Weg zur Kirche soll Grabbe dem Wirt seines Stammlokals zugerufen haben: »Da haben wir die Bohne« oder, nach lippischer Redensart, das Unglück (Bergmann, 7.1 1968, 307).

Ab Dezember 1829 beschäftigte sich Grabbe intensiv mit dem Stoff von *Napoleon*, den er »groß, von selbst dramatisch« (V, 294) nannte. Im Frühling und Sommer 1830 schrieb er trotz Arbeitsdruck im Auditeursamt, Krankheiten und Liebeskummer angestrengt weiter. Im August glaubte er, fertig zu sein, aber während der Reinschrift zwangen ihn wiederholt die Folgen der Julirevolution in Frankreich, »nicht allein umzuschreiben, sondern zu potenziren« (314). Ungemeinen Wert legte er auf die Aktualität des Stücks, das »alle Interessen der Zeit« (315) enthalte; die Erwartung eines Krieges mit Frankreich, in der er sich irrte, und politische Tendenzen, die er höchstens teilweise begrüßte, benutzte er opportunistisch, um Kettembeil mit dem Druck zur Eile zu treiben: »Und schnell, schnell, schnell. – Der Krieg drängt, – zum Glück roch ich die Zeit, und im Napoleon, sowohl im Stücke als in der Person selbst, sind viele liberale Anklänge« (323). Wie früher brach er oft in Begeisterung über das eigene Werk aus, aber allmählich wurde er nüchterner; eine Selbstrezension schrieb er nicht mehr, weil er das »Selbstloben (...) seit Jahren satt« (364) habe. Die Aussagen in seiner Korrespondenz sind entsprechend ernsthafter. Als Inhalt des Stücks nennt er »so ziemlich alle meine Ideen über die Revolution« (300), als seine besondere Stärke die »Volksscenen«, die »köstlich, besser als im Sulla« würden (313). Den Ansprüchen des zeitgenössischen Materials an den Dialog, in dem »alles *Moderne* einmal im Glanz der Poesie erscheinen« (290) solle, kommt er nach:

»So weh' es mir thut, schreibe ich ihn in – Prosa, aber wie ich hoffe, in lutherisch kräftig biblischer, wie z. B. die Räuber. Ich kann die Artillerie-Trains, die congревischen Raketen pp. nicht in Verse zwingen, ohne sie lächerlich zu machen« (305).

Wichtig sind auch die indirekten Bemerkungen zu seiner Dramaturgie. Mit seinen Ausfällen gegen das Theater quittiert er die Ablehnung seiner Werke, signalisiert aber zugleich seine Originalität. Seine Bemerkung an Kettembeil, daß er an das »Theater (...) überhaupt nicht gedacht habe, wenigstens nicht so wie es jetzt ist«, verrät sein Bewußtsein, mit seiner Kunst die Bühne der Zeit zu überfordern (322). Die Ambivalenz eines Unzeitgemäßen spricht aus seinem Brief an Menzel, wo er die finanziellen und technischen Beschränkungen des damaligen Theaters beklagt, aber dann, wohl aus Resignation, das Theater als Forum für Dichtung überhaupt verneint:

»Sie wünschen mich populärer. Mit Recht. – Aber theatralischer? der Manier des jetzigen Theaters entgegenkommender? – Ich glaube, unser Theater muß dem Poeten mehr entgegenkommen. Das thut es aber weder durch Eröffnung pecuniären Gewinnstes, noch durch Darbietung tüchtiger Künstler. (...) Übrigens ist (...) das Drama nicht an die Bretter gebunden (...), und das rechte Theater des Dichters ist doch – die Phantasie des Lesers« (318).

Angesichts der vielen neuartigen Züge des Stücks versichert er Kettembeil jedoch kurz vor der Veröffentlichung mit durchaus berechtigtem Stolz: »Wir haben verdient, mit dem Napoleon eine dramatisch-epische Revolution und Glück zu machen« (323).

Am 25. Februar 1831 schickte Grabbe das Manuskript des *Napoleon* an Kettembeil, der es Ende März oder Anfang April 1831 herausbrachte. Für ein überreichtes Exemplar wurde er vom Fürsten Leopold mit einer Geldsumme belohnt. Die Kritik begrüßte das Stück, unter Anerkennung seines neuartigen Realismus, vielfach als sein Meisterwerk. Trotzdem bestürmte er Kettembeil weiter um Rezensionen und fühlte sich, wohl etwas übersensibel, von neidischen Cliquen verfolgt. Mehr als ein Jahr nach der Veröffentlichung forderte er immer noch mehr Reklame sowohl für dieses wie für seine anderen Werke:

»So lange das Gepack so dumm ist, muß man mit ihm heulen, bis man ihm bequem in den Nacken schlagen kann. Darum könntest Du wohl etwas einsetzen, um in dieser schurkenvollen Welt durch bestellte Recensionen etwas für Dich und mich aller Orts zu tun« (376).

Gleichzeitig mit der Arbeit an *Napoleon* schrieb Grabbe im August oder September 1830 *Etwas über den Briefwechsel zwischen Goethe und Schiller in den Jahren 1794 bis 1805*. Unmittelbarer Anlaß war sein Ärger über Goethes Veröffentlichung von Mitteilungen über Privatangelegenheiten, die er »Hemdausziehereien« (V, 309) nennt. Dahinter lag seine einerseits durch soziale und kulturelle Gegensätze, andererseits durch persönliche Ressentiments bedingte Abneigung gegen Goethe. Auf ästhetischer Ebene stellt die zornige Streitschrift eine wichtige Auseinandersetzung mit dem klassischen Drama, auf gesellschaftskritischer Ebene eine Anklage der Restaurationsepoche dar. Nachdem sowohl Kettembeil als auch Wolfgang Menzel die Veröffentlichung abgelehnt hatten, erschien erst 1835 eine gekürzte Fassung in der Düsseldorfer Zeitschrift *Hermann*. Den vollen Text machte Wukadinović im Jahr 1913 zugänglich.

Da er *Die Hohenstaufen* nicht mehr fortsetzen wollte, bat Grabbe im Juni 1831 Kettembeil um andere »Stoffe«, die »zeitgemäß und einträglich« wären (V, 338). Kettembeil empfahl den polnischen Freiheitskämpfer Tadeusz Kosciuszko, der Grabbe menschlich als »ein bornirter Kopf« erschien, aber als Dramengestalt gefiel (345). Während der Arbeit an *Kosciuszko* litt Grabbe an seinem Verhältnis zu Henriette Meyer und dachte an Selbstmord. Als besondere Stärke des entstehenden Stücks betrachtete er seine eigene »Bitterkeit und Menschenkenntniß, ganz ohne Gène ausgedrückt« (370). Die Verzögerung der Arbeit entschuldigte er wiederholt mit seinem seelischen Zustand, so zum Beispiel im Oktober 1831: »Der Kosciusko ist mein Ernst, und ich studire stark für und über ihn. Aus dem Ermel kann ich ihn bei meiner Gemüthsstimmung aber nicht schütten« (357). Zum Theater der Zeit äußerte er sich mit ähnlicher Geringschätzung wie vorher bei *Napoleon*:

»An das Theater denke ich dabei auch, aber verwünscht, wenn dieser hölzerne Lumpenkram, der total verändert werden, weit einfacher und doch weit großartiger werden muß, mich durch seine jetzige Aeußerlichkeit gänzlich im freien Gebrauch meiner Phantasie stören sollte« (358).

Im Dezember meldete er Kettembeil übertriebene Fortschritte: »Von Kosciusko, dem Quaste, sind 1 1/2 Act fertig (...). Auch ist das Ding gut und ernst«. (364). Im Juli 1832 bat er umsonst um Vorschüsse und versprach das Stück in 4-5 Monaten. Als er es schließlich liegen ließ, hatte er erst zwei Szenen geschrieben. 1835 zeigte er Immermann Textproben, nahm die Arbeit jedoch nicht wieder auf.

Eine Reihe von Plänen, die er zwischen 1828 und 1832 erwähnte, wurde auch nicht ausgeführt: das Lustspiel »Der Prozeß« (224); die Tragödien »Brutus« (Bergmann, 7.1 1968, 335) und »Die Abbassiden« (V, 279); Dramen über »Karl der Große und die Sachsen« (294), »Philipp von Schwaben« (296) und »Robespierre« (314); ein »Roman«, der »piquant und zeitgemäß« (364) werde; und »eine Kritik der früheren und jetzigen, so wie eine Andeutung der noch zu erwartenden Revolutionen«, die »nicht bloß die politischen, auch die religiösen, wissenschaftlichen, selbst die Erd- und Himmelsrevolutionen« (340) umfassen sollte.

# 2. Werk

## 2.1 Aufsätze über Detmold und sein Theater
Entstanden 1827-1829, Erstdruck 1827-1829

Die neun *Aufsätze über Detmold und sein Theater* erschienen, meist als anonyme »Correspondenz-Nachrichten«, zwischen Anfang 1827 und Mitte 1829 in verschiedenen Journalen. Der zweite Aufsatz kritisiert die Detmolder Architektur und der siebte stellt den geselligen Verein »Resource« vor, wo Grabbe häufig verkehrte. Die übrigen beschäftigen sich mit dem Detmolder Theater. Obwohl Grabbe vorgibt, einzelne Opern und Dramen, Inszenierungen, schauspielerische Leistungen und theaterpolitische Ansätze konstruktiv kritisieren zu wollen, ergeht er sich immer wieder in persönlichen Angriffen auf die Schauspieler und vor allem Schauspielerinnen der Pichlerschen Truppe, obwohl er mitunter das Theatergebäude und einige Darsteller lobt. Solche Meinungsumschwünge mögen teilweise seinen sprunghaften Launen entstammen, aber in erster Linie verraten sie seinen Opportunismus, am deutlichsten in der Notiz über »die Aufführung des wunderbaren Stückes Don Juan und Faust«, die nicht nur das Werk »dieses genialen Dichters«, sondern auch die »begeistert und richtig« spielenden Hauptdarsteller rühmt (IV, 89). Zuweilen vermitteln seine witzigen Formulierungen und geistreichen Einsichten ein lebendiges Bild des zeitgenössischen Theaterbetriebs. Tieck attackiert er wieder als einen Nichtskönner, der Shakespeare »zum Gott erheben will, jedoch nur, um dessen Pabst zu werden« (72). Zur Politik äußert er sich mit dem antiliberalen Argument, daß die türkische Besetzung für die Griechen, denen »der wahre Gemeinsinn« fehle, eine »gerechte Strafe« darstelle, und in der patriotisch-voluntaristischen Sentenz: »Jede *Nation* kann sich befreien, wenn sie nur *will*« (67). Im Grunde geben diese Aufsätze aber eher über die weniger ansprechenden Seiten von Grabbes Charakter als über ihr eigentliches Thema Auskunft und erheben sich selten über »das Niveau (...) eines lokalen Winkelliteraten« (Böttger, 7.3 1963, 186).

## 2.2. Don Juan und Faust
Vollendet 1828, Erstdruck 1929, Uraufführung Detmold 1829

Grabbe betrachtete *Don Juan und Faust* als den »Schlußstein« seines »bisherigen Ideenkreises« (V, 225) und zugleich als seinen Durchbruch zu einer bühnengerechten Dramaturgie. Durch Verknüpfung der beiden Mythen hoffte er, nicht nur seine eigenen früheren Werke, sondern auch Mozart und Goethe zu überbieten. Seine Hauptquellen waren da Pontes Libretto zu *Don Giovanni* und der erste Teil von *Faust*. Mit Byron, den er am meisten unter den englischen Dichtern bewunderte, teilte er nicht nur »ein verwandtes Kunstwollen und ein gleiches Zeiterlebnis« (Nieschmidt, 8 1951a, 26), sondern er übernahm auch konkrete Einzelmotive aus seinem *Childe Harold*, *Manfred* und *Cain*. Daß Franz Horn (in *Luna*, 1805) und Niklas Vogt (in *Der Färberhof*, 1809) bereits vor ihm die beiden Helden zusammengebracht hatten, mag er nicht gewußt haben. Mit den zahlreichen unbedeutenden Faust-Dichtungen von Zeitgenossen und E. T. A. Hoffmanns Don-Juan-Novelle hat sein Stück nur oberflächliche Ähnlichkeiten. Starke Anstöße erhielt er von Shakespeare, in dessen *Hamlet* er einen »heiteren Humor« (V, 93) erkannte und dessen Held ihm, wie den deutschen Romantikern, als »ein englischer Faust« (261) erschien. Mit Büchners *Dantons Tod* hat das Stück die weltschmerzliche Stimmung gemein.

Das einzige zu seinen Lebzeiten aufgeführte Drama Grabbes hat viele bühnenwirksame Züge: exotische Szenerien, Musik und Tanz, grelle Licht- und Geräuscheffekte, Zauberwesen, Liebeskonflikte, Morde und Höllenfahrten. Neben den direkten Quellen verrät es den Einfluß des Volksstücks, des Maskenspiels und des romantischen Lustspiels. Der Blankversdialog glänzt durch eine pointierte Dialektik, wobei etwa Don Juans elegantes Spiel mit der eigenen Rhetorik sich deutlich von Fausts überhitzten Grübeleien unterscheidet. Der größte technische Mangel liegt darin, daß die beiden Haupthandlungen meist parallel nebeneinander laufen, statt sich kausal zu verknüpfen. Zwar begehren beide Helden Donna Anna, aber sie treffen nur in drei kurzen Episoden zusammen, und zu einem voll entwickelten persönlichen Konflikt kommt es zwischen ihnen ebenso wenig wie zu einer ausführlichen weltanschaulichen Auseinandersetzung. Ihre »Polarität« wird weniger durch ihre »eigentlichen Begegnungen« vermittelt als »über die Szenen hinweg« durch antithetische »Maximen«, »Sentenzen« und »Umkehrungen« (Gnüg, 8 1974, 211). Im Grunde ist das Stück eine »einfache Gegensatzkonstruktion« (Hegele, 8 1970, 39), in der eine Fülle gedanklicher und strukureller Dichotomien nicht zu einer durchgehenden dramatischen Spannung integriert ist. Der Grund des Mißlingens ist wahrscheinlich, daß Grabbe »eine Idee zu gestalten« suchte, die »zu der geschlossenen Form einer klassischen Dramaturgie drängt« (Gnüg, 8 1974, 216), die aber seiner Neigung zur offenen Form widersprach. Damit verbunden ist auch die »Gebrochenheit der Sprache« (Krummacher, 8 1959, 253), mit deren »Überstei-

gerungen« und »Parodien« (248) er »aus einer übermächtigen (...)
Tradition« hinausstrebte, aber ein »eigenes dichterisches Verhalten
nicht vollkommen zu entwickeln« vermochte (256).

*Don Juan und Faust* gilt als Grabbes »einziges Ideendrama« (F. J.
Schneider, 7.3 1934, 171), in dem sich die zeitgenössischen Debat-
ten über Sensualismus und Spiritualismus reflektieren. Grabbe selbst
erklärt wiederholt, daß die Protagonisten zwei diametral entgegenge-
setzte menschliche Seinsweisen darstellen, so etwa in seiner Selbstrezension:

>»Unter den Namen Don Juan und Faust kennt man zwei tragische Sagen,
>von denen die eine den Untergang der zu sinnlichen, die andere den der zu
>übersinnlichen Natur im Menschen bezeichnet (...) – wir haben in den bei-
>den Hauptpersonen die Extreme der Menschheit vor uns« (V, 261).

Allerdings wird er mit diesem Schema seinem eigenen Werk nur
teilweise gerecht. Im Drama selbst sind Don Juan und Faust trotz
ihrer Gegensätze nicht nur komplexer, sondern auch wesensver-
wandter, als er selbst meint.

Don Juan ist nach Grabbe »nur der nach Befriedigung der Sinnlichkeit strebende Mensch«, aber er verkörpert »alle menschlichen
Vorzüge, Gestalt, Genie, Phantasie, Witz, Muth, unbändige Thatkraft, selbst Gemüth« (V, 263). Er sucht seine Erfüllung ausschließlich in der immanenten Welt. Den Mord an Octavio und seine unerbittliche Werbung um Donna Anna begründet er mit dem Argument, daß »das Natürliche (...) wohl das Rechte« sei (I, 472). Nach
Donna Annas Tod ist er zu neuen Eroberungen bereit: »Ich spann /
Die Segel wieder, fahr mit neuem Winde! / – Gibts nicht der schö-
nen Mädchen tausend andre?« (506). Von seinem Wahlspruch »König und Ruhm, und Vaterland und Liebe« bestätigt die Handlung
höchstens die »Liebe«, aber seine Bereitschaft, sich »dem Inhalt dieser Worte zu opfern«, weil es ihm »*Vergnügen* macht« (472), paßt
durchaus zu seinem Hedonismus. Anders als seine literarischen Vorgänger ist er jedoch ein Verführer, der seine »Heuchelei« (V, 263)
genießt. In seinen Liebeserklärungen unterbrochen, verrät er seine
Strategie mit burlesker Selbstironie: »Verflucht, ich war / Im besten
Zuge. Meinem Mund entströmten / Die Bilder dutzendweise«
(I, 449). Er läßt sich weniger von der »Leidenschaft« für Donna
Anna als »von einer ästhetisch bestimmten Lust an der Kunst der
Verführung« (Gnüg, 8 1974, 198) leiten und kommt so dem »reflek-
tierten Verführer Kierkegaards« (214) nahe. Allerdings hat er auch
eine tragische Seite. Die Erfüllung sucht er paradoxerweise in der
Unerfülltheit: »jedes *Ziel* / Ist *Tod* – (...) Heil ihm, der ewig hungern
könnte!« (I, 419). Die »Phantasie« scheint ihm »tausendmal besser

als die Wirklichkeit« (444), und seine Jagd nach unbeständigen Genüssen entspringt der Verzweiflung: »Nur *Abwechslung* gibt dem Leben Reiz / Und läßt uns seine Unerträglichkeit / Vergessen!« (425-426). Durch seinen Ästhetizismus, Zynismus und Egoismus will er einem als sinnlos empfundenen Leben Sinn verleihen. In Ermangelung einer transzendenten Hoffnung verschreibt er sich einem absoluten Individualismus. Als eine neue Variante des Grabbeschen Titanen duldet er »keinerlei Einschränkung durch (...) moralische oder juristische Instanzen« und fühlt sich legitimiert, »alle als bürgerlich denunzierte Normen in den zwischenmenschlichen Beziehungen« zu zerstören (Ehrlich, 7.3 1986, 126-127).

Faust ist »in den Tiefen der Gedanken und der Welt zu Hause« (V, 262) und sucht vergeblich die Transzendenz. Das Leben ist für ihn ein »tödlicher Durst und nie gestillt!« (I, 430). Seine metaphysischen Spekulationen versanden im circulus vitiosus: »Nichts glauben kannst du, eh du es nicht *weißt*, / Nichts wissen kannst du, eh du es nicht *glaubst*!« (431). Luther fragt er umsonst nach einer religiösen »*Wahrheit*, die besteht« (432). In Umkehrung von Goethes Faust beschwört er den teuflischen »Ritter« herauf, um mit seiner Hilfe in absolutem Wissen, Glauben oder absoluter Macht »ein Endziel« (434) zu erlangen. Aber da der »Ritter« ihm nur demonstrieren soll, wie er »Ruh / und Glück hätt finden *können*« (439), endet sein Unternehmen unvermeidlich in Qualen. Im Drang nach dem Übermenschlichen stößt »der himmelstürmende / *Gigante*« (495) dauernd an die Grenzen der Menschheit, vor allem als er sich in Donna Anna verliebt. Allerdings ist auch seine Liebe »ohne Ende und Beschränkung« (474) und von Gedanklichkeit beschwert: »Ich bin ein Deutscher und Gelehrter, / Und die *beobachten* auch in der Hölle« (480). Mit charakteristischer Brutalität will er Donna Annas Gegenliebe durch Gewalt erzwingen, und weil sie Don Juan liebt, tötet er sie durch ein Zauberwort: »Was ich wünsche, muß ich haben, *oder / Ich schlags zu Trümmern*!« (494). Zu spät begreift er, daß ein echtes menschliches Gefühl die Welt auch für ihn hätte rechtfertigen können: »Viel ist – viel *war* / Sie wert – *Man kann drin lieben*!« (498). Nach Grabbe selbst »lös't Faust die Dissonanzen des Stückes« (V, 263) durch diese Erkenntnis, aber der Text als Ganzes verneint die positive Deutung.

Faust wird durchweg mit Bildern der Bestialität und Destruktivität assoziiert. Da er das Absolute nicht findet, glaubt er daß der Mensch nur »zertrümmern, mit den Trümmern / Ein Trümmerwerk erbaun« könne; obwohl er nach Kreativität strebt, überwiegt der Eindruck der Zerstörung in seiner Metaphorik: »Aus *Nichts* schafft Gott, wir schaffen aus / *Ruinen!* Erst zu Stücken müssen wir / Uns schlagen, eh wir wissen, was wir sind / Und was wir können!« (I, 433). Seine Zerstörungssucht stammt aus verlorenen Illusionen: »Es gab einst einen *Gott*, der ward / *Zerschlagen – Wir sind seine Stücke –* Sprache / und Wehmut – Lieb und Religion und Schmerz / Sind *Träume* nur von ihm« (499). So erweist er sich nach Gothland als »ein weiteres Beispiel eines scheiternden Idealisten« (Kopp 8 1982, 76). In seiner vergeblichen Suche nach metaphysischen Einsichten demonstriert er »man's intellectual nature *in extremis*« (Cowen, 7.3 1973, 451). Mit der Sentenz »So wär die ganze Menschheit nur Geschwätz!« (I, 454) zieht er die Bilanz einer modernen Sprachskepsis; da er nur abstrakt denkt, erlebt er die Sprache selbst als »barrier to the superhuman knowledge he desires« (Cowen, 8 1967a, 346).

Der Gegensatz zwischen den beiden Helden kristallisiert sich in Don Juans Frage »Wozu übermenschlich, / Wenn du ein Mensch bleibst?« und Fausts Gegenfrage »Wozu Mensch, / Wenn du nach Übermenschlichem nicht strebst?« (I, 485). Don Juan sucht Erfüllung im Diesseits, Faust in der Transzendenz. Don Juan reagiert auf die Verzweiflung am Leben mit der Jagd nach vergänglichen Sinnesfreuden, Faust mit dem Streben nach zeitloser metaphysischer Erkenntnis. Don Juan ist trotz seiner hyperbolischen Rhetorik ein kühler Realist, Faust trotz seiner abstrakten Spekulationen ein sentimentaler Idealist. Don Juan manipuliert souverän die Sprache, Faust leidet an ihrer Unzulänglichkeit. Don Juan ist ein witziger Südländer, Faust ein deutscher »Renommist der Melancholie« (424). Gewissermaßen widerholt sich in den beiden Helden der Dualismus von Sulla und Marius. Dennoch sind sie nahe verwandt in der »titanischen Selbstüberhebung eines prometheischen Bewußtseins« (Gnüg, 8 1974, 203) und in dem auf »Überwindung der Wirklichkeit« zielenden Übermenschentum (M. Schneider, 8 1973, 56). So verzichtet Don Juan auf die Rettung durch Reue, um »eher *Don Juan* im Abgrundsschwefel / Als *Heiliger* im Paradieseslichte« zu bleiben (I, 513), und Faust glaubt, »die Wirklichkeit / Der Höll zuschande machen« zu können, indem er »ewig« Donna Annas zu »gedenken« gelobt (506). Der Teufel, der sie in der Hölle aneinander schmieden wird, bescheinigt ihnen: »ihr strebet nach / *Demselben* Ziel und karrt doch auf *zwei* Wagen« (513). Durch die Ähnlichkeiten zwischen Don Juan und Faust wird Grabbes Programm der Polarisierung der beiden Typen im Text selbst stark eingeschränkt.

Das primär philosophische Stück enthält auch ein stellenweise satirisches »Ringen mit den Zeitverhältnissen« (Henning, 8 1967, 161). Don Juan verspottet die Kirche, die Polizei und das gehobene Bürgertum, und beide Helden teilen »die Verachtung einer bürgerlich-philiströsen Umwelt« (Nieschmidt, 8 1951a, 35). Dennoch hat man nicht zu Unrecht bemerkt, daß sie mit ihrem rücksichtslosen Individualismus »dem Wesen des kapitalistischen Systems verhaftet« sind (Dorner, 8 1976, 98) und als »Projektionsbild der geheimen Sehnsüchte des Bürgers« (Michelsen, 8 1965, 84) sich auf dem »Weg zum Übermenschen Nietzschescher Prägung« befinden (86). Mit aktuell politischem Bezug klagt Faust ferner über den Partikularismus: »Deutschland! Vaterland! (...) Europas Herz – ja, ja, *zerrissen,* / Wie nur ein *Herz* es sein kann!« (I, 433).

Obwohl Grabbe das Stück eine »Tragödie« nennt, hat es zahlreiche komische Aspekte. Don Juans rhetorische Höhenflüge werden durch seine eigene Selbstironie und den prosaischen Mutterwitz seines Dieners Leporello lächerlich gemacht, Fausts Tiraden durch den ihnen innewohnenden Bombast. Eine »Tragikomödie« wurde das Stück insofern genannt, als Grabbes »Spiegeltechnik« Faust als tragische und Don Juan als komische Figur erscheinen lasse, aber »die Tragik des einen auch von Komik« und »die Komik des andern auch von Tragik (...) tingiert« sei (Guthke, 8 1961, 199-200). Beide Helden reagieren mit ihrem destruktiven Titanismus auf den Weltschmerz angesichts einer Wirklichkeit, die alle Ideale zu verneinen scheint. Wie bereits *Gothland* und *Scherz, Satire* ist auch dieses Stück auf »die Desillusionierung jedes metaphysischen Strebens« (Nieschmidt, 8 1951a, 34) gerichtet und »einer nihilistischen Weltsicht unterworfen« (Steffens, 8 1966, 53). Indem Grabbe »das Pathos des klassischen deutschen Dramas und die Ironie der Romantik (...) bis zum Äußersten forciert« und die Werte des Idealismus »ins Groteske, Schauerliche und Lächerliche umbiegt« (Wiese, 8 1948, 464), verneint er alles Positive.

Eine wichtige Rolle im Zusammenhang der Negation spielt der teuflische »Ritter«, der die Helden um ihr diesseitiges Leben zu bringen, aber ihren Trotz nicht zu brechen vermag. Anders als Goethes Mephisto fördert er keinen göttlichen Plan. Anders als der Teufel in *Scherz, Satire* besitzt er keinen Humor, hat aber trotzdem viel von der Kraft des absolut Bösen eingebüßt. An Gothland erinnert die Idee, daß er nicht »so *unsäglich* hassen« könnte, wenn er »früher nicht *so ungeheur* geliebt« hätte (I, 464), aber Grabbe entwickelt dieses Motiv dramatisch ebenso wenig wie sein kurzes Erschrecken über einen vermutlich transzendenten »*Schatten* (...) Vielleicht auch nur ein allzuhelles *Licht* (...) / Von *außen*« (454). Gott und Teufel sind in Grabbes Drama des Übermenschentums gleichermaßen »ihrer aus der christlichen Tradition abgeleiteten Wertigkeit enthoben« (Holz, 8 1987, 160). Was bleibt, ist der Versuch, die immanente Wirklichkeit zu bejahen, der aber letztlich der Immanenz ebenso wie der Transzendenz den Sinn abspricht.

## 2.3. Die Hohenstaufen:

*Kaiser Friedrich Barbarossa*
Vollendet 1829, Erstdruck 1829, Uraufführung Schwerin 1875

*Kaiser Heinrich der Sechste*
Vollendet 1829, Erstdruck 1830, Uraufführung Schwerin 1875

Mit den *Hohenstaufen* wandte sich Grabbe endgültig dem Geschichtsdrama zu. Indem er auf das mittelalterliche Reich zurückgriff, hoffte er, die Forderung seiner *Shakspearo-Manie* nach einem deutschen Nationaldrama selbst zu erfüllen. In seinen Briefen schwärmte er von seinem patriotischen Anliegen: »größer, vaterländischer als alles sind die Hohenstaufen, größer, vaterländischer ihr Drama. Ganz Deutschland in die blendenden Farben der Poesie gehüllt« (V, 223). Die Dynastie als Stoff hatte August Wilhelm Schlegel 1808 in seinen *Vorlesungen über dramatische Kunst und Literatur* empfohlen, und sein Rat wurde vielfach befolgt. Für das Theater verfaßte namentlich Ernst Raupach sechzehn Hohenstaufen-Dramen. Die Erinnerung an die Staufenkaiser diente in deutschen Ländern während der napoleonischen Besetzung dem liberalen geistigen Widerstand und während der Restauration der konservativen Vereinigungspropaganda. Grabbe wollte in seinen *Hohenstaufen* für die biedermeierliche Gesellschaft ein heroisches Vorbild errichten. Sein Traum von der Wiederkehr eines geeinigten Reiches unter starken Führern, seine Lobpreisungen deutscher Landschaft und seine Skizzen von rauhen, aber treuherzigen niedersächsischen Soldaten tragen mitunter chauvinistische Züge.

   Als Hauptquellen benutzte Grabbe Friedrich von Raumers *Geschichte der Hohenstaufen*, Carl Wilhelm Böttigers *Heinrich der Löwe,* Friedrich Christoph Schlossers *Weltgeschichte in zusammenhängender Erzählung* und Friedrich Rehms *Handbuch der Geschichte des Mittelalters*. Während er Barbarossa und Heinrich VI. weitgehend quellengetreu darstellt, zeigt er Heinrich den Löwen in positiverem Licht. In der Handlung rafft er zahlreiche historisch auseinanderliegende Ereignisse und Schauplätze zusammen und komprimiert langwierige Kriege in einige kurze Schlachtszenen. *Barbarossa*, zwischen 1174 und 1180 teils in Italien, teils in Deutschland spielend, umfaßt den fünften Feldzug des Kaisers, seine Niederlage bei Legnano und seinen Friedensvertrag mit Papst Alexander III. sowie die Exilierung Heinrichs des Löwen, nimmt aber beispielsweise in der Schlußszene den Kreuzzugsantritt des Kaisers und die Verlobung von Prinz Heinrich mit Prinzessin Constanze aus späteren Jahren vorweg. *Heinrich VI.* beschäftigt sich mit den machtpolitischen Unternehmungen des neuen Kaisers in Italien und Deutschland von seiner Krönung (1191) bis zu seinem Tod (1197), schildert jedoch auch die Erhebung der Normannen in Sizilien, den Streit zwischen Richard Löwenherz und dem Erzherzog von Österreich und die Aktivitäten Heinrichs des Löwen in Ostfriesland und Niedersachsen; im Reichstag zu Hagenau werden mit der Verurteilung von Richard Löwenherz, Constanzes Gefangennahme, der Lütticher Bischofswahl und dem Versuch des Kaisers, die Krone erblich zu machen, Ereignisse aus vier verschiedenen Jahren verhandelt. Zu Grabbes eigenen Erfindungen gehört im ersten Stück die Weserschlacht zwischen Barbarossa und Heinrich dem Löwen und im zweiten die Überführung der in Wirklichkeit auf dem Kreuzzug verlorenen Leiche Barbarossas nach Italien.

Der Hauptkonflikt in *Barbarossa* spielt sich zwischen dem Titelhelden und Heinrich dem Löwen ab. Grabbe nennt das Stück »ein wahres Schicksalsdrama, in der besseren Bedeutung«, denn »der Kaiser und der Löwe sind Freunde, aber sie müssen doch durch die Lage der Dinge gezwungen sich bekämpfen« (V, 277). Der Herzog mit seinen niedersächsischen Anhängern vertritt einen nördlich orientierten Partikularismus. Der Kaiser verfolgt mit seinen Schwaben und Franken einen südwärts strebenden Imperialismus und sieht sich als Einiger Deutschlands und zugleich als »Vorfechter« europäischer »Geistesfreiheit« gegen die »Anmaßung der Kirche« (II, 40). Die Ideale beider Helden verblassen aber vor dem Drang nach Macht: Heinrich der Löwe kämpft »um seine Krone« (35), während Barbarossa »Schiedsrichter der Welt« (59) werden will, und »Leu und Kaiser sind / Zu stark, als daß sie ewig sich vertrügen« (32). Hinter diesen Gegensätzen steht »Grabbes schmerzliche Erfahrung der Zersplitterung Deutschlands« (Ehrlich, 7.3 1986, 149). Da aber die unvereinbaren politischen Ziele der Helden auch ihrer Freundschaft widerstreiten, behandelt das Stück gleichzeitig »die tragische Entzweiung des Menschlichen und des Geschichtlichen« (Wiese, 8 1948, 479).

Heinrich der Löwe und Barbarossa repräsentieren gemeinsam eine Welt der Ritterlichkeit, die in *Barbarossa* geehrt und in *Heinrich VI.* vom Pragmatismus verdrängt wird. Barbarossa erscheint trotz seiner Gewalttätigkeit als ein edler und kultivierter Herrscher, der in noch ungebrochener Harmonie mit sich selbst und mit seiner Zeit lebt. Im Gegensatz zu den meisten Grabbeschen Helden erreicht er mit der Einigung Deutschlands sein Ziel. Wenn er das Reich schließlich seinem Sohn überläßt, so tut er das nicht aus Weltverachtung, sondern im Glauben an eine höhere Erfüllung durch den Kreuzzug. Poetisch verklärt wird er nicht zuletzt durch Heinrich von Ofterdingen, den Grabbe irrtümlich zum Dichter des *Nibelungenliedes* macht.

Düsterere Töne schlägt Heinrich der Löwe an, der mit Marius, Faust und später Hannibal zu Grabbes »meditative heroes« (Cowen, 7.3 1972, 107) zählt. In *Barbarossa* leidet er unter der »Last des Lebens« und weiß trotz seiner Machtsucht: »Könige sind nur / Herausgeputzte Sklaven von Millionen« (II, 37). In *Heinrich VI.* wird er endgültig zu dem mit seiner Epoche zerfallenen Melancholiker. Bei seiner Heimkehr aus England glaubt sein Volk, daß er »die alte, große Zeit« (151) wiederbringt, aber er ist müde, von Trauer um seine Frau Mathildis und Barbarossa gebrochen und von Nostalgie verzehrt: »Die ganze Gegend ist mir nur die Spur / Von dem, was *war*« (156). Seine Vernichtung der undankbaren Stadt Bardewick aus »Zorn, / Der stärker ist als ich« (168), erweist sich als ein sadistischer Racheakt der Schwäche. Zuletzt gibt er resigniert und ohne Hoffnung auf das Jenseits den Kampf gegen die Vergänglichkeit allen Glücks und Unglücks auf: »So endet / Das Große, *mit 'nem Seufzer*« (200). Im Gegensatz zu dem im Kaiser verkörperten »neuen Geist« erscheint er als »Reliquie einer unwiederbringlich vergangenen Ära« (Cowen, 8 1977, 439). Eine ähnlich anachronistische Gestalt ist der vornehme Tancred, der auch die heroische Zeit der »hochherzgen Ahnen« (II, 209) betrauert und sich in einer Epoche der »Herrschsucht«, »Flauheit und Genußsucht« (219-220) und »Politik« um »Jahrhunderte zu spät geboren« fühlt (208-209). Indem er Barbarossa, Heinrich den Löwen und Tancred von Heinrich VI. verdrängen läßt, veranschaulicht Grabbe die »Überwindung des heldischen durch den ›politischen‹ Menschen« (F. J. Schneider, 7.3 1934, 235).

Von Grabbe als »Don Juan, Sulla und Gothland in einer Person« (V, 285) charakterisiert, zeigt sich Heinrich schon als Prinz in *Barbarossa* aggressiv, gewissenlos und zynisch. Als Kaiser in *Heinrich VI.* ist er vollends zum »skrupellosen Renaissancetyrannen« (F. J. Schneider, 7.3 1934, 232) geworden, dessen »brutaler Machiavellismus« (237) nur dem eigenen »Herrenmenschentum« (239) dient. Statt »mit edlen Mitteln nur zum edlen Ziel / Zu schreiten«, greift er zu »Verrat, List, Geld und Grausamkeit« und verhöhnt das »Gewissen« als »schwäbische Spießbürgerei« (II, 128-129). Seine menschlichen Regungen unterdrückt er bewußt, etwa wenn er durch seine diplomatische Heirat mit Constanze »das eigne Herz dem Haupte« (139) opfert oder seine Trauer um Barbarossa unterdrückt, um »klaren Blickes umschaun, kräftig handeln« (125) zu können. Seine Haupteigenschaften sind Opportunismus, Verschlagenheit und Rücksichtslosigkeit in der Verfolgung realpolitischer Ziele, verbunden mit Nihilismus. Die totalitäre Diktatur bejaht er unter Berufung auf die Gottferne der Menschheit: »Gott (...) kann gut / Verzeihn (...) – wir / Bedürfen der Verräter, der Spione, / Der Henker und des Schwertes, uns zu schützen« (231). Mit einigem Recht wurde er aufgrund »einer Weltanschauung, die keine Instanzen jenseits der eigenen Person anerkennt«, als »die modernste Figur Grabbes« bezeichnet (Wißkirchen, 8 1989, 141), aber er ist auch eine tragische Gestalt. Er vergleicht sich selbst mit der unwiderstehlichen Naturkraft des Ätna, der »bald beglückt / Und bald zerstört« (II, 236), und er will »nimmer« zufrieden sein, selbst wenn »die ganze Welt« ihm gehörte (225). Als er auf dem Gipfel des Vulkans »an des Himmels Höhen« der unbegrenzten Weltmacht entgegensieht, trifft ihn jedoch der Schlag. Diesen plötzlichen Tod »im größten Glück« nennt der Text »das tragischste Geschick«, aber er eröffnet im Gegensatz zur klassischen Tragödie keinen Ausblick auf eine sittliche Ordnung; Heinrichs grotesker Ausruf »Der Tod! – Der Hund!« unterstreicht die Absurdität nicht nur seines Unterganges, sondern seiner ganzen Existenz (238).

Als Gegenspieler der Helden agieren bei Grabbe häufig bürgerliche Figuren, in denen er seine Kritik der zeitgenössischen Gesellschaft besonders scharf artikuliert. In *Heinrich VI.* verdammt er mit dem Bardewicker Bürgermeister und Ratsherrn, die er als feige, philiströse Spekulanten karikiert, das »Bürgertum der Restaurationszeit, das die Forderung nach Freiheit dazu reduziert hat, ungehindert dem Kapitalerwerb nachgehen zu können« (Kopp, 8 1982, 129). Die Rechtfertigung der blutrünstigen Vernichtung der Stadt durch Heinrich den Löwen verrät seinen tiefen Groll gegen einen bürgerlichen Kapitalismus, der die heroischen Werte mit einem kleinlichen Geschäftsgeist vertauscht hat: »Krämer sinds – Nicht Geist, nicht Mut / Besitzen sie« (II,164). Bezeichnenderweise bekämpft Heinrich der Löwe Bardewick in Eintracht mit seinen sächsischen Soldaten, die ihm »werter als die Bürger« (160) sind. Obwohl das Lob der norditalienischen Stadtrepubliken, möglicherweise unter Einfluß von Schillers *Wilhelm Tell*, Grabbes sonstiger Bürgerkritik widersprechen mag, findet sich von den *Hohenstaufen* an die »Allianz von Volk und Herrscher gegen das krämerhafte Bürgertum« als »fester Topos« (Wißkirchen, 8 1989, 136) in seinen Geschichtsdramen. Ein ähnlich wiederkehrendes Motiv enthalten die kurzen Zwischenspiele, in denen Grabbe häufig die Beständigkeit des Kleinen und Bescheidenen der Vergänglichkeit des Großen gegenüberstellt. In *Heinrich VI.* ermahnt der Herdenbesitzer seinen Knecht angesichts der alten Kriegsruinen: »Ob der Normann oder der Hohenstaufe Sizilien beherrscht, heute abend tanzen unsre Landmädchen doch (...). Der Kaiser (...) Wird sterben – Unsre Saaten wachsen immer wieder. – Treibe die Schafe aus« (II, 234). Aber von solchen überzeitlichen Idyllen, in denen einfache Leute ihr naturnahes Leben gelassen weiterführen, während die Mächtigen aufsteigen und vergehen, kehrt Grabbe immer wieder fasziniert zur Problematik der Macht zurück.

In ästhetischer Hinsicht wird Grabbes »zunehmender Neigung zum historischen Realismus« (Cowen, 8 1977, 439) eine durchweg positive Bewertung zuteil. Er selbst betonte bei *Barbarossa*, daß er eigentlich »zum Historiker bestimmt war, die Geschichte wirklich genau kenne, und (...) als Dramatiker nur den Geist hervorziehen durfte« (V, 286-287), und an *Heinrich VI.* rühmte er: »Alles wie historisch! wie die Geschichte *enträthselt*« (290). In der ihm eigenen Art, Geschichte zu dramatisieren, liegt tatsächlich seine bedeutendste Leistung. Trotz seiner Kritik an Shakespeare und seiner Begeisterung für Schiller zeigen *Die Hohenstaufen* in Form und Inhalt eher seine Loslösung von Schiller und seine Beeinflussung durch Shakespeare. So verzichtet er auf kausal gefügte Intrigen, differenzierte psychologische Analysen und moralische Urteile und bemüht sich stattdessen, durch zeitlich und räumlich weit ausgedehnte Darstellungen sozialer und politischer Umstände die »Macht- und Herrschaftsstrukturen als historische Antriebskräfte dramatisch zu veranschaulichen« (Vogt, 8 1986, 25). Bahnbrechend sind dabei, wie bereits in *Marius und Sulla*, seine charakteristischen Volksszenen, in denen jeweils kaleidoskopartig eine Fülle von Nebenpersonen kurz auftauchen, gegensätzliche Standpunkte vertreten und wieder verschwinden. In seinen Schlachtszenen verherrlicht er nicht nur die charismatischen Führer, sondern demonstriert auch ihre Abhängigkeit von ihren Soldaten, indem er in Reden hinter der Szene, Teichoskopien und hin und her wogenden Bühnenkämpfen seinen martialischen Phantasien frönt und zugleich mit dem Theater experimentiert.

Technisch bewegt sich Grabbe in den *Hohenstaufen* noch »in den ausgefahrenen Bahnen der klassizistischen Dramaturgie« (Ehrlich, 7.3 1986, 154), setzt aber gleichzeitig seine »Hinwendung zu neuen, originären Qualitäten des modernen Dramas« (Vogt, 8 1986, 21) fort. Da er »nicht auf die Gestaltung eines einzelnen tragischen Konfliktes abzielt, sondern auf ein historisches Drama neuer Art« (Hegele, 8 1970, 199), kann er die »übliche Spannungstechnik«, die alle Ereignisse »von einem Punkt aus auf das Ende organisiert«, nicht mehr brauchen und benutzt vielmehr eine charakteristische »Knotenpunkttechnik«, kontrastreich verteilte »Szenen (...) mit Demonstrierfunktion« und das »Mittel des Kommentars« (215-216) für eine epische Milieudarstellung. So konkretisiert er sowohl die Eigenart »der geschichtlichen Epoche« wie auch »allgemein den Sinn des großen historischen Handelns«, in dem »Geschichtsepoche und Geschichtsheld (...) unlösbar miteinander verbunden« erscheinen (217-218). Allerdings unterscheiden sich die beiden Dramen in wichtigen Zügen. Dem Inhalt und der Stimmung nach ist *Heinrich VI.* härter, der Form nach heterogener, aber auch origineller als *Barbarossa*. In *Barbarossa* ist der historische Zeithintergrund noch in deutliche Gegensätze konzentriert und mit den Kämpfen des Kaisers gegen die Lombarden, den Papst und Heinrich den Löwen integriert. In *Heinrich VI.* erzeugen nur die zentrale Gestalt des Kaisers und eine Reihe wiederholter Motive eine gewisse Kohärenz. Dem Kaiser stehen in den normannischen Rebellen, Richard Löwenherz und Heinrich dem Löwen drei von Anfang an unterlegene und voneinander isolierte Antagonisten gegenüber, die noch größere Materialfülle ist weniger klar organisiert, und die dramatische Beförderung der Handlung wird über der diffusen Zustandsschilderung vernachlässigt. Während in *Barbarossa* »die Umweltdarstellung in die spannungstechnische Gesamtkomposition nützlich einbezogen« wird, tritt in *Heinrich VI.* eine »verhängnisvolle Tendenz« zur »Verselbständigung von Gliederungseinheiten« zutage (Hegele, 8 1970, 208-209). Ähnlich uneinheitlich ist Grabbes Sprache. Während seine einfachen Soldaten sich in volkstümlich rauher Prosa ausdrücken, sprechen seine Helden meist pathetische, klassisch-epigonale Blankverse. Zwar erstrebt er bewußt eine »Mischung der ›hohen‹ Tragödie mit realistisch-historischen, stilsenkenden Elementen« (Sengle, 8 1980, 166), doch vermittelt der Umschlag vom Gehobenen zum Alltäglichen und das Nebeneinander von Chronikstil und Modernität in beiden Dramen oft einen unstimmigen Eindruck.

Auch in inhaltlicher Beziehung bleiben die beiden Stücke zwiespältig. Einerseits läuft Grabbes Verherrlichung der »Monumentalheroen« (M. Schneider, 8 1973, 72) seinem Begriff unpersönlicher historischer Entwicklungen zuwider; andererseits konterkariert die Zerstörungslust bei allen drei Helden seine Ansätze zur »Unterscheidung von sozial- und ichbezogenem Destruktivismus« (69). Bereits 1829 scheint er in *Heinrich VI* den Glauben an seine eigene Hohenstaufen-Propaganda verloren zu haben. Im Juli 1831 schrieb er das Gedicht »Friedrich der Rothbarth«, in dem der seit Jahrhunderten schlafende Barbarossa auf alle Ereignisse seit Ende seiner Dynastie mit den gleichgültigen Worten »Laß mich schlummern« (IV, 348-349) reagiert. Als »Ausdruck völliger politischer Resignation« (Kopp, 8 1982, 137), bestätigt die Verneinung des Auferstehungs-

Mythos Grabbes bereits in den Dramen erkennbaren Pessimismus. Diese Resignation war es wohl, die ihn den geplanten Zyklus frühzeitig abbrechen ließ.

## 2.4. Etwas über den Briefwechsel zwischen Schiller und Goethe
Entstanden 1830, Teildruck 1835, Erstdruck 1913

*Etwas über den Briefwechsel zwischen Schiller und Goethe in den Jahren 1794 bis 1805* ist ein Verriß der von Grabbe als »Waschzettel-Wechsel« (V, 319) titulierten Korrespondenz der beiden Klassiker. Wie Grabbe selbst bemerkt, war aus der bloßen Rezension »eine *Abhandlung* über unsere – *Zeit und Goethe und Schiller geworden*« (312). In einer nachträglichen Anmerkung behauptet er, er habe den im August oder September 1830 entstandenen Aufsatz »vor den letzten Tagen des Juli d. J. geschrieben« (IV, 93). Ein absichtlich falsches Datum nennt er wohl, weil er infolge weiterer Entwicklungen seit der französischen Julirevolution bestimmte Gedankengänge nicht mehr für aktuell hält, aber den Aufsatz dennoch als zeitgemäß betrachtet. Angriffsziel seiner »gelegentlichen politischen Bemerkungen« ist »der wohlhabende Mittelstand in seinen Geld- und Erwerbs-Systemen«, den er für die Lethargie der Zeit verantwortlich macht: »Denn daß seit Belle-Alliance eine Zeit war, wo man (...) wenige Thatkraft gewahrte, ist *historisch*« (93).

Den Eingang bildet eine Tirade gegen die unheroische Restaurationszeit im Vergleich mit der Revolution von 1789 und der napoleonischen Ära:

»Die Guillotine der Revolution steht still und ihr Beil rostet, – mit ihm verrostet vielleicht auch manches Große, und das Gemeine (...) erhebt gleich dem Unkraut sein Haupt. (...) Mit Napoleons Ende ward es mit der Welt, als wäre sie ein ausgelesenes Buch, und wir ständen, aus ihr hinausgeworfen, als die Leser davor, und repetirten und überlegten das Geschehene« (IV, 93).

Diese Misere prangert Grabbe in allen Bereichen an. Unter den »Gebildeten« findet er »Weltüberdruß allethalben« und in Kunst und Wissenschaft »überall Dilettantismus« aus »Ruhm-, Geld- oder Freß- und Sauf-Sucht« (94-95). Im Briefwechsel zwischen Schiller und Goethe sieht er »nichts als eine Sammlung billetmäßiger Lappalien« (98). Er klagt, daß Goethe »Alles auf Kosten Schillers und aus Ursache der eigenen blinden Eitelkeit« (105) veröffentlicht habe. Kategorisch stellt er fest: »Goethes Genie ist dem Schiller'schen *nicht* überlegen gewesen« (103). Anders als »Goethe, der dichtende

Weltmann« (102) mit seinem »Talent und Glück«, habe sich Schiller mit »Geist und Fleiß« durchsetzen müssen (110). Während Goethe sich durch ein »kluges, zeitgemäßes Schmiegen in jede Form« auszeichne, strebe Schiller »ernst zum Idealen und Erhabenen« (108) durch eine »geistvolle Auffassung, dramatische Berechnung und herrliche Sprache« (109). Von »Erfahrung und Geschichte« belehrt, sei Schiller »wahrer, objectiver« als Goethe (110). Bei Goethes Widmung an Ludwig I. von Bayern ereifert sich Grabbe über den »Gallimathias von höfischer Kriecherei« (100). Goethe und Schiller gemeinsam wirft er vor, mit ihrer Kritik an Klopstock, Wieland, Herder, Jean Paul, Tieck und die Brüder Schlegel »die größten Geister ihrer Zeit und ihres Vaterlandes als Lumpen« (104) behandelt zu haben, und scheint dabei seine eigenen Ausfälle in der *Shakspearo-Manie* gegen die letztgenannten drei Romantiker zu vergessen.

Neben persönlichem Ressentiment enthält Grabbes Haß auf Goethe einen politischen, sozialen und ästhetischen Protest. Politisch vermißt Grabbe bei beiden Korrespondenten eine Stellungnahme zur »großen Zeitproblematik« der französischen Revolution von 1789 (Höhle, 8 1970, 88). Sozial stand ihm Schiller näher als Goethe. Ästhetisch hatte er weniger mit Schiller gemeinsam, als man nach seinen Lobpreisungen meinen könnte. Wichtiger ist seine geänderte Haltung zu Goethe im Vergleich zu Shakespeare. Im Gegensatz zu seiner positiven Bewertung Goethes in der *Shakspearo-Manie* erklärt er nun, daß ihm »Shakspeares Geistesgröße« fehle (IV, 105). Offenbar betrachtete er Shakespeare als ein besseres Modell zur »realistischen Erfassung relevanter geschichtlicher Wirklichkeitsprozesse« (Ehrlich, 7.3 1986, 165), um die er sich damals in *Napoleon* bemühte. Für objektive kritische oder theoretische Zwecke ist Grabbes Aufsatz wertlos; die für sein eigenes Werk äußerst relevante Diskussion zwischen Schiller und Goethe über epische und dramatische Dichtung erwähnt er beispielsweise überhaupt nicht. Als Dokument seiner subjektiven Einstellung zur Gesellschaft und Kultur seiner Zeit ist jedoch seine Polemik gegen Goethe – in der er sich, wenn auch in extremerer Form, Heine, Börne und anderen Vormärz-Autoren anschließt – höchst aufschlußreich. Weitere abfällige Bemerkungen über Goethe finden sich später wieder in seinen Briefen, in der Abhandlung *Das Theater zu Düsseldorf* und in der Schmähschrift *Goethe's Briefwechsel mit einem Kinde.*

## 2.5. Napoleon oder die hundert Tage
Entstanden 1829-1831, Erstdruck 1831,
Uraufführung Frankfurt a.M. 1895

*Napoleon oder die hundert Tage* ist nicht nur Grabbes größtes Geschichtsdrama, sondern auch eines der originellsten deutschen Dramen überhaupt. Mit meist frei erfundenem Dialog, aber authenti-
schen Ereignissen und Persönlichkeiten entwickelt Grabbe hier einen »dem monumentalen künstlerischen Gegenstand angemessenen
epischen Dramentyp (...), der in der Geschichte der Gattung traditi-
onsstiftende Bedeutung erlangte« (Ehrlich, 7.3 1986, 182). Seine
Hauptquellen waren Carl Venturinis *Chronik des neunzehnten Jahrhunderts*, Pierre Édouard Fleury de Chaboulons *Mémoires pour servir
à l'histoire du retour et du règne de Napoléon en 1815*, Emmanuel Au-
gustin Dieudonné de Las Cases' *Mémorial de Ste.-Hélène*, Louis Antoine Fauvelet de Bouriennes *Mémoires*, Christoph Girtanners *Historische Nachrichten und politische Betrachtungen über die französische
Revolution*, Adolf Christian Heinrich Heinkes *Darstellung des Feld-
zuges der Verbündeten gegen Napoleon im Jahre 1815* und Walter
Scotts *The Life of Napoleon Bonaparte*.

Die Handlung aus dem Jahr 1815 umfaßt Napoleons Rückkehr
aus Elba nach Paris, seinen Sieg über die preußisch-englische Allianz
bei Ligny und seine endgültige Niederlage bei Waterloo. Erinnerungen und Anspielungen vergegenwärtigen die französischen Revolutionen von 1789 und 1830. Die 25 Szenen erstrecken sich über
rund 20 weit verstreute Schauplätze. Die Besetzung besteht aus un-
gefähr 170 Sprechrollen und unzähligen Statisten; sozial reicht sie
von dem bourbonischen Königshof, dem Kaiser Napoleon und den
Generälen Blücher und Wellington bis zu den Bürgern und Proleta-
riern der Metropole und den Soldaten im Feld. Die disparaten Episoden veranschaulichen Grabbes Geschichtskonzeption mit ungemeiner Eindruckskraft.

Nach Grabbes eigenen Worten ist das Stück »reell und greift in
die Zeit« (V, 311). Im »Vorwort« (II, 317) erklärt er, daß er das Manuskript im Jahr 1830 bereits vor der Julirevolution beendet habe.
In Wirklichkeit änderte er später noch mancherlei, aber seine
Grundhaltung blieb gleich. Er kritisiert außer dem Feudalismus und
Absolutismus auch den Liberalismus und den revolutionären Akti-
vismus, während seine positive Botschaft sich auf eine mit Skepsis
gemischte Verherrlichung Napoleons und gelegentliche deutsch-pa-
triotische Gebärden beschränkt. Die napoleonische Ära benutzt er
als Gegenbild der Restaurationszeit und läßt den Kaiser prophe-
zeien:

»Statt eines großen Tyrannen, wie sie mich zu nennen belieben, werden sie bald tausend kleine besitzen, – statt ihnen ewigen Frieden zu geben, wird man sie in einen ewigen Geistesschlaf einzulullen versuchen, – statt der goldnen Zeit, wird eine sehr irdene, zerbröckliche kommen, voll Halbheit, albernen Lugs und Tandes, – von gewaltigen Schlachttaten und Heroen wird man freilich nichts hören, desto mehr aber von diplomatischen Assembléen, Konvenienzbesuchen hoher Häupter, von Komödianten, Geigenspielern und Opernhuren« (II, 457).

In Deutschland galt Napoleon während der Befreiungskriege als ein blutiger Despot und im Vormärz als ein mythischer Held. Grabbe stellt ihn ähnlich ambivalent dar. Obwohl er nur in sieben Szenen die Bühne betritt, besitzt er eine »ständige Gegenwärtigkeit«, weil alle übrigen »Personen und Kollektive ihr Denken und Handeln auf seine Person (...) ausrichten« (Kopp, 8 1982, 152). In seiner Abwesenheit betonen Berichte anderer seine übermenschliche Größe. In seinen Auftritten überragt er seine Umwelt durch seine Geistesgegenwart, Kaltblütigkeit und Energie. Er ist aber auch ein skrupelloser Opportunist. Mit den Bourbonen vertreibt er den auferstandenen Feudalismus, nur um sich selbst zum absoluten Herrscher zu machen. Hinter seiner progressiven Maske bleibt er ein reaktionärer Autokrat. Trotz seiner demokratischen Phrasen motiviert ihn bloß der persönliche Ehrgeiz. Während die Menge ihn blind vergöttert, verdammen ihn die scharfsichtigen Vertreter zweier entgegengesetzter Ideologien. Die fromme Herzogin von Angoulême verurteilt ihn aus moralischen Gründen, weil er »Treue, Recht, Ehr und Liebe dem Ruhm und der Macht aufopfert« (II, 343). Der zynische Radikale Jouve widersetzt sich ihm aus politischen Gründen, weil »er tyrannisiert« (383) und mit seiner pseudoliberalen Verfassung das Volk betrügt: »'s ist ja doch alles Komödie – Es wird nächstens schwer halten Theaterprinzessinen von echten zu unterscheiden« (398). Napoleon selbst rationalisiert seinen Totalitarismus: »Die Erde ist am glücklichsten, wenn das größte Volk das herrschendste ist (...). Europa, der kindisch gewordene Greis bedarf der Zuchtrute, (...) wer könnte sie besser schwingen, als Ich?« (352). Wie Sulla und Heinrich VI. benutzt er »auch die politische Überlegung zur Gebärde der grenzenlosen Selbsterhöhung« (M. Schneider, 8 1973, 144). Obwohl Grabbe seine Despotie mit der Anarchie der Massen legitimiert, sprach man mit Recht von seinem »Willens-Absolutismus« (H. Kaiser, 8 1981, 202), der zur »Entwicklungslinie Schopenhauer-Stirner-Nietzsche« (206) gehöre und »Elemente eines faschistischen geschichtlichen Handelns« enthalte (202).

Auch in seinem Verhältnis zu den politischen und sozialen Faktoren relativiert Grabbe seinen Helden. Indem er »eine überpersönliche Geschichtskonstellation« (Nieschmidt, 8 1951b, 51) Napoleons Laufbahn determinieren läßt, gestaltet er erstmals im deutschen Drama »wirklich« die »Abhängigkeit der historischen Persönlichkeit von der gesellschaftlichen Situation der Zeit« (Böttger, 7.3 1963, 245). In einem Brief spricht er über die Dialektik von Napoleons persönlicher Größe und den historischen Umständen:

»Er ist kleiner als die Revolution, und im Grunde ist er nur das Fähnlein an deren Maste, – nicht Er, die Revolution lebt noch in Europa (...). Nicht Er, seine Geschichte ist groß. (...) Er ist groß weil die Natur ihn groß machte und groß *stellte*« (V, 306).

Im Stück demonstriert er bereits vor Napoleons Ankunft in Paris die Voraussetzungen seines Wiederaufstiegs. In satirischen Episoden geißelt er die Überlebtheit des restaurierten Bourbonischen Hofes und der zurückgekehrten adligen Emigranten, die erneute Dominanz der Kirche und den Aufstieg der kapitalistischen Bourgeoisie. In erregten Massenszenen und in den Klagen ehemaliger Kaisergardisten skizziert er das brisante Elend des Proletariats und die frustrierte Tatkraft der lahmgelegten Armee. Vor allem die Unterstützung des Volkes bringt Napoleon nach der Flucht der Bourbonen an die Macht, obwohl das Volk sich ebenso irrt, wenn es in ihm die Wiederkehr der Revolution begrüßt, wie die liberal-republikanischen Politiker Fouché und Carnot, wenn sie meinen, sie hätten ihn »gebändigt mit einer Konstitution« (II, 372). Prägnant formuliert der Gardist Vitry die entscheidende Rolle der unteren Schichten angesichts der meuternden Vorstädter von St. Antoine: »den Kaiser und uns hat die Revolution gemacht, diese aber machten die Revolution und den Kaiser« (382).

Als »Produkt der Revolution wie ihr Liquidator« (Ehrlich, 7.3 1986, 173) ist Napoleon »nicht der Beherrscher, sondern der Exponent seiner Zeit, die ihn nach ihren Gesetzen emporträgt, triumphieren und fallen läßt« (Werner, 8 1986, 118). Er selbst versucht, seine Autonomie zu wahren, indem er seine Erfolge seiner eigenen Kraft und seine Mißerfolge einem feindlichen Geschick zuschreibt. Die Idee seines Kaisertums aus »Gottes Gnaden« weist er in solipsistischer Manier zurück: »Ich bin Ich, das heißt Napoleon Bonaparte, der sich in zwei Jahren Selbst schuf« (II, 390). Für seine Verbannung nach Elba macht er ein übersinnliches »Schicksal« (350) verantwortlich, dem er auch seine Niederlage gegen die militärische Übermacht bei Waterloo zur Last legt: »Mein Glück fällt – Ich falle nicht« (458). Trotz solcher subjektiven Größenphantasien demonstrieren die objektiven Umstände seines letzten Aufstiegs und Falls, »daß die menschlichen Versuche, wie übermenschlich sie auch immer scheinen mögen, (...) dem sinnlosen Spiel der Geschichte und Welt anheimgegeben sind« (Sengle, 8 1980, 169).

In der Mischung von »Titanismus und Nihilismus« hat man das »Unsicher-Widerspruchsvolle der Geschichts- und Weltanschauung Grabbes« (Martini, 8 1958, 62) wahrgenommen und als typisch für die »bürgerlichen Intellektuellen der Epoche« (Bürger, 8 1973, 93) kritisiert. Sein Verzicht auf eine Synthese von Geschichte »als qualitativer, interaktiver Prozeß« und »als quantitativer subjektloser Prozeß« wurde aber auch als das »Großartige« gepriesen (H. Müller, 8 1987, 110). Unbestritten ist, daß die Geschichte in seiner anti-idealistischen Konzeption keinem höheren Plan gehorcht und Napoleon nicht mehr »Repräsentant eines übergeordneten Ganzen« sein kann (Sengle, 8 1952, 159). So präsentiert sich das Stück einerseits als eine »Tragödie«, in der die Geschichte »noch dem mächtigsten Streben« eine »unerbittliche Grenze zieht« (Wiese, 8 1948, 505), und andererseits als eine »Tragikomödie der Weltgeschichte« (Martini, 8 1958, 63), in deren »Nebeneinander von Deutungsebenen« (Porrmann, 6.3 1982, 37) ein »Umschlag von Erhabenheit in Lächerlichkeit« stattfindet (Porrmann, 8 1987, 16) und die »Züge einer realistisch gemeinten Darstellung manchmal wie Elemente einer grotesken oder auch schauerlichen Traumwelt erscheinen« (Werner, 8 1986, 120).

*Napoleon* ist mit gutem Grund neben Büchners *Danton* und vor Hauptmanns *Webern* zu »einem der ersten großen, realistischen Massendramen« (Cowen, 8 1988, 76) erklärt worden. Grabbes eigentümlichste Leistung wird häufig in der »künstlerischen Bewältigung historischer Massenbewegungen« (Mehring, 8 1961, 341) gesehen. Die »Überwindung der idealistischen Geschichtsdramatik« hat man namentlich dort festgestellt, wo er »Napoleon in seiner Abhängigkeit von den (...) revolutionären Volksmassen gestaltet« (Ehrlich, 7.3 1986, 175). Allerdings steht er dem Volk höchst kritisch gegenüber. Das Kleinbürgertum satirisiert er im Schneider und Krämer sowie im Pächter Lacoste als feiges und gieriges Gesindel. Das Proletariat von Paris brandmarkt er – wie schon die römische Plebs in *Marius und Sulla* – als hysterischen und leicht beeinflußbaren Pöbel. Besonders raffiniert manipuliert wird das Volk von Jouve, der die Kontinuität der Revolution seit 1789 repräsentiert. In Jouves Ausspruch »Die Jakobinermützen überdauern am Ende doch alles« (II, 384) hat man Grabbes Zuversicht auf einen erfolgreichen Aufstand der Massen hineingelesen. Wie Saturninus im Römerdrama ist er aber ein gewissenloser Demagoge, der die ganze Menschheit als »ein elendes, der Verwesung entgegentaumelndes Gewimmel« (399) betrachtet und aus Sadismus die blutigsten Instinkte der Massen aufrührt. Mit seiner an *Gothland* erinnernden Verbindung von Nihilismus und Bestialität verkörpert er zugleich »the Revolutionary spirit« und »Satanic destruction« (Cowen, 8 1967b, 318).

Romantisch idealisiert erscheinen die Massen, wenn ein Führer sie zu einer selbstlosen Gemeinschaft vereinigt. Nach ersten Ansätzen in *Marius und Sulla* und den *Hohenstaufen* setzt Grabbe in *Napoleon* die Schlachtszenen resolut zur Erzeugung einer solchen Zusammengehörigkeit ein. Namentlich durch Blücher und seine Soldaten artikuliert er seine »Hoffnung auf ein unter preußischer Führung vereintes Deutschland« (Ehrlich, 7.3 1986, 176-177), aber in erster Linie träumt er – wie später in der *Hermannsschlacht* – von einer zeitlosen utopischen Gemeinschaft zwischen Volk und Herrscher. Die Utopie wird jedoch von seiner üblichen Skepsis begleitet. Blüchers Appell an seine »Waffengefährten« schließt das Stück in charakteristisch ambivalenter Weise: »Wird die Zukunft eurer würdig – Heil dann! – Wird sie es nicht, dann tröstet euch damit, daß eure Aufopferung eine bessere verdiente!« (II, 459). Auch überwiegt, selbst wo der »Heros« in der Schlacht aus der »zersplitterten städtischen Gesellschaft eine patriotisch auf das Allgemeininteresse eingeschworene Tat- und Gefühlseinheit zusammenballt« (M. Schneider, 8 1973, 184-185), die »dramatische Realität der Zerstörung« (294).

Das »in unserer prosaischen (...) Zeit« spielende Stück schrieb Grabbe als erstes seiner Werke ausschließlich in Prosa, wenn auch nicht durchweg in »kräftig biblischer«, wie er meinte (V, 305). Er bemüht sich, den Dialog nach sozialer Stellung oder Weltanschauung der Sprecher zu differenzieren: Napoleons einsame Größe reflektiert ein monologischer Diskurs mit sachlichen »Lakonismen« und einer »Tendenz zu pathetischer Überhöhung«; Jouves skrupelloser Radikalismus äußert sich in einem Idiom mit »vulgär-brutalem Einschlag«; die dekadenten Bourbonen »neigen zu einer rhetorisch-gestelzten« Rede; das irrationale Volk drückt sich »in emotionalen, klischeehaften Postulaten und Interjektionen« aus (H. Kaiser, 8 1981, 198). Obwohl er noch vielfach einer »abgebrauchten Sprache« mit klassisch-romantischen Klischees verfällt, beeindruckt sein realistischer und zugleich expressiver Einsatz des »Knappen, Bewegten, Pointierten, Explosiven« (Martini, 8 1958, 63-64).

Zur Struktur von *Napoleon* bemerkte Grabbe: »Als Drama, der Form nach, habe ich mich nach Nichts genirt. Die jetzige Bühne verdient's nicht« (V, 313). Im Gegensatz zu der aus Unbeholfenheit oder Nachlässigkeit stammenden »Inkonsistenz« (McInnes, 8 1982, 18) seiner früheren historischen Dramen entwickelt er hier folgerichtig eine »diskontinuierliche Form, die sein Bewußtsein von einer in sich widersprüchlichen, chaotischen Welt spiegelt« (20). Hauptsächlich in den ersten drei Akten vermag seine »Technik der mittelbaren Charakterisierung des Protagonisten« (Kopp, 8 1982, 52), zugleich »die sozialen und politischen Konflikte aufzuzeigen, die das gesellschaftliche Leben Frankreichs bis 1830 bestimmten« (162). Mit seinen »demonstrierenden Szenen« entwirft er »durch dauernden Perspektivenwechsel ein dramatisch bewegtes Abbild einer historischen Epoche« (Hegele, 8 1970, 224), das »in der realistischen Umweltdarstellung« unter allen deutschen Dramen »unübertroffen« bleibt (230). Aber obwohl er wiederholt als Realist gepriesen wird, ist er von einem konsequenten Verismus weit entfernt.

Äußerlich folgt das Stück den traditionellen fünf Akten, zerfällt aber in zwei unverbunden aufeinanderfolgende Teile, die einerseits vorwiegend Napoleons politisch-soziale Wirkung in Paris, andererseits die Schlachten von Ligny und Waterloo umfassen. Den kunstvoll aufgebauten Widerstreit von Ideen und ebenbürtigen Antagonisten im klassischen Drama ersetzt Grabbe durch eine Fülle visueller und akustischer Effekte und eine »sprunghafte Folge von repräsentativen Abschnitten der historischen Überlieferung« (Nieschmidt, 8 1951b, 58), die »eine Vielzahl neuer Möglichkeiten bei der zeitlich und räumlich totalen Erfassung historischer Vorgänge« bieten (Ehrlich, 8 1990, 181). Obwohl er an die offene Form bei Shakespeare, dem Sturm und Drang und der Romantik anknüpfen konnte, werden erst bei ihm »die Isolierung des Episodischen«, die »Überblendungen, die sich von den Grenzen des Räumlichen und Zeitlichen ablösen« (Martini, 8 1958, 59), und »das Ironisch-Diffuse der Kontraste« zum leitenden »Formprinzip des politischen Dramas« (63). So antizipiert er sowohl die naturalistischen als auch die expressionistischen Strömungen des modernen Theaters und den Film. Das gilt vor allem für die Schlachtszenen, die zu seinen originellsten Produkten gehören, aber auch als »perspektivenlos und detailsversessen« (Lindemann und Zons, 8 1988, 80) kritisiert werden. In den Schlachtszenen verwendet er nicht nur wie üblich Teichoskopie, Botenberichte und Zweikämpfe, sondern versucht, mit Meldungen und Befehlen, Bajonettangriffen, Reiterattacken und Armeemanövern, Kanonaden, Feldmusik und Soldatengebrüll die Schlacht in allen ihren Einzelaugenblicken und Schauplätzen direkt zu reproduzieren. Obwohl er dadurch »an Lebensnähe, anschaulicher Kraft und vor allem an Dimensionalität« alle früheren Schlachten der deutschen Dramatik überbietet, gerät er gelegentlich in eine »unfreiwillige Komik« (F. J. Schneider, 7.3 1934, 267). Einen Ruhepunkt im Wirbel der Geschehnisse bildet der wiederholte Auftritt des Savoyardenknaben mit seinem »Marmotte«-Lied (II, S. 325, 337, 378, 398), in dem Grabbe, je nach Interpreten, die Geschichte und das

Leben überhaupt »als sinnlos und karusellähnlich« (Cowen, 8 1977, 442) entlarvt oder die »Grenze alles Geschichtlichen (...) vom Idyllischen aus beleuchtet« (Wiese, 8 1948, 502). Hauptmerkmal des Stücks bleibt aber die »Inanspruchnahme des Zuschauers durch eine erschlagende Vielfalt szenischer Präsentation, durch die rigorose Dynamisierung des Zeitablaufs und die Entgrenzung des theatralischen Mediums« (Liewerscheidt, 8 1989, 64).

Obwohl Grabbe dauernd das Napoleon-Thema im Auge behielt, wird häufig »ein konstruktives Band« vermißt, das die »divergierenden Kräfte sinnvoll auf ein Ende zu anordnet« (Hegele, 8 1970, 228). Ein Grund für diesen Mangel an Geschlossenheit ist gewiß der Widerspruch zwischen der kollektivistischen »Desillusionierung« und individualistischen »Mythisierung« des Helden (Kopp, 8 1982, 165) im »Sozial- oder Revolutionsdrama« des ersten bzw. im »Schlachtdrama« des zweiten (148). Ein anderer ist die eigentümliche »Form der Wahrnehmung«, die die Kohäsion von Grabbes Dramen immer gefährdete und die zumindest auf der damaligen Bühne »zum Scheitern führen« mußte (Lewandowski, 8 1989, 78). Trotz offensichtlicher Schwächen bleibt *Napoleon* dennoch ein grandioses Experiment.

## 2.6. *Kosciuszko*
Entstanden 1835, Erstdruck 1900, Uraufführung Gelsenkirchen 1941

Von *Kosciuszko* schrieb Grabbe ein fünfaktiges »Szenarium« und zwei Szenen. Die erste Szene stellt die russische Kaiserin Katharina II. in ihrem Verhältnis zu ihrem Günstling Fürst Potemkin und ihrer Rolle bei der Teilung Polens vor. Die zweite Szene veranschaulicht durch eine Schlägerei zwischen Bauern und Adligen in einer polnischen Judenschenke die Uneinigkeit Polens. Das »Szenarium« skizziert, über zahlreiche Schauplätze verstreut, Ereignisse von der Eroberung der türkischen Festung Oczakow durch den russischen General Suworow (1787) bis zur Niederlage Kosciuszkos und seiner polnischen Truppen im Freiheitskampf gegen Rußland bei Maciejowice (1794). Charakteristisch für Grabbe sind die lebensnahe Prosa, die offene Struktur und die Exposition komplizierter historischer Tatbestände in knappen polyphonen Staats-, Volks- und Schlachtszenen mit Gestalten aus allen sozialen Schichten. Ein typischer Grabbe-Held ist Kosciuszko, der zunächst Polen »mit eiserner Faust in Ordnung« bringt, aber schließlich von der russischen »Übermacht überwältigt« wird (II, 463). Grabbes Quellen waren Carl von Rottecks *Allgemeine Geschichte vom Anfang der Französischen Revolu-*

*tion bis zur Stiftung der heiligen Allianz*, Jean Henri de Casteras *Geheime Lebens- und Regierungsgeschichte Katharinens der Zweiten, Kaiserin von Rußland* und Johann Gottfried Seumes *Ueber Bewaffnung und Einige Nachrichten über die Vorfälle in Polen*.

In seiner Korrespondenz über *Kosciuszko* nimmt Grabbe zu politischen und ästhetischen Fragen Stellung. Angesichts des polnischen Aufstandes von 1831-1832, den Liberale in ganz Europa begrüßten, blieb er »monarchisch«, während »der Welt damals der Sinn zu polnisch ward« (VI, 134). Obwohl ihn »der Mensch Kosciuszko« (V, 377) wenig interessierte, sah er in dessen Landsleuten die noch niederträchtigere Menge, die das starke Individuum sabotiert: »Was Tapferkeit der Einzelnen, wenn das Ganze verrottet ist?« (345). Seiner Geschichtskonzeption gemäß wollte er in einem breiten Zeitstück, in dem er selbst als »Dichter« (377) auftrat, »die europäisch-asiatischen Verhältnisse« (370) vorführen und »alles« unterbringen, »was in Wissenschaft, Kunst und Leben bis dato passirt ist« (377). Angesichts der Dialektik des Titelhelden und seiner Umgebung wurde bemerkt, daß *Kosciuszko* »mit seinen geistigen und künstlerischen Intentionen unmittelbar in die Nähe des *Napoleon*« gehöre (Ehrlich, 7.3 1986, 183). Den formalen Konventionen des damaligen Theaters wollte Grabbe wieder nicht entgegenkommen. Die Bekräftigung, daß das Stück »bühnengerecht (...) nicht, desto sicherer aber *weltgerecht*« (V, 377) würde, entsprach seinem Bewußtsein, durch seine neuartige Dramaturgie ein echteres Bild der Wirklichkeit vermitteln zu können. Daß er es nicht vollendete, lag möglicherweise an seiner Abneigung gegen seinen Titelhelden, seinen Zweifeln über Revolutionen und seinem Liebeskummer um Henriette Meyer.

# 1833-1836

## 1. Leben

### 1.1. Eheprobleme, Amtsniederlegung, Flucht: Detmold, Frankfurt a.M. 1833-1834

Grabbes Ehe gestaltete sich von Anfang an äußerst unglücklich. Wie Ziegler berichtet, brachte schon bald nach der Hochzeit »jeder Tag neue Verstimmungen und Mißverständnisse« (Ziegler, 7.3 1855, 106). Einerseits habe Grabbes »Ungeduld, die es ihm unmöglich machte, auf die Dauer an häuslichen Unterhaltungen Geschmack zu finden«, und seine »Reizbarkeit, sobald er Vorwürfe hörte oder Intriguen vermuthete«, Louise »manche Ursache zur Unzufriedenheit« gegeben (107); andererseits habe Louise sich zu sehr »als Mittelpunkt von Allem« betrachtet, als daß sie vermocht hätte, »fremde Persönlichkeiten anzuerkennen oder sich gar in dieselben zu fügen« (108). Während Duller vor allem Louises Leiden unter Grabbes »vielen Bizarrerien« (Duller, 7.3 1838, 38) betont, hatte nach Ziegler eher Grabbe »sich gegen Angriffe, namentlich den bei jeder Gelegenheit hervorspringenden kränkenden Spott zu vertheidigen« (Ziegler 7.3 1855, 108-109). An den zahlreichen grotesken Auftritten, die schnell in der ganzen Stadt bekannt und belacht wurden, beteiligten sich allerdings beide Eheleute mit gleichem Sadomasochismus. Nicht selten gingen sie in ihren Machtkämpfen so weit, daß Drittpersonen – vor allem Grabbes Freund Petri und sein Vorgesetzter Christian von Meien – eingreifen zu müssen glaubten.

Besonders schwere Konflikte, die erst mit Grabbes Tod enden sollten, entstanden im Zusammenhang mit der ehelichen Gütergemeinschaft, in die Louise im Gegensatz zu Grabbes bescheidenen Ersparnissen ein beträchtliches Vermögen und das Haus ihrer Eltern mitgebracht hatte. Da Louise, nicht ganz zu Unrecht, befürchtete, daß Grabbe weder durch seinen juristischen Beruf noch durch seine Dichtungen ein dauerhaftes Auskommen sicherstellen könnte, mußte er »täglich hören, daß er seinem Dienst nicht vorstehen könne, das Vermögen zu Grunde richte und ihr schuldig sei, um den gänzlichen Ruin abzuwenden, die Gütergemeinschaft auszuschließen«; wenn er die notwendige »Unterschrift verweigerte, dann wurde sie zornig und (...) führte oftmals traurige Auftritte herbei« (Ziegler 7.3

1855, 120). Über einen Geldbetrag, den Louise einer Nachbarin zur Aufbewahrung gegeben hatte, kam es zwischen Grabbe und dem Nachbarn zu einem Ehrverletzungsprozeß. Daß es Grabbe nicht um das Geld, sondern um seine eheliche Autorität ging, verrät sein Geständnis: »Meine Frau (...) nimmt alles im übertriebenen Maaßstabe. Das thue ich auch (...), muß aber (...) den Mann zeigen und Aufsicht halten« (VI, 36). Louise beschrieb er als »ein kleiner Napoleon, indem sie alles was man ihr bewilligt als ein erobertes Terrain zu benutzen versteht, wovon aus sie mehr erobern kann« (40). Weitere Reibungen ergaben sich aus persönlicher Eifersucht und sozialen Vorurteilen zwischen Louise und ihrer Schwiegermutter, die Grabbe zu Louises Ärger auch finanziell unterstützte.

Von Anfang an zum Scheitern verurteilt war die Ehe durch die Unvereinbarkeit von Temperament, Erziehung und Herkunft der Partner. Wenn Grabbes Ungehobeltheit Louise viel Kummer bereitete, so ließ sie ihn häufig seine niedrigere Geburt fühlen. Seine grobschlächtigen Aggressionen zahlte sie mit raffinierten Erniedrigungen heim. Für seine öffentlichen Beleidigungen rächte sie sich durch häusliche Bosheiten. Während er als neurotischer Alkoholiker ein Zusammenleben unmöglich machte, scheint sie »nicht eine« von »allen Eigenschaften« besessen zu haben, »die notwendig gewesen wären, mit einem gewiß schwierigen Mann wie Grabbe auf einem harmonischen Fuße zu leben« (Bergmann, 7.3 1936, 30). Fragt man, warum eine so aussichtslose Ehe überhaupt geschlossen worden war, so ergeben sich als Hauptgründe, abgesehen von tieferen pscyhologischen Motivierungen, bei Grabbe wahrscheinlich die Enttäuschung über Henriette, der Wunsch nach geordneten häuslichen Verhältnissen und die Anziehungskraft von Louises Stand und Vermögen, bei Louise Grabbes literarischer Ruhm und die Angst vor einem Altjungferndasein.

Zu Grabbes körperlicher und seelischer Verfassung in dieser Zeit liegt ein aufschlußreiches Gesundheitszeugnis vor, das sein Hausarzt Carl Piderit im November 1833 zu seinem Antrag auf Lebensversicherung verfaßte. Über Grabbes Person schreibt er:

»Die Farbe des Gesichts ist blaß, die s.g. Abdominalfarbe, welche auf eine schwache Verdauung hinweiset. Das Temperament ist gemischt; es kann als *nervöses* bezeichnet werden. (...) Die Muskelkraft und das Kräftemaaß überhaupt ist nicht sehr groß; größer die Erregbarkeit, leichte und schnelle Reaction gegen Reize – psychische und physische. (...) häufig Neigung zum Erbrechen; häufig gestörter Schlaf« (Bergmann, 7.1 1968, 96-97).

Über Grabbes »Lebensweise« berichtet er:

»In dietätischer Beziehung findet ein relativ zu reichlicher Genuß spirituöser Reizmittel statt (...). In geistiger Beziehung ist oft die Aufregung groß, und die Producte der anhaltenden Geistesanstrengung sind der Welt in den dramatischen Dichtungen des Herrn p Grabbe bekannt« (98).

Nachdem sich zwei weitere Gutachter negativ ausgesprochen hatten, wurde Grabbes Antrag abgewiesen.

Infolge seiner Eheprobleme, seiner schwachen, durch Trinken noch weiter geschädigten Gesundheit und seiner psychischen Labilität begann Grabbe, laut Duller, »die Amtsgeschäfte, die ihm unerträglich wurden, zu vernachlässigen«; auch litt er am »Bewußtseyn: von seiner bürgerlichen Stellung beengt, nicht schaffen zu können, wozu ihn der Genius trieb« (Duller, 7.3 1838, 42). Er versuchte wiederholt, Louise zum Umzug nach Frankfurt oder Regensburg zu überreden, wo er gesund werden und durch Schriftstellerei viel verdienen würde. In Louises Weigerung sah er »nur Mangel an Vertrauen« (43-44). Wie er sein Amt ausübte, schildert Ziegler:

»So führte er nur selten geordnete Acten (...), vielmehr lagen die Papiere locker und lose auf Tischen und Stühlen durcheinander, so daß oftmals Stücke davon verloren gingen, z.B. zu Fidibus oder zum Feueranmachen verbraucht wurden. (...) Ueber das Geld (...), was bei ihm deponirt wurde, führte er schwerlich ein Register, (...) auch schüttete er es lose in eine Schieblade seiner Kommode unter sein eignes Geld und es war ihm sehr gleichgültig, woher er dasjenige nahm, was er zu seinen Ausgaben nöthig hatte. Führte er Untersuchungen, so konnte er außergewöhnlich streng, fast malitiös sein, (...) ein ander Mal war er über die Gebühr nachsichtig (...). Oft hatte er sein Vergnügen daran, dem Unteroffizier, der ihm Rapport brachte (...), ein großes Glas Rum einzuschenken und zu sehen, wie es derselbe herunterschüttete. Zierte oder weigerte er sich anfangs, so machte Grabbe ein finstres bedeutungsvolles Gesicht und freute sich, den Widerstand so zu besiegen« (Ziegler, 7.3 1855, 110-111).

Ab März 1833 beschwerten sich viele Klienten gegen Grabbes Amtsführung, und im Januar 1834 wurden seine Geschäfte einem einstweiligen Substituten übertragen. Grabbe ersuchte seinerseits den Fürsten ohne Erfolg um eine Gehaltserhöhung oder eine Dichterpension. Am 12. Februar schrieb er von Meien, er beabsichtige, »diesen so schwierigen, so verwickelten Posten des Auditeurs so lange beizubehalten«, bis er »ihn makellos abgeliefert« habe, aber dann müsse er »doch davon«, weil sonst seine »Geisteskraft (...) ruinirt« und er »in Sorgen und Beschwernissen« untergehen würde (VI, 59). In einem persönlichen Gespräch gestand er von Meien, »daß seine *häußlichen Verhältnisse* sich leider so gestaltet hätten, daß sie ihn völlig zur Verzweiflung brächten«, versprach aber, »sich ermannen und den Geschäften mit verdoppelter Thätigkeit widmen zu wollen« (60). Am folgenden Tag schickte ihm die Regierung ein »Rescript«, in dem sie ihm »mancherlei Unordnungen und Verzögerungen in den militairgerichtlichen Geschäften« vorwarf und »Vorschriften zur Herstellung eines geregelten Geschäftsganges« erteilte (57-58).

Am 15. Februar schrieb Grabbe von Meien: »doppelte Rollen (Auditeur und Poet) spiel' ich nicht mehr. Ich suche um meinen Abschied nach, noch heute« (64). Am gleichen Tag schrieb er an den Fürsten: »Mein Herz ist *Blut*. Mein Fürst! ich bitte um meinen *Abschied*. Ein *schlechter* Diener will ich nicht seyn« (64). Statt einer Entlassung erwirkte ihm von Meien unter Hinweis auf seinen »gemüthskranken Zustand« (65) und seine »Wunderlichkeit« (66) sechs Monate Urlaub, den er im März antrat. Während des Urlaubs verschlimmerte sich sein Zustand, wie Ziegler mitteilt:

»Nach alle dem gerieth er, zumal seine Kränklichkeit immer mehr zunahm, in eine verzweiflungsvolle Stimmung (...), es war ihm unmöglich, sich dauernd zu beschäftigen, selbst am Lesen hatte er kein Gefallen, er warf das Buch, welches er eben genommen, bald überdrüssig von sich weg. Oft auch mußte er sich bei Tage ins Bett legen, indem er sich entweder von starken geistigen Getränken ermüdet fühlte, da er schon beim Aufstehen statt des Kaffees mit Rumtrinken anfing, oder wirklich krank war« (Ziegler, 7.3 1855, 127).

Da er entweder zu krank war, um sich in Gesellschaft zu begeben, oder durch sein Benehmen die Menschen abstieß, vereinsamte er immer mehr:

»Ja selbst die Freundschaft mußte sich oftmals sagen: Es ist doch traurig, daß man eigentlich nichts mit ihm anfangen kann; daß er immer abbricht, daß Alles nur Flucht, Hast und kurze Dauer ist, daß er jede Minute wechselt und nie das ist und bleibt, was er scheint (...). Es ist schrecklich, daß er nie ehrlich sein kann, nie die Wahrheit sagen, daß es ihm zur andern Natur geworden ist, sich zu verstellen und anders zu sprechen, als er denkt, daß er sich nicht herzlich anschließen, nicht treu sein kann« (131-132).

Am 5. September stellte er ein verworrenes Gesuch auf Verlängerung seines Urlaubs, Einsatz in einem Feldzug als Offizier oder eine diplomatische Aufgabe. Die Regierung lehnte das Gesuch ab und bot ihm sein Gehalt bis Ende des Jahres an, falls er sein Amt »in Rücksicht seiner geschwächten Gesundheit ganz niederzulegen beabsichtige« (VI, 85). Am 14. September schickte er ein Schreiben an die Regierung, in dem er um sofortige Auszahlung des Gehalts und einen Paß zu einer Reise nach Frankfurt bat und erklärte: »Ich lege also den Posten als Auditeur nieder« (88). Am 16. September bewilligte ihm die Regierung den Abschied.

Die genauen Umstände des Rücktritts sind umstritten. Nach Duller soll Grabbe am 14. September von Meien aufgesucht haben, um seine Wiederaufnahme des Amtes für den 1. Oktober anzukündigen. Gemäß seiner »Gewohnheit, meist gerade das Gegenteil von dem zu sagen, was er dachte«, sei er aber herausgeplatzt: »Herr Regierungsrath, ich muß denn doch wohl meinen Abschied haben?« (Duller, 7.3 1838, 53). Zu seiner Überraschung habe von Meien, statt »Gegenvorstellungen« zu machen, den Entschluß gebilligt, während er seinerseits »zu stolz« gewesen sei, um den Irrtum aufzuklären (53-54). Als die Regierung seinen Abschied annahm, habe er in »unbändiger Leidenschaft gegen sich selbst« getobt und beschlossen, durch Flucht nach Frankfurt »Zerstreuung, Betäubung« zu suchen (55). Den wohlmeinenden Rat, »wenigstens das Vermögen seiner Gattin durch Ausschließung der ehelichen Gütergemeinschaft zu sichern«, habe er aus Verfolgungswahn abgelehnt (55-56). Ziegler beschreibt die Entlassung ähnlich, stellt aber die unmittelbaren Folgen anders dar:

»Als er seine Entlassung erhalten, da war ihm der Aufenthalt in Detmold vollkommen unerträglich. Er glaubte sich nämlich außer dem Hause überall mit Bedauern oder Verachtung angesehen, und zu Haus verlangte seine Frau jetzt die Ausschließung der Gütergemeinschaft mit einer Heftigkeit, daß beide sich gänzlich entzweiten und sich gar nicht mehr sahen. Es blieb ihm kein anderer Weg, (...) er mußte weg von Detmold« (Ziegler, 7.3 1855, 137).

Daß Grabbe in dieser Weise seinen Abschied gegen seine eigentliche Absicht nahm, gilt heute, dank Alfred Bergmanns Forschungen, als zweifelhaft (Bergmann, 7.2 1933, 414-454; VI, 437). Mit größerer Wahrscheinlichkeit ergibt sich aus der Korrespondenz, daß er schon seit Monaten ernsthaft geplant hatte, sein Amt niederzulegen.

Trotz seiner gesundheitlichen, beruflichen und ehelichen Probleme hatte sich Grabbe während seines Urlaubs sporadisch mit *Hannibal* beschäftigt und aber bereits am 12. April 1834 Immermann den Fortgang der Arbeit gemeldet. Ziegler soll er geklagt haben, daß keines seiner Stücke außer *Gothland* ihn »so mitgenommen« habe (Ziegler, 7.3 1855, 122-123). Am 3. Oktober las er Ziegler »den Anfang eines Romans ›Ranuder‹« vor; das Fragment, das Ziegler »mit etwas gezwungenem Humor geschrieben zu sein schien« (138), ist verschollen. Am 4. Oktober 1834 reiste er ohne Abschied von Louise nach Frankfurt ab.

Trotz seiner anfänglichen Zuversicht wurde Grabbe auch der Aufenthalt in Frankfurt zum Fiasko. Die Streitigkeiten mit Louise gingen brieflich weiter. Auf sein kurzes Lebenszeichen reagierte sie mit Klagen über Krankheit und Geldknappheit und der Warnung, daß er seine Obligationen, die er aus Detmold mitgenommen hatte, nicht ohne ihr Einverständnis einkassieren dürfe. Er drohte seinerseits, »in 24 Stunden« in Detmold zu sein und ihr »den Mann« zu zeigen, machte die Drohung aber nicht wahr (VI, 105). Vor allem trat der endgültige Bruch mit Kettembeil ein, der sich über seine Vertragsbrüche und den geringen finanziellen Ertrag seiner Dramen beschwerte und den entstehenden *Hannibal* kritisierte. Dadurch kamen zu seinen körperlichen und seelischen Leiden neue Sorgen um sein zukünftiges Einkommen. Seine äußeren Umstände waren elend, obwohl er auf seinem Auditeurstitel und Leutnantsrang beharrte. Nachdem er keinen Zugang zur Frankfurter Intelligenz gefunden hatte, verkehrte er meist nur mit Duller, den er eben kennen gelernt hatte. Er wohnte in einem einfachen gemieteten Zimmer, konnte infolge seiner Magenbeschwerden nur wenig Speisen zu sich nehmen, wachte nachts und legte sich nachmittags voll angekleidet schlafen. Wie weit sein eigenes Verhalten zu seiner Vereinsamung beigetragen haben mag, zeigt Dullers Analyse:

»Grabbe's Leben von seinem Aufenthalte in Frankfurt an, war eine Maske, um sein Unglück zu verbergen (...). Er wollte lieber zügellos, wüst, frivol scheinen, lieber von der sogenannten guten Gesellschaft gemieden sein, als sein Unglück preisgeben und sich bedauern lassen. (...) So kam es, daß die Meisten in ihm nur einen Sonderling sahen (...). Man malte nach eigener Phantasie das Bild eines zu Grunde gegangenen Genie's« (Duller, 7.3 1838, 57-59).

An *Hannibal* arbeitete Grabbe in Frankfurt weiter. Trotz seines Ärgers über den damaligen Theaterbetrieb hoffte er laut Duller weiter auf »eine Regeneration des deutschen Bühnenwesens (...) – wenn er sich auch auf die Kluft etwas zu gute that, die er aus freien Stücken zwischen sich und der Bühne aufgerissen« (Duller, 7.3 1855, 65). Nach *Hannibal* habe er »bloß Komödien schreiben« (66) wollen und sich selbst »mehr Kraft für das Lustspiel, als für die Tragödie« zugetraut (65). Daß er trotz seiner angeblich freiwilligen Isolation von der Bühne »durchaus ausführbare« Lustspiele gemeinsam mit Duller zu schreiben wünschte (66), zeigt sein Schwanken zwischen seinem stolzen Originalitätsbewußtsein und seiner Bereitschaft zu Zugeständnissen um des Erfolgs willen.

Grabbe konnte seine Enttäuschung in Frankfurt nicht lange ertragen. Dringend bat er am 15. November Wolfgang Menzel, der beim Verlag Cotta in Stuttgart das *Literatur-Blatt* zum *Morgenblatt für gebildete Stände* redigierte, um Hilfe. Dabei erklärte er: »Ich habe einen Hannibal (Drama) fast fertig, der meinem Napoleon gleichsteht. Ich kann in geschichtlichen Sachen (...) Jedem die Stirn bieten«. Er anerbot sich, für »18 Gr. des Tags und freie Miethe« für den Verlag in sechs Monaten zwei Dramen zu schreiben. Um nicht mit Louise »wieder zusammenkommen zu müssen«, würde er »im äußersten Fall eine Abschreiberstelle« annehmen und könnte als Journalist »beizu sicher Viel leisten« (VI, 97). Von einer Antwort Menzels ist nichts bekannt, aber bereits am 18. November schrieb Grabbe verzweifelt an Karl Immermann, der als Intendant das Stadttheater Düsseldorf leitete und dem er einmal kurz in Detmold begegnet war:

»Ich und eine alte Mutter sind verloren, wenn Sie mir nicht zu helfen suchen. Zwar hab' ich seit 1 1/2 Jahren eine ziemlich reiche Frau, jedoch so interessant, daß ich sie nur aus der Ferne (...) bewundern kann, und von dem Vermögen nehm' ich dem Weibe nichts, obgleich es mir mitgehört (...). Diese Dame ist so interessant gewesen, daß ich ihretwegen, Advocatur, Auditeurgeschäft (...) und eine Zeitlang auch Literatur aufgab (...). Mein Verleger ist stets gegen mich etwas sparsam gewesen (...) und ich mag ihm jetzt wo ich einiger Geldhülfe bedarf, keine Anträge stellen und meine Seele nicht verkaufen. Denn daß ich dann so arbeiten müßte wie er will, weiß ich« (VI, 99).

Er flehte Immermann an, ihm »ein Stübchen« und »juristische oder nicht juristische Abschreibereien gegen ein Billiges« (99) zu verschaffen und *Hannibal* einem Verleger zu empfehlen. Um Eile bat er Immermann, weil er in Frankfurt »nicht lange mehr existiren« könne (100). Bereits drei Tage später antwortete Immermann, daß der Inhaber der I. H. C. Schreinerschen Buchhandlung in Düsseldorf, Carl Georg Schreiner, »zum Verlage« von *Hannibal* »geneigt« sei; er selbst wolle Grabbe beim Theater »Schreibarbeit in Rollen, Büchern u.s.w« vermitteln und während der Wintermonate an seiner Stelle die Miete für »ein Stübchen« bezahlen (VI, 101). Grabbe antwortete überschwenglich: »Ich komme. Binnen wenigen Tagen bin ich da. Meine Menschenkenntniß betrog mich nicht« (102). Am 6. Dezember 1834 meldete er Immermann seine Ankunft in Düsseldorf.

### 1.2. Beziehung zu Immermann, Theaterkritik, zunehmender Verfall: Düsseldorf 1834-1836

Immermann mietete für Grabbe in Düsseldorf ein Zimmer, verschaffte ihm am Stadttheater Abschreibearbeiten und ein Freibillet, schloß ihm mit Schreiner Verlagsverträge über *Aschenbrödel* und *Hannibal* ab und führte ihn bei seinen eigenen Bekannten, darunter seiner Geliebten, Gräfin Elisa von Ahlefeldt, ein. Bald hörte er von Grabbes Zimmerwirtin »gewaltige Klagen über seine Völlerei« und entdeckte »das große Rumglas«, das Grabbe »täglich unglaublich oft leerte«. Durch die Drohung, daß er sich »ganz von ihm abziehn würde«, falls er »das viehische Saufen nicht lasse«, veranlaßte er ihn, eine Zeitlang »nichts als Bier. Freilich auch in gewaltiger Quantität« zu trinken (Bergmann, 7.1 1968, 136). Nach vier unproduktiven Jahren entwickelte Grabbe nun eine hektische Kreativität.

Gleich nach seiner Ankunft bat er Immermann um »Rath« (VI, 107) bei einer Umarbeitung von *Aschenbrödel*, die sich »auch für die Bühne« (120) eignen sollte; die Neufassung war am 4. Januar 1835 »erlös't von unnützen doppelten Worten« (126) und am 8. Januar vollendet. Die ersten Szenen von *Hannibal* schickte er Immermann am 17. Dezember 1834. Ein Bruchstück erschien am 3. Januar 1835 in Dullers Zeitschrift *Phönix* in Frankfurt. Schon in der ersten Fassung, die Vers mit Prosa mischte, hatte Grabbe die Metrik »mit Bewußtseyn, mit Vorsatz« frei behandelt: »Der Gedanke macht den Vers, nicht der Vers den Gedanken« (114). Immermanns Rat, den Vers ganz auszumerzen, nahm er sofort an:

»ich zerschlage ihn, wie neue rauhe Chausséesteine, und verwandle ihn in Prosa. Mein Kopf bekommt dadurch noch freieren Spielraum, überall seh' ich das Stück besser, moderirter und doch kräftiger werden (...) – *acht' ich einmal die Versmaaß-Autorität nicht, so kann ich ja am besten und bequemsten, den Rhythmus, welchen ich bezwecke, in Prosa ausdrücken.* (...) Auch wird mir nun leicht manches Pompöse (...) auszulassen, umzubilden, und die Helden dem Herzen näher zu bringen« (116-117).

Von Immermann übernahm er auch einige stilistische Korrekturen und anstelle der traditionellen Akte die Gliederung in »fünf Theile« mit »besondrem Namen« und »voran mit der Nummer« (164). Seine Schwierigkeiten bei der Umarbeitung verrät die Mitteilung, er habe das Stück »dreimal zu Boden geworfen«, um es »wieder anders aufzurichten«, und dabei »Vieles (...) vom Wesen der dramatischen Kunst gelernt« (108). Wie sehr er seine persönlichen Enttäuschungen in Hannibals Schicksal projizierte, zeigt sein Geständnis: »Ich habe fast nur noch erschütternde Scenen (...). Grade das was am Objectivsten scheint, ist oft das Subjectiveste (...). Ich kann versichren, daß ich den Hannibal immer in Ordre halten muß, damit er nicht bei mir einhaut« (137). Auch wo er nach alter Gewohnheit sein neuestes Stück »dreimal besser« als dessen Vorgänger *Napoleon* nennt, läßt er sein persönliches Anliegen ahnen: »Gut, daß ich niedrig geboren ward, das Geschäftsleben kennen lernte, besser aber, daß ich nun diese harten Lehren heiter benutzen kann« (154). Das fertige Manuskript lieferte er Schreiner am 22. Februar ab.

Den Plan der Abhandlung *Das Theater zu Düsseldorf* teilte er Immermann am 18. Dezember 1834 mit und ließ sich von ihm in den folgenden Monaten reichlich mit Material und Vorschlägen zu Inhalt und Darstellung versorgen. Da Immermann zahlreiche Änderungen verlangte, ging die endgültige Fassung erst am 10. Mai an den Verleger. Aus mehr oder weniger echter Überzeugung pries Grabbe Immermann in Briefen an ihn selbst oder an andere in hohen Tönen: indem er das Theater »mit fester strenger Hand« (VI, 131) führe und vornehmlich »das redende Schauspiel« (299) fördere, leiste er, wie früher Dalberg in Mannheim, »Unsägliches unter den schwierigsten Verhältnissen« (294). Taktische Kalkulationen hinter der Abhandlung gibt er zu: »Ganz blind loben durft' ich nicht, ich mußte hier und da etwas tadeln eben um dem hier *›verdienten‹* Lob Eingang zu schaffen« (180).

*Aschenbrödel, Hannibal* und *Das Theater zu Düsseldorf mit Rückblicken auf die übrige deutsche Schaubühne* erschienen bei Schreiner gleichzeitig Mitte Juni 1835. Wie früher schrieb Grabbe zwei Selbstrezensionen, die unveröffentlicht verschollen sind und ihm keine Freude machten: »Ich habe mich nicht selbst loben wollen, und thu's nur des Absatzes wegen. Die Galle kommt mir in den Mund, aber es geht nicht anders« (VI, 255). Eine seiner seltenen politischen Aussagen richtete er im gleichen Zusammenhang an Menzel: »In beiligenden Productionen sind vielleicht einige Äußerungen, die auffallen, besonders über constitutionelles Wesen. Aber ich gestehe, ich liebe Despotie eines Einzelnen, nicht Vieler« (257). Die Kritik lobte an *Hannibal* die Lakonik und tragische Wucht, mißbilligte aber die offene Form und die grotesken Einfälle. *Aschenbrödel* fand sie zu phantastisch und zu wenig bühnengerecht. *Das Theater zu Düsseldorf* beurteilte sie meist nach ihren jeweiligen theaterpolitischen Interessen. Verkauft wurden von einer Auflage von je 1000 Exemplaren weniger als ein Viertel.

Als Journalist war Grabbe auch aktiv. Vier Rezensionen einzelner Aufführungen aus dem *Theater zu Düsseldorf* ließ er von März bis Mai 1835 in dem von Martin Runkel redigierten Journal *Hermann* erscheinen. Von Dezember 1835 bis Mai 1836 lieferte er für Schreiners *Düsseldorfer Fremdenblatt und täglicher Anzeiger* 36 Theaterrezensionen und sechs andere Feuilletons. An unveröffentlicht verschollenen Rezensionen von Immermanns *Schriften* und Moritz Zandyks *Erinnerungen aus der Schweiz* arbeitete er im Frühjahr bzw. Sommer 1835. Am 21. Juni 1835 brachte der *Hermann* unter dem Titel »Schiller und Goethe. Ein Fragment aus einer Abhandlung über deren Briefwechsel. (Geschrieben im Juni 1830)« die letzten elf Abschnitte des Aufsatzes, dessen voller Text erst 1913 in Wukadinović's Edition der *Werke* unter dem Titel *Etwas über den Briefwechsel zwischen Schiller und Goethe in den Jahren 1794 bis 1805* herauskam.

Über Bettina von Arnims Ausgabe von *Goethe's Briefwechsel mit einem Kinde* schrieb Grabbe eine Rezension in Mai und Juni 1835. In seiner Korrespondenz nennt er das Buch »Katzenpisse« (VI, 239) und Bettina ein »Geschöpf des Ekels« (238), wettert gegen die »ekelhafte Kinderliebe und Afferei« und unterstellt, daß Bettina und ihr Helfer Hermann von Pückler-Muskau »wegen Honorars und Renommée's Briefe unterschlagen und verstellt, ja jetzt gemacht« hätten (219). Die Rezension wollte er anonym veröffentlichen, weil er befürchtete, daß seine Angriffe auf Goethe dem Absatz seiner Hauptwerke schaden würden, aber er bot sie Runkel, Menzel und Duller ohne Erfolg an; sie erschien erst 1900. In seinen Briefen schimpfte er nach wie vor über den »Lump« (278) und »Flachkopf« (287) Goethe, der »so ziemlich die Sprache, nie das Leben gekannt« (281) und sein »mittelmäßiges Talent zu Lumpen zerrissen« (278) habe. In *Faust* schildere Goethe »nur ein Hurenleben« (V, 377); Faust selbst sei »nichts als ein frankfurter liederlicher Junge, der sich einbildet, was zu seyn« und bloß »durch hübsche Verse und Reime seinen Trivialitäten Pfeffer und Salz gibt« (VI, 282); er selbst könnte »in drei Jahren einen Faust schreiben, daß ihr die Pestilenz kriegt« (355). Seine Andeutungen rationaler ästhetischer und sozialer Einwände gegen den klassischen Dichterfürsten verschwanden fast ganz hinter neidvoller Gehässigkeit.

Das parodistische Libretto *Der Cid* verfaßte Grabbe im Mai 1835 für den Komponisten Norbert Burgmüller. Obwohl »dieses Opern-Zeugs« (VI, 228) nicht zur Veröffentlichung, sondern »nur zum Lachen« bestimmt war und erst 1845 postum erschien, meinte er, daß es ihm »als Faschingsposse von Burgmüller, toll componirt« eine Gelegenheit geben könnte, »der neueren Oper fernerweitige Hiebe beizubringen« (237). Das knappe »Vorwort« zu Edward Hartenfels' Novelle *Grupello* entstand wahrscheinlich im Frühling 1836, kam aber erst 1840 heraus. Wie groß Grabbes Anteil an der Erzählung selbst war, ist nicht bekannt. Seiner Behauptung, daß sie »mit Hülfe des Hr. Hartenfels« (336) von ihm selbst geschrieben worden sei, steht seine glaubhaftere Bemerkung gegenüber, daß er »dem Gemälde noch einige nachträgliche Pinselstriche« beigebracht habe (IV, 253).

In seinen Briefen erwähnte er zu dieser Zeit besonders viele Einfälle, die er nicht ausführte. Bevor er Ende 1834 Frankfurt verließ, dachte er an ein historisches Drama »Der Dichter« (VI, 120) und schlug Duller vor, gemeinsam »aristophanische« Lustspiele (Duller, 7.3 1838, 66) zu schreiben; an einer »Comödie, oder gar Tragödie (...) nach Art der alten Engländer und der neuen Franzosen« (VI, 102) hoffte er mit Immermann und Uechtritz zu kollaborieren. Gleich nach seiner Ankunft in Düsseldorf wollte er mit Immermann »ein Lustspiel machen, bühnenrecht, geistreich, tollkomisch, den Franzosen zum Trotz« (107). Weitere Pläne im Jahr 1835 betrafen: »Karl XII, meine Portraitähnlichkeit, eine Tragicomödie, erschütternd und doch lustig« (131); ein »theatralisch« wirksames Lustspiel »der Recensent« (145-146); ein Drama über »Catilina's Untergang« (159); eine »humoristische Doppeltragödie« über »ein tüchtiges Trauerspiel und seine miserable Darstellung« (IV, 124); »etwas über Code Napoléon« (VI, 243); und eine Bearbeitung des »ewigen Juden« (269). Noch 1836 sprach er zu Ziegler von einem humoristischen »kleinen Romane« (Ziegler, 7.3 1855, 192).

Drei kleine dramatische Fragmente stammen aus dem Jahr 1835. *Alexander der Große* besteht aus fünf kurzen Wortwechseln, unter denen der Befehl des sterbenden Kaisers Grabbes Ansichten über die Absurdität historischer Größe in einem frappanten Bild zusammenfaßt: »Begrabt mich königlichst! (...) Doch meine rechte Hand hängt Ihr aus dem Sarge, weiß, nackt, wie sie ist! Sie hat die ganze Welt gefaßt, und nichts ist ihr geblieben« (IV, 342). *Christus* umfaßt zwei Gruppen von 5 bzw. 7 Versen, in denen die Mater dolorosa ihr »endloses Weh« ausspricht (342-343). Grabbe scheint zwar gern mit dem Ausspruch »Christus ist ja doch nur ein Judenjunge« Ärgernis erregt zu haben (Ziegler, 7.3 1855, 154), wie ernst er ihn jedoch als historische Figur nahm, zeigt seine Notiz: »Christus wird noch immer milden Gesicht's gemahlt. Wissen die Kerle nicht, was er Palmsonntag vorhatte und weshalb Pilatus eingriff?« (VI, 296).

Am bedeutendsten ist das *Eulenspiegel*-Fragment, von dem nur ein halbes Dutzend Prosazeilen über das als Maler auftretende »Eulenthier« erhalten sind (IV, 343). Ein längeres »Szenarium« (Friedrich und Ebers, 8 1923, 43) hat sich als Fälschung erwiesen. Ein »Lustspiel« über Eulenspiegel plante Grabbe bereits 1827; noch in seinen letzten zwei Lebensjahren hatte er vor, es der *Hermannsschlacht* »als komisches Nachspiel« folgen zu lassen (VI, 329). Die Eulenspiegel-Gestalt repräsentierte nach seiner Meinung »die aus dem tiefsten Ernst entstandene deutsche Weltironie« (VI, 347) und war auf der »Grundlage der deutschen National-Komik, welche auch das Lustige unmittelbar auf Ideale bezieht«, Shakespeares Falstaff überlegen (IV, 54). Das Stück wollte er »theatralisch« gestalten (V, 180). Durch die Streiche des Helden beabsichtigte er, »alle unnatürlichen Laster unsrer sogenannten feinen Geselligkeit blutrünstig zu geißeln« (Duller, 7.3 1838, 66). Daß er das Projekt trotz aller Begeisterung nicht ausführen konnte, lag möglicherweise daran, daß er gegen seinen eigenen Stil Zugeständnisse an das Theater der Zeit in Betracht zog und daß die optimistische Eulenspiegel-Tradition seinem Pessimismus widersprach.

Noch »2 Stunden von seinem Tode« (IV, 656) schrieb Grabbe im nächsten Jahr in Detmold das Fragment *Der Student tritt in's Philisterium*, das ein Personenverzeichnis und die Meldung enthält, daß der Titelheld »im gestrigen Examen trefflich« bestanden habe (344). Vermutlich handelt es sich hier um das Lustspiel, in dem nach Ziegler »das demagogische Studentenwesen lächerlich gemacht werden sollte« (Ziegler, 7.3 1855, 194). Ebenfalls in die Richtung einer Satire auf die nationalliberalen Burschenschaften weist Grabbes Mitteilung an Immermann, daß er einen der »Jünglinge mit Sporen aus dem Mittelalter (...), schwarz roth gold um die Brust, einen schwarzen ungesäuerten Pfannkuchen auf dem Kopf, Liebe und Vaterland im Maul« in einem Stück »direct vom Abschiedscommercio in das bürgerliche Leben führen« wolle, wo aus dem »Grobian ect ein Mensch oder, was er Philister nennt« würde (VI, 152).

Kurz nach seiner Ankunft in Düsseldorf begann Grabbe eine Übersetzung von Shakespeares *Hamlet*, von der er im Januar und Februar 1835 Immermann Proben schickte. Die Arbeit ist unvollendet verschollen, aber Grabbes briefliche Kommentare stellen nicht nur seine innige Vertrautheit mit Shakespeare und der Shakespeare-Rezeption, sondern auch seine Fähigkeit zu eingehender grammatischer, semantischer, etymologischer, verstechnischer und dramaturgischer Analyse unter Beweis. In seinen Seitenhieben gegen Tieck spielt allerdings, trotz seiner Behautung des Gegenteils, persönliche Ranküne eine ebenso große Rolle wie die implizite Kritik an der Romantik:

»Was der Tieck (dieß darf ich sagen, es ist nichts Persönliches und gehört zur Sache) sich an den Shaksp. kettet, von dem er nichts hat als romantische Staffage (...). Tieck weiß, so viel er auch spricht, von Shaksp. und der alten englischen Bühne, wenig (...) – was macht er aus ihm? Einen unerträglichen, überspannten Schwätzer« (VI, 126-127).

Die gleiche Animosität gegen seinen früheren Wohltäter verrät einer seiner Briefe an Schreiner: »Tieck ist nichts als ein halbgelehrter Schwätzer, Nachahmer, und Shakspearebewunderer, weil er von Shakspeare nichts versteht, sich aber mittelst seiner vergöttern will« (298).

Auch über andere Dichter äußerte sich Grabbe höchst abfällig. Von Mai bis Dezember 1835 schickte er zahlreiche Briefe an Schreiner, in denen er das kulturelle Leben der Zeit in lockeren Aperçus glossierte und seiner Bosheit freien Lauf ließ, obwohl er oft geistreiche Einsichten und Formulierungen fand. Mit charakteristischer Grobheit donnert er gegen einflußreiche Journale, gegen heute vergessene Schriftsteller und Kritiker und auch gegen bedeutendere Gestalten, die seinen Zorn erregten. Gern benutzt er Epithete wie »das dummste Zeug« (VI, 226), »Arschwische« (228), »Spitzbuberei« (231), »Schweinigel« (249), »Gepack von Schreibern« (253) und unzählige mehr. Außer Goethe und Tieck verunglimpft er Chamisso (250), Rückert (262), Lenau (281) und viele andere. Wenn er Hegel als »Schmeichler des absoluten Monarchismus« beschimpft, der nicht »werth« sei, »Schelling, Fichte oder Kant die Füße zu lecken« (288), so gibt er eher der Wut des Augenblicks als einer überlegten politischen oder philosophischen Haltung Ausdruck. Unpolitisch zeigt er sich übrigens auch in einem späteren Brief an Petri, in dem er die Jungdeutschen nicht wegen ihres Liberalismus, sondern aus ästhetischen Gründen herabsetzt: »Gutzkow und das junge Deutschland sind in Verachtung gerathen, werden sich auch nicht herausretten, weil sie kein Talent haben.« (340). Seine gehässigen Bemerkungen über Rahel Varnhagen motiviert wahrscheinlich der Neid über ihren literarischen Ruf, aber auch der Antisemitismus: »das stinkige Luder (Juden stinken in der Regel aus der Haut)« (247). Obszön, und antisemitisch wie bereits früher in Berlin, verhöhnt er Heine als Menschen und als Künstler: »Heine ist ein magrer, kleiner, häßlicher Jude, der *nie* Weiber genossen hat, sich deshalb alles einbildet. (...) Poesien sind seine Gedichte aber nicht. Abwichserei. Eine tüchtige Hure schmisse ihn aus dem Fenster« (272). Martin Runkel, von dem er gern seine Artikel im *Hermann* veröffentlichen oder sich bei gemeinsamen Spaziergängen aufheitern ließ, nennt er »jüdisch-schmutzig« (229). Als seltene Ausnahme blieb Schiller von seinem Haß verschont. In einem Brief an Schreiner lobt er an Schillers Briefwechsel mit Humboldt »überall reelles Streben, ernstes Prüfen« (246); in einem Brief an Menzel erklärt er: »Nicht Shakspeare, nicht Goethe, – Schillers Feuer machte mich zum Dichter« (294).

Besonders schwierig gestaltete sich die Arbeit an der *Hermannsschlacht* infolge von Grabbes Krankheiten und persönlichen Problemen, aber auch aus technischen Gründen. In unmittelbarer Nähe des Teutoburger Waldes aufwachsend hatte er sich bereits als Schüler mit Arminius beschäftigt, und sein Interesse hatte sich wieder belebt, als ihm 1822 Clostermeier seine Abhandlung *Wo Hermann den*

*Varus schlug* schenkte. Das Stück erwähnte er erstmals am 8. Januar 1835 in einem Brief an Louise:

»Der Gedanke an die Heimath (...) hat mich auf etwas aufmerksam gemacht, was mir so nahe lag: nämlich ein großes Drama aus der Hermannsschlacht zu machen; alle Thäler, all das Grün, alle Bäche, alle Eigenthümlichkeiten der Bewohner des lippischen Landes, das Beste der Erinnerungen aus meiner (...) Jugend, sollen darin grünen, rauschen und sich bewegen« (VI, 129-130).

Während der nächsten anderthalb Jahre behauptete er wiederholt, daß das Manuskript ganz oder fast vollendet sei, arbeitete es aber dauernd um. Gleichzeitig gestand er, wie tief ihn das Thema bewegte: »Ach, ich selbst kenne aus meiner Kindheit ja jeden Baum, jeden Steg dazu! Die Studien zu diesem Nationaldrama haben mich fürchterlich erschüttert« (198). Häufig dachte er an den Tod:

»Ich fürchte, daß ich, wenn ich den Hermann vollendet, die Rechnung schließe (242). (...) Der Hermannsschlacht unterlieg’ ich fast. Wer kann das Ungeheure, jeden Nerv aufregende, vollenden ohne zu sterben? (261). (...) Sie ist fertig. Ich feile nur noch, sinke auch wohl an ihr nieder, wenn sie vollendet ist, – auf ewig« (283).

Über das Stück selbst schwärmte er trotz seiner Niedergeschlagenheit. Im Juni 1835 versicherte er Immermann: »Hannibal ist gegen die Hermannsschlacht ein Kind« (247); im Mai 1836 nannte er es Heinrich Brockhaus gegenüber »das beste und kühnste, was ich in der Art geschrieben« (337). Im Januar und Februar 1836 erhielt er Darlehen von Schreiner nach seiner Beteuerung, daß er nach baldiger Vollendung der Arbeit nach Detmold zurückkehren und der Fürst ihm »nach der Hermannsschl. Gutes thun« würde (300).

Zu Anfang seines Düsseldorfer Aufenthaltes war Grabbe äußerst zuversichtlich gewesen. Nachdem er im Januar 1835 seiner Mutter freudig gemeldet hatte, daß er sich »wieder in vornehmen Zirkeln« bewege und seine Werke »bald in Druck« gingen (VI, 134), berichtete er Louise noch im Juni über sein Lob in einem Artikel von August Lewald: »Grade zur rechten Zeit hat Lewald in Stuttgart drukken lassen, Grabbe, dieses gewaltige Talent, wird erwachen! (...) Meine jetzt erscheinenden Sachen verbreiten meinen Ruf ungeheuer« (241). Aber bereits damals ging er, wie Ziegler notiert, »der Auflösung entgegen«, war »verlassen auf der Welt« und litt unter »Anforderungen (...) von seiner Amtsverwaltung her«, »Verfolgungen seiner Frau«, »Klagen und Jammern seiner Mutter« und »Klatschereien aus seiner Heimath« (Ziegler, 7.3 1855, 147-148). Im Februar hatte er Augenbeschwerden, im April zersplitterte er sich zwei Zehen beim Besteigen eines Rheinschiffs, im Juni folgten ein Podagra-Anfall und weitere Krankheiten, deren psychosomatischen Charakter er selbst ahnte, als er Schreiner schrieb, daß das »Erkranken« bei ihm »überhaupt oft andere Ursachen« habe, »als Leute, die in einem anderen Gemüth fremd sind, begreifen« könnten (VI, 293). Er trank auch wieder schwer. Von Herbst 1835 bis Januar 1836 wurde er von zunehmender Schwäche und Lebensmüdigkeit heimgesucht, die er manchmal mit Kriegsträumen kompensierte. Eine kurze, wohl durch das gemeinsame Erlebnis psychischer Störungen geförderte Freundschaft verband ihn mit dem depressiven Burgmüller. Als dieser am 7. Mai 1836 im Alter von 26 Jahren nach einem epileptischen Anfall starb, wurde er noch trübsinniger. Nachdem ihm die Honorare und Vorschüsse von Schreiner und den Journalen ausgegangen waren, hatte er bereits am 29. April widerwillig Petri gebeten, ihm in Detmold juristische Schreibarbeiten und »ein kleines Logis mit 1 Tisch, 2 Stühlen, einem Bett« (331) zu beschaffen. Am 22. Mai reiste er mit einem Darlehen von Petri aus Düsseldorf ab. Nach einem krankheitsbedingten Halt in Hagen traf er am 26. Mai, zum zweitenmal als Versager, in Detmold ein.

Grabbes vielleicht größtes Unglück in Düsseldorf war das Scheitern seiner Beziehungen zu Immermann. Anfangs sprach oder korrespondierte er mit Immermann fast täglich über seine Arbeiten und persönlichen Angelegenheiten. Nach seiner Ankunft im Dezember 1834 schrieb er Petri: »Immermann (...) benimmt sich brav, auch lass' ich ihn gern in meiner Privatwirthschaft den Vormund spielen, denn ich sehe, es ist nütz, er meint's gut« (VI, 108). Im Juni 1835 bekannte er Menzel: »Immermann hat mich in der That vom Tode gerettet. Nicht wegen Noth eben, aber aus Mißmuth war ich lebenssatt« (257). Aber bald stellten sich Konflikte ein. Im September klagte er gegenüber Elisa von Ahlefeldt über Mißverständnisse, wobei er neben dem Alkoholismus tiefere psychische Gründe seiner Verhaltensstörungen andeutete: »Immermann vermuthet's immer schlimm, und meint, der Wein oder spirituosa thäten's. Nein, mein böses spirituosum ist mein eigner Geist« (283). Im November berichtete er Menzel: »Mit Immermann steh' ich auf eignem Fuß. Er hat viel für mich gethan, aber bald Spannung, bald Friede« (294).

Den Anlaß zum endgültigen Bruch gaben Grabbes Rezensionen von Aufführungen des Stadttheaters, die vom 2. Dezember 1835 bis zum 5. Mai 1836 im *Düsseldorfer Fremdenblatt* erschienen und in denen er sich gelegentlich zu unverdienten Bosheiten hinreißen ließ, auf die Immermann seinerseits allzu empfindlich reagierte. Am 25. Februar 1836 entstand ein heftiger Wortwechsel über eine Raupach- und eine Calderon-Rezension. In einem Brief beschwerte sich Immermann über Grabbes Mangel an »Dankbarkeit« und »Anstand« und forderte ihn auf, über das Theater »in Zukunft ganz zu schweigen« (324). Grabbe versprach, die Kritiken, die er noch dem *Fremdenblatt* schulde, »so vorsichtig (...) abzufassen«, daß sie Immermann »Freude machen« würden (325), und mäßigte tatsächlich seinen Ton. Danach traf er Immermann nur noch selten und verbrachte den größten Teil seiner freien Zeit wieder im Wirtshaus.

Immermanns Aufzeichnungen gehören zu den bemerkenswertesten Charakterisierungen von Grabbe. An Grabbes Werken beeindruckten Immmermann bereits vor ihrer Bekanntschaft »das Rohe, Ungeheuerliche seiner Anschauungen, der sichre Tact, womit er besonders die Massen zu deutlichen Gestalten macht, und die sorglose Kühnheit, welche Dinge und Personen greift, wie sie liegen und stehn«. Bei ihrer ersten Begegnung in Detmold im Herbst 1831 erkannte er an Grabbes »Wesen« etwas »Ursprüngliches, Sonderbares, Ungemachtes«, das ihn »sehr anzog« (Bergmann, 7.1 1968, 86). Als Grabbe in Düsseldorf ankam, sah er voraus, daß »diese wilde u. zerrüttete Natur« ihm »viel Verdruß machen« würde, hielt es jedoch für seine »Schuldigkeit, ein so ausgezeichnetes Talent nicht hülflos zu verlassen« (135). Über Grabbes Erscheinung schreibt er:

»Nichts stimmte in diesem Körper zusammen (...); die Arme wußten nicht, was die Hände thaten, Oberkörper und Füße standen nicht selten im Widerstreite (...). Eine Stirn, hoch, oval, gewölbt (...), darunter große, geisterhaftweite Augenhöhlen und Augen von tiefer, seelenvoller Bläue, eine zierlichgebildete Nase (...) – Alles Schön. Und von da hinunter Alles häßlich, verworren, ungereimt! Ein schlaffer Mund, verdrossen über dem Kinn hangend, das Kinn kaum vom Halse sich lösend, der ganze untere Theil des Gesichts überhaupt so scheu zurückkriechend, wie der obere sich frei und stolz hervorbaute« (146).

An Grabbes Briefen und Unterhaltungen bemerkte Immermann nicht nur »die barocksten Einfälle«, sondern auch »die klügsten, wahrsten Gedanken« (137) und eine ernste »Mitleidenschaft«, die sich »am tiefsten (...) bei der Geschichte« zeigte (147). Grabbe selbst erschien Immermann zunächst als »der Westphälische Bauer par excellence, scharfsinnig, einfach, urgermanisch, geradezu auf das Rechte losgehend, aber auch sehr roh, vielleicht sogar undankbar« (137). Es dauerte jedoch nicht lange, bis er auch Grabbes Unglück erkannte:

»Indessen konnte ich sehr bald abnehmen, daß die meisten lustigen, ja ausgelassenen Momente, die ich mit ihm durchlebte, doch nur aus einem Scheine der wahren Fröhlichkeit entsprangen. Schon die unmäßige Arbeitswuth (...) konnte für ein gefährliches Symptom, für eine Hektik des Geistes, für das Zeichen geheimer Todesahnung gelten (...). So war auch sein Gespräch, ließ man sich von der bunten Hülle nicht täuschen, eigentlich durchaus krankhaft. Geistreich, aber desultorisch von Object zu Object flatternd, vermochte er kein Thema mit einer gewissen Stätigkeit in der Unterredung festzuhalten (...). Grabbe fühlte sich trotz aller drolligen Einfälle, trotz seiner poetischen Aufspannungen tief-elend« (148).

Über den Eindruck, den er auf Gesellschaften machte, berichtet Immermann:

»Niemand konnte sich der Gewalt dieser ureignen Natur, die mit unsern zierlich-gefälteten Literatoren durchaus nicht in Reihe und Glied zu stellen war, entziehen (...). Aber merkwürdig war es: er regte keine Liebe und keine Sehnsucht auf. Man beschäftige sich *nur* mit *ihm*, wenn er zugegen war, aber man verlangte nicht nach ihm, wenn man ihn nicht sah« (149).

Über die Gründe von Grabbes schizoidem Verhalten spekuliert Immermann nicht, spielt jedoch mit seiner Bemerkung über einen »um seine Jugend gebrachten Geist« (148) auf belastende Kindheitserlebnisse an. Zusammenfassend nennt er Grabbe »eine Natur in Trümmern«, fügt jedoch hinzu: »diese Trümmer waren von Granit und Porphyr« (150). Ihr gegenseitiges Verhältnis resümiert er:

»Wir sind nie eigentlich Freunde gewesen. Unser Wesen war zu verschieden. Aber über die Kluft, die uns trennte, reichte bei mir das Gefühl hinaus, welches uns bei dem Anblicke einer gewaltigen Menschennatur erschüttert, die laokoontisch mit ihren Schmerzen ringt« (160).

Zu einer längeren fruchtbaren Beziehung konnte es zwischen Grabbe und Immermann nicht kommen. Einerseits war der psychologische, soziale und kulturelle Abgrund zwischen dem rebellischen Plebejer und dem respektablen, zum Konservatismus neigenden Großbürger unüberbrückbar. Andererseits wiederholte sich bei Grabbe ein typisches Verhaltensmuster, das mit ähnlicher Intensität bereits 1823 bei Tieck in Dresden zum Ausdruck gekommen war: vorbehaltlose Hingabe an einen neuen Gönner, gefolgt von Enttäuschung, Groll und Haß. Immermann wurde vorgeworfen, daß er Grabbe durch das Rollenabschreiben erniedrigt und als Kritiker zur Reklame für sein Theater mißbraucht habe, statt seinen Dramen Zugang zur Bühne zu verschaffen, obwohl er seinem »Projektenzettel« zufolge mindestens einmal an eine *Napoleon*-Inszenierung dachte (VI, 588). Gewiß hatte Immermann in seinem Umgang mit Grabbe auch die Interessen seines Theaters vor Augen, aber an seiner Bereitschaft, Grabbe zu helfen, läßt sich nicht zweifeln. Die Wahrheit ist, daß Grabbe, wenigstens in seinen letzten Jahren, nicht mehr zu retten war.

Auch von Düsseldorf aus wechselte Grabbe mit Louise bittere Briefe. Im Januar 1835 ermahnte er sie, seine Mutter «in Ehren« zu lassen und ihm »keine Speranzien« mit Geldsachen zu machen; gleichzeitig gestand er: »Du hast nie eingesehn, daß ich nur aus Furcht vor mir, nicht vor Dir und Deinem aufreitzenden pp (sey's gut) etwas Ruhe suchte« (VI, 129). In ihrer Antwort beschwor ihn Louise mit »heißen Thränen«, ihr eine »Urkunde«, in der er ihr »die Verwaltung des gemeinsamen Vermögens« überlasse, oder »eine solche über die Ausschließung der ehelichen Gütergemeinschaft« zu schicken (142). Im März wiederholte sie ihre Forderung in zwei weiteren Briefen, in denen sie, seinen eigenen Widersprüchen kaum nachstehend, mit einem hysterischen Gemisch von Wahrheit und Übertreibung, Sentimentalität und Berechnung an seine Liebe und sein Mitgefühl appellierte, ihm ihre finanziellen Verluste infolge seines Benehmens vorrechnete und ihn beschuldigte, ihr Geld an seine Mutter zu verschwenden. Im zweiten Brief verlangte sie wenigstens das erste der Dokumente mit einem Ultimatum:

»Erhalte ich dieselbe unterzeichnet zurück, so hat die Sache ein gutes Ende erreicht u. ich *biete Dir die Hand zur Versöhnung*. Weigerst Du Dich aber (...), so zeigst Du mir offenbar den unversöhnlichsten Haß u. Du kannst es mir in keinem Falle verdenken, daß ich mich alsdann an die Obrigkeit wende. Tritt diese einmal zwischen uns, so sind wir getrennt für das Erdenleben« (195-196).

Grabbes Brief an Petri enthält nicht nur seine Reaktion auf das Ultimatum, sondern offenbart seine ambivalenten Gefühle gegenüber Louise überhaupt:

»Sie schickt mir ein paar Bücher über Hermann, ich freue mich schon, daß sie anders wird und ihren und meinen Vortheil einsieht, da les' ich ihren Brief, und alles ist auf Bedingungen berechnet (...). Ich war, ich bin fest entschlossen, Alles für sie zu thun, aber ihr Hund will ich nicht seyn, oder hört sie nicht auf mich zu ärgern, so versuch' ich solch ein Mann zu werden, wie er ihrem Temperament zu dessen gründlicher Besserung zukommt« (202).

In seinen Briefen an Louise versprach ihr Grabbe wiederholt einen großen Teil seiner Honorare, ignorierte jedoch ihre Wünsche in bezug auf die Gütergemeinschaft. Anfang Januar 1836 kündigte sie deshalb Petri ihre »zu unserm gemeinsamen Besten – der Obrigkeit zu übergebende Beschwerde« an (300).

Unterdessen hatte sich Grabbes körperlicher und seelischer Zustand so weit verschlechtert, daß Jakob Stang, der Wirt seines Düsseldorfer Stammlokals »Zum Drachenfels«, Louise vertraulich um ihre Mitwirkung bei seiner Rückkehr nach Detmold bat. Louise ersuchte Stang voll »Schrecken« über die ihr »drohende Gefahr«, Grabbe die Heimkehr auszureden, da seine Detmolder »Umgebung« für ihn schädlich sei und er keinen »Erwerb« finden würde (304). Nach weiteren Beschuldigungen gegen Grabbes Mutter und Klagen über die »Schimpfreden, Ohrfeigen, Stöße, Schläge« (305), die sie selbst nebst finanziellen Schäden von Grabbe erlitten habe, erklärte sie sich bereit, mit der »Beschwerde« bis zum Februar »in der Hofnung eines noch möglichen Vergleichs« zuzuwarten (308). Stang empfahl ihr, sich an Immermann zu wenden, der allein Grabbe überreden könnte, die gewünschte Erklärung zu unterschreiben. In einem bald ihre Mißgeschicke bejammernden, bald Geldbeträge und Gesetzesparagraphen zitierenden Brief an Immermann erklärte sie, daß eine Wiedervereinigung mit Grabbe angesichts der »unwürdigen Behandlung«, die sie von ihm »mit unendlicher Langmuth erduldet« habe, »unmöglich« sei (313); nicht ganz konsequent drohte sie Grabbe gleichzeitig »ewige Ferne« an, falls er »ferner noch halstarrig bleiben sollte« (317). Immermann schlug ihren Wunsch ab, weil Grabbe, »taub gegen alles Zureden, sich so zu betragen, wie man muß, wenn man zu dem Kreise anständiger, vernünftiger Menschen gehören will«, nicht auf seine »Interceßion« hören würde (319). Am 24. Februar stellte Louise Grabbe zum letztenmal vor die Wahl:

»Besitze ich am 6ten März, unserm einstigen Hochzeitstag, oder in den nächsten Tagen darauf, dies Document, so bin ich mit dir ausgesöhnt; ist mir aber bis dahin dasselbe nicht geworden, so sage ich Dir mit diesen Zeilen *zum letztenmal* auf ewig Lebewohl« (322).

Am 3. März erwiderte Grabbe:

»Wenn Du meiner zu Haus bedarfst, bin ich erbötig, sofort hinüberzukommen, – oder, wenn Du noch einmal Deine Proposition von Aufhebung der Gütergemeinschaft erneuest (...), reis' ich auch zu Dir, um meine Rechte der Verwaltung ect. ect., welche Du zu usurpiren suchst, zu sichern und näher u. kräftiger zu üben (...). Das Klügste ist: gedulde Dich einige Wochen« (326).

Am 6. August reichte Louise schließlich die Scheidungsklage ein.

## 1.3. Heimkehr, häusliche Tragikomödie, letzte Krankheit, Tod: Detmold 1836

Am 26. Mai 1836 traf Grabbe niedergeschlagen in Detmold ein. Zunächst stieg er im Gasthaus »Zur Stadt Frankfurt« ab, weil er vor der Heimkehr *Die Hermannsschlacht* vollenden wollte und möglicherweise auch Angst vor dem Wiedersehen mit Louise hatte. Sein erster Besuch in Detmold galt der Mutter. Seine Erscheinung zu dieser Zeit schildert Ziegler anschaulich:

»Seine Kleidung schien sehr abgetragen und saß sehr nachlässig (...). In seinem ganzen Körper war kein Halt, er wankte so, daß man fast befürchten mußte, er möchte umfallen (...). Als er durch Abnehmen seiner Mütze wieder grüßte, konnte man wahrnehmen, wie sehr ihm das Haar ausgegangen war (...). Dabei lag auf seinem abgemagerten Gesichte eine tiefe Blässe (...), die Blitze seiner Augen waren sehr matt« (Ziegler, 7.3 1855, 162-163).

Die »meiste Zeit« verbrachte er im Gasthaus, wo er »hindämmerte, ohne sich über seine Zukunft einen bestimmten Plan gemacht zu haben«; manchmal »blätterte« er in einem Journal oder Buch, doch »ekelte ihn bald alles Lesen an« (165-166). Die *Hermannsschlacht* »las er (...) häufig durch und fügte hier oder da einen frappanten Zug hinzu; aber von der Vollendung wurde er durch seine Ungeduld weggetrieben« (166). Unterhaltungen mied er, obwohl er »mit diesem oder jenem, welcher theilnehmend auf seine Lage einging und über seine Poesien mit ihm sprach, eine ganze Nacht in der Wirthsstube durchsaß, und ihn nicht (...) losließ« (166). Die »Wirtshausgesellschaft« verletzte ihn oft, da er sich nicht mehr »durch augenblickliche und treffende Repliken« wehren konnte (167). Dagegen schimpfte er ungehemmt vor aller Welt über Louise, der er sich »schon als Mann zeigen« (169) würde. Eine »Thorheit« (174) beging er eines Abends, als er sich »verführen« (173) ließ, einer Versammlung ausgelassener junger Leute aus der *Hermannsschlacht* vorzulesen; da ihm »nur etwa drei oder vier« (174) zuhörten, brach er die Lesung beschämt ab, verfluchte seine »Schreiberei« (176) und soll später auf seinem Zimmer mehrmals den »Hahn von einer Pistole (...) in Bewegung gesetzt« und »laut geschluchzt und geweint« haben. (179).

Zum Schreiben hatte er fast keine Energie mehr. Im *Lippischen Magazin für vaterländische Cultur und Gemeinwohl*, dessen Herausgeber Petri ihn im vorigen Jahr um Beiträge gebeten hatte, veröffentlichte er unter dem Titel *Conventikel* bzw. *Algier und Tombuctu* einen Angriff auf die Pietisten und einige kritische Bemerkungen zum französischen und englischen Kolonialismus. Im Juli bat er

Schreiner um mehr Geld, weil er erst nach Beendung seines »Lieblingswerks« bei Louise einziehen wolle, um sich nicht vorher »todt zu ärgern« (VI, 342). Als Schreiner seine Bitte abschlug und den früheren Vorschuß zurückverlangte, versprach er erneut, daß der Text »uebermorgen (...) in Concept« (347) und »ganz sicher bald fertig und copirt« (346) sein würde. Um die gleiche Zeit klagte er Petri: »Es ist der schwierigste Stoff, den ich je unter Händen hatte, weil ich ihn zu genau kenne, und deshalb so manche bloß locale Kleinigkeiten abstreifen (...) muß« (348). Das fertige Manuskript schickte er Petri endlich am 21. Juli ebenso erschöpft wie seiner eigenen Originalität bewußt:

»Nie schmier' ich wieder ein Genre- und Bataillenstück. Ungeheure Mühe, um Abwechslung und allgemeines Interesse hineinzubringen! Was hab' ich nicht im Hermann an Witzen, Naturschilderungen, Sentimentalitäten pp einflicken müssen, um ihn möglichst lesbar zu machen. Indes sey es wie es sey, ein Coloß, auf durchaus neuen Wegen vorschreitend, ist das Stück« (349).

Einige Episoden brachten der *Phönix* vom 12. Dezember 1836 und 2. Januar 1837 sowie das *Rheinische Odeon* für 1838. Vollständig veröffentlicht wurde *Die Hermannsschlacht* von Schreiner postum anfangs Januar 1938. Die Kritik bedauerte Grabbes Tod und lobte seine lebensnahe Behandlung des nationalen Themas.

Am 23. Juli ging Grabbe mit einem Schlossergesellen in Louises Haus, um seine Obligationen in Besitz zu nehmen, schlug eine Tür ein und ließ sich, nachdem das Dienstmädchen Sophie, Zieglers spätere Frau, die Polizei gerufen hatte, erschöpft ins Gasthaus zurückführen. Am 24. Juli meldete er Louise gebieterisch, daß er »Ueber-Morgen früh, Schlag neun Uhr« (VI, 349) bei ihr einziehen werde. Nach ihrer sofortigen Antwort »Ich stehe unter dem Schutze der Obrigkeit!« (350) kam er aus Trotz bereits am 25. Juli in Begleitung eines Polizeidieners. Im Haus brachte Sophie das Paar mit einiger Mühe zu einer Begrüßung zusammen, wobei Grabbe zugleich »grollend« und »tief betrübt« erschien, während Louise »sich zierte und lachte« (Ziegler, 7.3 1855, 181-182). Grabbe blieb nun in Louises Haus. Wie vorher im Gasthaus lag er häufig im Bett und verließ sein Zimmer meist nur, um mit Petri oder Ziegler auszufahren oder seine Mutter zu besuchen. Feste Nahrung nahm er kaum mehr zu sich, und das Bier, das er nun anstelle starker Spirituosen trank, konnte er selten behalten. Von seiner Frau, die sich meist von ihm fernhielt, fühlte er sich tödlich bedroht. Am 6. August stellte sie an das Hochfürstliche Consistorium den Antrag, ihre Ehe wegen »unversöhnlichen Hasses« und »wegen lebensgefährlicher Drohungen und Nachstellungen nach dem Leben« aufzulösen und ihr ihr »Eingebrachtes, sowie einen jährlichen angemessenen Unterhalt« zuzusprechen (VI, 353). Den Verhandlungstermin vom 19. September erlebte Grabbe nicht mehr.

Während Grabbes letzter Tage ließ Louise ihrer Feindschaft gegen seine Mutter freien Lauf. Als Dorothea am 10. September ihren Sohn besuchen wollte, trieb Louise sie mit »einem Strom von Beschuldigungen und Beschimpfungen« (Ziegler, 7.3 1855, 205) aus dem Haus. Am 11. September tat sie desgleichen und beschuldigte sie, »eine Diebin« und »schon wieder besoffen« zu sein (206). Am Morgen des 12. September war Grabbe fast bewußtlos. Gegen 9 Uhr schaute Louise kurz nach ihm und kam nicht wieder. Gegen 10 Uhr erschien die Mutter, und diesmal ließ Louise sie bleiben. Gegen 15 Uhr starb Grabbe. Die unmittelbare Todesursache war eine Magen- und Rückenmarktuberkulose.

Ob Louise, als sie hörte, daß »der Unhold todt« war, sich tatsächlich so freute, wie Ziegler meint, bleibe dahingestellt; Daß sie seine Leiche mit einem »Lorbeerkranz« schmückte, berichten beide Biographen, wobei Duller diese Geste als echt und Ziegler als geheuchelt bewertet (Duller, 7.3 1838, 87; Ziegler, 7.3 1855, 211). Die Beerdigung fand am 16. September 1836 im Detmolder Friedhof statt. Zugegen waren 15-20 meist junge Bekannte, aber keine Notabilitäten. Wie Grabbe um diese Zeit von der Öffentlichkeit beurteilt wurde, zeigen beispielhaft Friedrich Wilhelm Gubitz' Nachruf vom 26. September 1836 und Ernst Willkomms biographische Skizze von 1837. Gubitz sah Grabbes Werk als ein Produkt »aus der Genialität und dem Gemeinen« und schrieb den frühzeitigen Untergang »eines höchst begabten Dichters« in personalistischer Weise seiner »zur Starrheit gewordenen Schwäche«, seinem »Eigensinn« und seinem »aufgestachelten Ehrgeiz« zu (Bergmann, 7.1 1986, 285-286). Willkomm macht für Grabbes Verfall sozialkritisch hauptsächlich das »Nivellement der Gesellschaft« und die »Flachheit der Sitte« verantwortlich: »Um genial bleiben zu können, ward er gemein« (317-319).

Schlaglichter auf Grabbes Leben und Persönlichkeit wirft ein Streit, der 1838 über Dullers Biographie entbrannte. Nach Duller begann Grabbes »Unglück« an der »Brust« seiner Mutter (Duller, 7.3 1838, 7), die ihm schon als Kind das Trinken angewöhnt und ihn später mit ihrer Geldgier belästigt habe; namentlich sein Versagen im Auditeursamt müsse man auf diese Ursachen zurückführen. Am Ende seines Lebens sei Grabbe aus Sehnsucht nach Louises »Liebe« (80) nach Detmold zurückgekehrt und von ihr bis zuletzt »treu gepflegt« (81) worden. Freunde von Grabbe nahmen im *Lippi-*

*schen Magazin* und anderen Journalen Stellung gegen Duller und ließen mit Recht durchblicken, daß seine Behauptungen eigentlich von Louise stammten. 1839 verklagte Louise das *Lippische Magazin*, und ein langwieriger Prozeß begann, dessen Ausgang unbekannt ist, da von mindestens 67 Akten nur 26, zum Teil unvollständig, erhalten blieben. Die Argumente gegen Duller faßte Ziegler 1839 in einem Artikel zusammen, der die Einsichten seiner Grabbe-Biographie von 1855 vorwegnimmt. Nach Ziegler habe Grabbe in mitleiderregender Weise das »Gefühl einer an Verrücktheit gränzenden Verkehrtheit« (Bergmann, 7.1 1968, 299) erweckt:

»Es war, als wenn er sich des innigen Anschließens an Andere aus einer innern unseligen Scheu und Wüstheit schämte, die Welt lag wie eine Last auf ihm, und vorzüglich deshalb war etwas in ihm, was ihn immer antrieb zu kratzen und zu beißen, sich aufzuthürmen und immer alles gute Vornehmen durch eine auf die Spitze getriebene Lust, sich an Andern zu reiben, zu zerstören« (299).

Grabbes Mutter nennt Ziegler »eine ehrwürdige rechtliche vernünftige Bürgerfrau«, die ihren einzigen Sohn »vielleicht verzogen, aber wahrhaftig nicht vernachlässigt hat«; Grabbes »Sonderbarkeit« habe »in ganz andern Dingen, als in allzu früher Gewöhnung an spirituöse Getränke seinen Ursprung« gehabt (300). Was diese »Dinge« waren, erklärt Ziegler nicht genau, macht aber für Grabbes »frühe Auflösung« in erster Linie »die unglückliche Ehe« und Louise verantwortlich: »Er stand seiner herrschsüchtigen, männlichen Frau trotz all seinen Anmaßungen und auflodernden Worten doch als der leidende Theil gegenüber« (301). Obwohl Ziegler sich, bei aller Feindseligkeit gegen Louise, hier wie in seiner späteren Biographie als der zuverlässigere Zeuge erweist, wird die volle Wahrheit über Grabbes mißglücktes Leben wohl nie ans Licht kommen. Seine tragikomischen Leiden und Widersprüche kehren jedoch in Kunst verwandelt in allen seinen Werken wieder.

## 2. Werk

### 2.1. Aschenbrödel
Vollendet 1829 (1. Fassung), 1835 (2. Fassung), Teildrucke 1829-1830, Erstdruck 1835, Uraufführung Detmold 1937

*Aschenbrödel* gehört zu Grabbes schwächeren Werken. Als Quellen benutzte er weniger die Grimmschen Märchen als die *Contes des fées* von Charles Perrault und das Libretto von Charles Guillaume Etienne zu Niccolo Isouards Oper *Cendrillon*. Die Mischung von Märchenspiel, Gesellschaftskritik und Literaturkomödie erinnert an *Scherz, Satire*, ohne jedoch die gleiche Originalität zu erreichen. Im Vergleich mit der ersten Fassung von 1829 fehlt in der mehr als ein Drittel kürzeren zweiten Fassung vom Jahr 1835 ein großer Teil der pseudophilosophischen Wort- und Gedankenspiele des Barons und der anzüglichen Literatursatire. Erhalten blieben einige Seitenhiebe gegen die »etwas zurückgebliebene, magere, deutsche Literatur« (II, 504), nicht aber die Ausfälle gegen Goethe (293), Raupach , Uechtritz, Immermann (284-285) und andere zeitgenössische Autoren oder die Witze über *Don Juan und Faust* (292) *Barbarossa* (293). Von der Kunst verlangt der König in der ersten Fassung mit klassisch-romantischem Pathos »Begeisterung / Vor dem Erhabnen, vor der Schönheit« und »Verklärung« der »Natur« (289). In der zweiten fragt er in der Art des poetischen Realismus bloß: »Ist die Schönheit nicht auch Natur, nur eine höhere als die gewöhnliche?« (506). Obwohl beide Fassungen im Ganzen zu einer bei Grabbe ungewohnten Idealisierung tendieren, spricht aus der zweiten eine neue Versöhnlichkeit. Grabbe selbst nannte die erste Fassung »tollkomisch« (V, 270) und die zweite »unschuldig heiter« (VI, 152).

Die Personen repräsentieren »drei Kreise, die durch die Handlung ineinander geschlungen werden« (F. J. Schneider, 7.3 1934, 198). Ein Kreis umfaßt die Familie des Barons, den seine tyrannische zweite Frau und ihre beiden hochmütigen Töchter in gewaltige Schulden beim jüdischen Wucherer Isaak treiben, während seine Tochter Olympia infolge der Bosheiten der Stiefmutter und Halbschwestern ein qualvolles Aschenbrödel-Leben führt; bei den Klagen des Barons denkt Grabbe offensichtlich auch an seine eigene Ehe. Die in ironischem Mißerfolg endende Jagd nach reichen Ehemännern für die Schwestern verbindet den Kreis des Barons mit dem des Königs. Der König sehnt sich nach Erlösung von seiner Einsamkeit durch eine aufrichtige Frau. Sein Rollentausch mit dem Rüpel dient der Suche nach einer solchen Gemahlin, die er schließlich in Olympia findet. Olympias »Mißgeschick« bringt den Kreis der Feenkönigin ins Spiel, die ihr schließlich »das höchste Glück, / Die Krone und die Liebe« schenkt (II, 492). In diesem Kreis offenbart sich in der sentimentalen Natur- und Liebeslyrik der Feen wie in den derben Streichen des Gnoms und den Querelen der in Kutscher und Zofe verwandelten Ratte und Katze die Abhängigkeit des Stücks von den Märchendramen der Romantik und von Shakespeares *Sommernachtstraum*. Insgesamt geht es Grabbe wie in *Scherz, Satire* wieder nicht um die »konsequente dramatische Durchführung einer Fabel«, sondern um das »Ausspielen der einzelnen komischen Situation«, und zusammengehalten wird das »Gegensatzgewebe« von Isaak, der sich mit seiner Obsession, sein Darlehen vom Baron einzutreiben, »als Verbindungselement in das Spiel aller drei Kreise verwickelt« (Hegele, 8 1970, 32).

Isaak ist die denkwürdigste Gestalt. In Grabbes Quellen steht er nirgends, aber er parodiert Shakespeares *Kaufmann von Venedig* und wird einmal sogar »Shylock« genannt (II, 512). In der Beurteilung von Grabbes Haltung zu den Juden widersprechen sich die Forscher. Das eine Extrem verkörpert die Behauptung, in Isaak manifestiere sich »jener penetrante Antisemitismus, der in Grabbes Spätwerk leitmotivisch immer wiederkehrt« (Mayer, 8 1965, 83), so etwa beim Soldaten Ephraim in *Napoleon* oder beim Schenkwirt Moses in *Kosciuszko*. Das andere Extrem vertritt die Festellung, daß Grabbe »ohne antisemitische Tendenz (...) nach einer unleugbar sozial-typischen Figur« gegriffen habe (Steffens, 7.3 1966, 60). Tatsächlich war Grabbe nicht frei von Antisemitismus, aber er folgte auch auf diesem Gebiet eher augenblicklichen Launen als festen Überzeugungen. Isaaks jiddischer Tonfall und sein Beharren auf seinem Geld entsprechen den antisemitischen Klischees, aber wenn er etwa den Baron durch Fenster und Kamin überfällt oder dem Kutscher den verschluckten Schuldschein mit Messer oder Abführmitteln entreißen will, gehen die Kunstgriffe von Schwank und Posse über solche Gehässigkeiten hinaus. Gewiß karikiert Grabbe mit ihm die jüdischen Bankiers der Zeit, aber er zielt nicht so sehr auf das Judentum wie auf den Kapitalismus. Am deutlichsten attackiert er die Hochfinanz mit Isaaks Rechtfertigung von »Monopol« und »Staatsbankerutt« gegenüber dem als König posierenden Rüpel: »Hast Du nicht die Gewalt? Was geht dich an das Recht?« (II, 511). So wird der Jude zum »Repräsentanten einer europäischen Wirtschaftsentwicklung, die die ganze Macht den kapitalistischen Dynastien zuspielen sollte« (Steffens, 7.3 1966, 59).

Überhaupt enthält das Stück viel realistisch fundierte Kritik an einer habgierigen Gesellschaft. Der Zynismus des Barons und der Weltschmerz des Königs sind Proteste gegen den Materialismus, der sich auch in den opportunistischen Huldigungen an den verkleideten Rüpel und im häufig erscheinenden Streben nach lukrativen Heiraten ausdrückt. In der ersten Fassung verdammt der König »das Volk« als »elend, falsch und gierig« (II, 308) und wünscht, »aus diesem dummen Tand hinauszutreten / Ins Blut der Schlacht« (275). In der zweiten Fassung ist er weniger bitter, und der Topos vom Krieg als heroische Befreiung fehlt, aber der Rüpel spricht weiterhin verächtlich von der Menge, die gierig »die Tatzen« nach Aschenbrödels Schuh »reckt« (515). Allerdings bietet Grabbe mehr als realistische Gesellschaftskritik. Außer Olympia, dem König und den Feen sind alle Personen Zerrbilder. Isaak wird gelegentlich zu einem dämonischen Träger des »Unheils« (493). Er ist nicht nur »a farcical figure, the comic Jew«, sondern auch »grotesque and frightening« (Nicholls, 8 1969, 185). Noch grotesker betragen sich der Kutscher, der dauernd in die schmutzigen Gewohnheiten einer Ratte zurückfällt, und die Zofe, die ihm mit katzenhafter Falschheit nach dem Leben trachtet. Mit ihnen erniedrigt Grabbe einmal mehr den Menschen zum Tier. Deutlich spricht diese Desillusionierung aus dem Unbehagen der Ratte in ihrer Menschenrolle: »Erbärmlich ein Mensch sein, (497) (...) in den Rattenhimmel will ich, (...) eure Himmel kann ich nur verachten« (499).

Der bestialischen Menschheit stellt Grabbe in Olympia positiver als sonst ein Ideal gegenüber. Neben anderen Tugenden verkörpert Olympia vor allem die vom König ersehnte Aufrichtigkeit: »Ich kann nicht anders, / Ich muß die Wahrheit sagen« (507). Im Gegensatz zum Eigennutz der anderen Frauen liebt sie ihn um seiner selbst willen: »Bist Du nicht *Du*, was brauch ich mehr zu wissen?« (509). Durch die Vereinigung des Paars will Grabbe die in den satirischen Passagen angeklagten moralischen und sozialen Übel überwinden. Auf menschlicher Ebene bekämpft er mit den ethischen Eigenschaften, die den König für Olympia gewinnen, »die Kommerzialisierung der Lebensbeziehungen« (Hein, 8 1990b, 79). Auf poetisch-transzendenter Ebene verschafft er den Liebenden mit der Hilfe der Feenkönigin den Segen des Übersinnlichen. In der »optimistischen Zukunftsvision« (Ehrlich, 7.3 1986, 155) beider Fassungen mag er seine Stimmung nach seinen ersten dichterischen Erfolgen bzw. seiner Ankunft bei Immermann ausdrücken. Sein Versuch, »den Bruch zwischen Illusion und Wirklichkeit zu heilen« (Cowen, 8 1977, 440), gelingt jedoch nicht restlos.

Obwohl einerseits die »Befürwortung einer realistischen Auffassung der Welt« (Cowen, 8 1977, 440), andererseits »the vitality of the comic scenes« (Nicholls, 8 1969, 173) gelobt werden, ist das Stück mißlungen. Mit Recht wird kritisiert, daß Grabbe sprachlich wie strukturell »die lyrisch-idealistische und die komisch-groteske Stilschicht« (Sengle, 8 1980, 164) oder die »Welt des Wunderbaren« und »satirisch gespiegelte Realitätsfragmente« ungenügend integriere (Ribbat, 8 1990, 111). »Eskapismus« (Kopp, 8 1984, 66) wird ihm vorgeworfen, weil er der »von Eigennutz, Eitelkeit, Verstellung und materiellem Streben geprägten gesellschaftlichen Wirklichkeit« in romantischer Weise die »reine, übersinnliche Märchenwelt der Liebesgeschichte« gegenüberstelle (63). Einen Einblick in Grabbes

Dramaturgie gewährt seine Replik auf einen Einwand gegen »das vermeintl. plötzliche Entstehen der Liebe in Aschenbrödel« (VI, 276) Zwar rechtfertigt er seine sprunghafte Technik mit einem Angriff auf das Medium selbst: »Die dramatische Form, sey sie noch so keck, beschränkt zu sehr«; aber gleichzeitig bemüht er sich nachzuweisen, daß die Handlung zusammenhängender ist, als sie scheint: »Die Baronin warnt anfangs vor Olympias Interessantheit, Olympia fühlt Sehnen, der König auch (...), Feenschimmer hilft ect« (276). Wie weit diese widersprüchliche Verteidigung einer einzelnen Episode zutrifft, bleibe dahingestellt. Das Stück als Ganzes retten kann sie nicht.

## 2.2. Hannibal
Vollendet 1835, Erstdruck 1835, Uraufführung München 1918

*Hannibal* erhielt mit Recht die Bezeichnung einer »großen historischen Tragödie, die auch ein Zeitstück ist« (Steffens, 7.3 1966, 70). Neben Grabbes üblicher historischer Problematik enthält das Stück viele zeitgenössische und persönliche Motive. Als Hauptquellen benutzte er die *Parallelbiographien* von Plutarch, die *Römische Geschichte* von Livius, Charles de l'Écluses *Les Vies d'Annibal et de Scipion* (nach der italienischen Hannibal-Biographie von Donato Acciajuoli), Siegmund Jacob Baumgartens *Uebersetzung der Algemeinen Welthistorie* (...) (nach William Guthries und John Grays Weltgeschichte), Friedrich Wilhelm Dörings *Anleitung zum Uebersetzen aus dem Deutschen ins Lateinische*, Charles Rollins *Histoire ancienne (...)* und *Histoire Romaine (...)*, Friedrich Christoph Schlossers *Universalhistorische Uebersicht der Geschichte der alten Welt (...)* und Wilhelm Böttichers *Geschichte der Carthager nach den Quellen*. Mit dem Sieg des karthagischen Feldherrn Hannibal über die Römer bei Cannae, seinem Selbstmord in Bithynien und der Vernichtung Karthagos erstreckt sich die historische Handlung von 216 bis 146 v. Chr. Vor allem durch Vermischung des Zweiten und Dritten Punischen Krieges konzentriert Grabbe den langen Machtkampf zwischen Karthago und Rom in eine kleinere Anzahl entscheidender Episoden und repräsentativer Gestalten. Den Sieg Scipio Majors bei Zama und die spätere Vernichtung von Numantia durch dessen Adoptivenkel Scipio Minor verwandelt er in rasch aufeinanderfolgende Aktionen der fiktiven Brüder Scipio. Karthago läßt er, vier Jahrzehnte zu früh, unmittelbar vor Hannibals Tod untergehen. Mit seinen Änderungen wollte er das historische Material straffen und symbolträchtiger machen.

Im Konflikt zwischen Karthago und Rom gestaltet Grabbe einen prinzipiellen Gegensatz zwischen zwei politischen Systemen und übt zugleich aktuelle Gesellschaftskritik. Karthago stellt er als einen durchweg kommerzialisierten Staat dar. In den unteren Klassen zeigt sich diese Einstellung besonders drastisch im Sklavenhandel und der Geringschätzung von »Siegsnachrichten, die uns keinen Scheffel Weizen eintragen« (III, 93). In der Oberschicht wiederholt sich in den bloß auf Macht und Profit zielenden Intrigen der »Dreimänner« Hanno, Melkir und Gisgon, die einander bald heimlich in ihren politischen Machinationen unterstützen, bald wechselseitig umzubringen versuchen. Hanno sabotiert Hannibal, der durch seine Siege »zu bedeutend« werde, aufs perfideste: »Wenige schlechte Truppen, scheinbar zahlreich, geheime Befehle gegen ihn, die öffentliche Meinung für unsren guten Willen, jedenfalls besser als offner Kampf mit ihm und seiner Partei« (94-95). Melkir, der den fliehenden Hannibal aus Karthago aussperrt, stellt zynisch seinen persönlichen Ehrgeiz über das Wohl des Landes: »Die Römer konnten mir keinen größeren Gefallen erzeigen, als mit ihrem Sieg! Hannibals Name ist dahin« (136). Nur Gisgon gewinnt an Statur, als er verspätet seiner »besseren Natur« (142) gehorcht, die Frauen und Sklaven Karthagos zum Widerstand aufruft und selbst im Kampf fällt, während »Karthagos Jungfrauen und Matronen« der kühnen Alitta in den Entschluß folgen, lieber »die Stadt und sich zu verbrennen« (148), als Rom die Eroberung zu gönnen. Als eine von »Habgier« und »Mangel an sozialer Opferbereitschaft« dominierte »Marktgesellschaft« (Nieschmidt, 8 1982, 32) reflektiert Karthago Grabbes »Enttäuschung über den gesellschaftlichen Zustand Deutschlands nach der Juli-Revolution« (Ehrlich, 7.3 1986, 227-228). Die Kaufleute und Politiker, die aus Gewinnsucht Hannibal in den Rücken fallen, stellen die »ökonomischen Strukturen der bürgerlich-kapitalistischen Gesellschaft« bloß (Kopp, 8 1982, 177). Der Kapitalismus, in *Aschenbrödel* humoristisch verspottet, kehrt hier in der satirischen Brechung einer im Grunde realistischen Analyse wieder.

Einen scharfen Kontrast zu den karthagischen Intrigen bilden die Sitzungen im römischen Senat. Während die Karthager hinterhältig ihren alten Feldherrn untergraben, ernennen die Römer in offener Verhandlung die jungen, aber »im Gefecht und auf dem Forum« bewährten Brüder Scipio zu den Führern eines verläßlichen Heeres gegen »die äußere Gefahr« (III, 98). In der »in Auflösung begriffenen Wirtschaftsmacht Karthago« (Nieschmidt, 8 1951b, 61) und dem »einigen, staatlich gesinnten Rom« (63) stehen »plutokratische Selbstentfremdung und republikanischer Gemeinsinn« einander

»wie satirische Szene und ideale Norm gegenüber« (Freund, 8 1987, 255). Grabbes gewohnte Ambivalenz zeigt sich aber auch hier. Namentlich Scipio den Jüngeren wollte er während der Arbeit zu einem würdigen Antagonisten für Hannibal idealisieren: »menschlich, römisch, groß, kindlich, und doch Ein Guß.« (VI, 117). Das fertige Drama präsentiert ihn freilich anders. Terenz nennt nach der Zerstörung Numantias beide Scipionen »Ungetüme« und assoziiert den Jüngeren mit »Sturm, Mord, Feuer« (III, 103). Scipio selbst preist die römische Sitte, Kriege zu führen, »bis der eine Teil ausgerottet oder Sklav geworden« (104). Mit dem Plan, den Karthagern die Waffen abzulocken und dann die Stadt zu schleifen, erweisen sich beide »Dioskuren« als »betrügerische Rattenfänger« (141). Sie sind zwar von den »römischen Tugenden der Rationalität und des Heroismus« (Kopp, 8 1982, 184) gezeichnet, aber auch – wie etwa Sulla oder Heinrich VI. – von der »gänzlichen Fühllosigkeit und kaltblütigen Grausamkeit Grabbescher Gewaltmenschen« (F. J. Schneider, 7.3 1934, 306). Rom erinnert bei aller patriotischen Solidarität an einen »protofaschistisch disziplinierten Staat« (Klotz, 8 1990, 20).

Wie mit *Napoleon* leistet Grabbe auch mit *Hannibal* einen wichtigen Beitrag zur Entwicklung einer realistischen Dramatik, indem er statt eines Konflikts von Ideen oder Persönlichkeiten »den tragischen Widerspruch zwischen den Absichten eines heroischen Individuums und den realen sozialen und historischen Bedingungen« gestaltet (Ehrlich, 7.3 1986, 223-224). Dennoch wirkt das Stück am nachhaltigsten durch Hannibal, die ergreifendste tragische Gestalt in Grabbes Gesamtwerk. Grabbe selbst erklärte: »Den Hannibal menschlich zu machen, war 'ne Kunst, er steht in der Geschichte wie eine kalte Mythe« (VI, 156). Wie alle Grabbeschen Helden kann auch Hannibal brutal handeln, aber seine von Anfang an hoffnungslose Lage und seine »unendliche Einsamkeit im Leben und im Sterben« (Gerresheim, 8 1969, 194) erwecken Sympathie. Zwar kennt auch er keine moralischen Skrupel und keinen inneren Zwiespalt, aber er befindet sich »im Zwiespalt mit der Welt überhaupt« (Hegele, 8 1970, 240). Seinen Haß auf eine Krämergesellschaft, die ihn mit einer unzulänglichen Söldnerarmee gegen eine patriotische Übermacht ins Feld schickt, faßt er im bitteren Aphorismus zusammen: »Fechte der Satan, wo Kaufleute rechnen!« (III, 101). In seinem Friedensappell an Scipio beschwört er, müde und gealtert, wie auch andere Protagonisten Grabbes den Topos von der Wandelbarkeit des Schicksals und der Vergänglichkeit menschlicher Erfolge: »Siegst Du heut, macht es Dich glücklicher? Du hast Lorbeers genug. Verlierst Du heut, ist all Dein erworbener Ruhm dahin« (III, 133).

Eine der bewegendsten Szenen ist Hannibals Abschied von Rom. Obwohl ihm seine Heimat durch das nahende Unglück »doppelt teuer« (150) wird, erscheint ihm »die finstre Karthago und ihr heißes, trübrotes Firmament« als Gegenbild von »Italia« mit ihrem »Glanz selbst, nicht durch Mietlinge errungener (...) Triumphe« und ihren »Helden, die nur vom Ruhm und Eisen, nichts vom Gold wissen« (121). In einer zweifach tragischen Situation befindet er sich, weil er ein Land zu verteidigen hat, das durch die Niedertracht seiner Herrscher sich selbst und ihn in den Untergang treibt, und zugleich ein Land bekämpfen muß, das er liebt und bewundert. Dennoch ist er kein traditioneller Tragödienheld. Die Linie von Marius und Heinrich dem Löwen weiterführend vereinigt Grabbe in ihm Weltschmerz mit bitterem Witz und bewegt ihn »zwischen ernsthaften und lachhaften Lebenslagen« (Klotz, 8 1990, 36). Einen wichtigen Hinweis gibt er mit Scipios Bemerkung: »Was tragisch ist, ist auch lustig, und umgekehrt. Hab ich doch oft in Tragödien gelacht, und bin in Komödien fast gerührt worden« (III, 104).

Als Tragikomödie enthüllt sich das Stück am frappantesten, als Hannibal zum bithynischen König Prusias flüchtet, der ihn mit kalkulierter Überheblichkeit demütigt und trügerisch den Römern ausliefert. Wenn Prusias sich bei Hannibals Kniefall in edler Pose zeichnen läßt oder über seiner Leiche eine Zeremonie aus einem bekannten Trauerspiel vollführt, persifliert Grabbe die Ästhetik des Biedermeiers. In Prusias' dekadentem, aber tyrannischem Regime satirisiert er die politischen Praktiken der deutschen Restaurationsfürsten. Aber die Episode verkündet darüber hinaus seine traurigsten Ansichten über Geschichte und Schicksal. Wie er in einem Brief erklärt, findet der einst bewunderte Hannibal in Bithynien »das kleine Ende im unermeßlichen Chaos des Gemeinen« (VI, 148). Das sinnlose theatralische Hofritual, einschließlich der Parodie der klassizistischen Tragödie, macht selbst den Heroismus zur »absurd comedy of empty forms« (Cowen, 7.3 1972, 141). Grabbe notierte, daß er in Prusias den Dramatiker Uechtritz karikiert und ein »ehrbares Individuum, mit seinem Geist und seiner Abnormität, aus dem Leben gegriffen« habe; daran knüpfte er die Überlegung: »Wie eng hängt das Lustige mit dem Ernsten zusammen« (VI, 150). Durchaus berechtigt ist sein Selbstlob: »Hannibals Ende ist das Kühnste, was ich geschrieben. Tragisch und doch lustig« (208). Tatsächlich »schlägt« in den dissonanten Prusias-Szenen »das Tragische (...) in das Groteske um und gewinnt gerade dadurch seine letzte Furchtbarkeit« (Wiese, 8 1948, 496). Eine noch groteskere Wendung folgt der kurzen Idylle, die Hannibal bei Betrachtung der »Winzer und Winzerinnen bei der Weinlese« eine Atempause inneren und äußeren Friedens gönnt

(III, 116). Grabbe meinte hauptsächlich diese Szene, als er in einem Brief auf »einige Ruhebänke in Campaniens sonnenhellen Fluren« hinwies (VI, 137). Die »bedrohte Idylle« (Nieschmidt, 8 1973b, 62) hat aber wie immer keinen Bestand. Kaum wünscht Hannibal, zur Vollendung seines Glücks »des Bruders teures Haupt« zu sehen, wirft ihm ein Römer »den Kopf Hasdrubals vor die Füße«; als er den Bruder »umfassen« will, merkt er: »Wehe, er hat ja die Brust nicht mehr!« (III, 118). Wie Hannibal selbst die Idylle ein »Schauspiel« und die rohe Geste des Römers einen »Theaterstreich« nennt (118), so verwandelt Grabbe die Realität in eine »Theaterwelt« (M. Schneider, 8 1973, 327), in der die »sich gegenseitig durchdringenden Elemente des Grausen und Komischen« das »Chaos der Geschichte überhaupt sinnfällig« machen (331).

Daß er in seinem »allerpersönlichsten Drama« (F. J. Schneider, 7.3 1934, 287) mit Hannibals Leiden »sein eigenes Schicksal« (Sengle, 8 1980, 175) symbolisierte, fühlte Grabbe selbst. Über die autobiographische Symbolik hinaus verkündet er aber auch mit ungemeiner Gewalt sein pessimistisches Weltbild. Richtig betont die Forschung in verschiedenen Variationen das gleiche Thema vom »Untergang der Größe durch die Übermacht des Kleinen« (Wiese, 8 1948, 509), der »Tragödie des an der dumpfen und kleinherzigen Masse mit lakonischer Verzweiflung scheiternden Helden« (Martini, 8 1961, 385) oder »der großen Einzelpersönlichkeit, die an welthistorischer Wende zum Opfer der zahlreichen Gegenkräfte eines neuen Zeitalters wird« (Nieschmidt, 8 1951b, 60). Gelegentlich entdecken Forscher, nach einer positiven Botschaft suchend, in Hannibal das »ewige, von Grabbe so geliebte Heldentum« (Wiese, 8 1948, 509), im vorbildlichen Rom Grabbes »zutiefst moralische Absicht zu bessern« (Freund, 8 1986b, 87) oder im »heroischen Selbstopfer« der Karthagerinnen einen »Prozeß der Verklärung« (M. Schneider, 8 1973, 348). Im Ganzen gibt jedoch das Stück mit seiner Untergangsstimmung weder auf sozialer noch auf metaphysischer Ebene Anlaß zu einer optimistischen Deutung. Vor allem Hannibal ist nirgends der »Repräsentant einer gedachten Weltordnung oder einer Raum und Zeit transzendierenden Idee« (Oellers, 8 1987, 120). Vor seinem Selbstmord versichert er: »Ja, aus der Welt werden wir nicht fallen. Wir sind einmal darin« (III, 153), aber angesichts von Grabbes Skepsis gegenüber der immanenten Welt bietet dieser Glaube keinen Trost.

Im ersten brieflichen Zeugnis zu *Hannibal* bemerkte Grabbe: »Ich hoffe, es sind darin Nebensteige, die nicht an meinen Napoleon erinnern. Nichts schändlicher als Manier« (VI, 77). Mit seinem umfangreichen Personal, seinen über viele Jahrzehnte und von

Nordafrika bis Kleinasien verstreuten Szenen, seinem rasanten Tempo und ständigen Perspektivenwechsel erinnert das Stück an die epische Form von *Napoleon*, obwohl Hannibals unaufhaltsamer Niedergang eine andere Linie beschreibt als Napoleons Aufstieg und Fall. Grabbes »diszplinierteste Dichtung« (Gerresheim, 8 1969, 193) ist es aber dank neuer dramaturgischer und sprachlicher Methoden. Die äußerlich fünfaktige Struktur gliedert sich in »drei Bewegungsphasen«: die erste stellt die »widerstreitenden Mächte« Karthago, Rom und Hannibal vor; die zweite enthält »zwei parallele Handlungsstränge«, die sich in Hannibals Niederlage bei Zama treffen; die dritte schließt die Handlung mit Hannibals und Karthagos »doppelter Katastrophe« (Nieschmidt, 8 1951b, 67-68). Den »notwendigen Untergang des Titelhelden und seiner unheroischen Vaterstadt« entwickelt Grabbe durch die »dramaturgischen Mittel der kontrastiven Szenenanordnung und Motivvariation« (Nieschmidt, 8 1982, 33). Neben einer relativen Kohärenz stehen aber auch Diskontinuitäten. Obwohl die kurzen Szenen »den gesellschaftlichen Hintergrund (...) streng im Hinblick auf die Lösung des dramatischen Konflikts erhellen« (Ehrlich, 7.3 1986, 228), bleibt Hannibal, dem Grabbe nur »zwei direkte Konfrontationen« mit Scipio und Prusias und überhaupt keine »dialogische Auseinandersetzung« mit Hanno, Melkir oder Gisgon gewährt, weitgehend von seinen Gegnern »isoliert« (Ehrlich, 8 1986a, 2017). Zwar erreicht er durch ein stärker »aufeinander abgestimmtes Spiel und Gegenspiel« (Hegele, 8 1970, 231) und durch »die Sprachstilisierung, die das ganze Drama einheitlich überzieht« eine größere »Geschlossenheit« (240) als in *Napoleon*, aber sein Versuch eines »Ausgleiches zwischen Epochendarstellung und überhöhter Heldendarstellung« gelingt »nicht vollkommen« (241), weil die »Demonstrierfunktion« und »Zustandsdarstellung« in den einzelnen Episoden die »Finalität« der Gesamthandlung verdrängen (236).

Besonders gerühmt wird die Massenszene auf dem Marktplatz in Karthago, in der »die Handelsbürger, die Krämer und Kaufleute, als die entscheidenden retardierenden Kräfte« polyphon aneinandergereiht »der Politik des Ausnahmeindividuums entgegenstehen« (Kopp, 8 1982, 174) und Grabbe die »nicht naturalistische, sondern lakonisch-stilisierte (...) totale Erfassung historischen Milieus« in eindrucksvollster Weise bewerkstelligt (Ehrlich, 8 1986a, 2019). Seine Vorliebe für Schlachtszenen dagegen zügelte Grabbe diesmal, denn er »fürchtete Einton«, wenn er »wieder die Bataille unmittelbar vorrückte« (VI, 158-159). Nur die Schlacht bei Zama läßt er über die bloße Erwähnung hinaus in einer Teichoskopie austragen. Allerdings hoffte er nicht ohne Grund, daß die Beschreibung »größer ist, als der Hr. Pförtner u. sein Sohn, die da empfangen und beschreiben« (158). Von der »Warte« eines Stadttors berichtet der Pförtner bald objektiv, bald entsetzt über das »Gewürg und Gemetzel«, während der Knabe bei den verschiedenen Waffenarten an einen »Stacheligel« oder an »Großmutters Haare« denken muß (III, 134). Durch die Optik der einfachen Leute wird der vorher als »tragisch« (104) beklagte Krieg ironisch demaskiert.

In sprachlicher Hinsicht erreicht Grabbe in *Hannibal* den Höhepunkt seiner vielgerühmten »Lapidarprosa« (Duller, 7.3 1838, 64). Schon in *Napoleon* hatte er sich von seiner Neigung zu »überhitzter Deklamation« abgewandt und ungeschminkt »das Charakteristische« herausgearbeitet (Böttger, 7.3 1963, 335). In *Hannibal* entwickelt er diese »auf Antiidealismus eingeschworene kurze, harte, sachliche Prosa« (337) noch weiter. Vornehmlich in den Reden Hannibals »verdichtet sich« der »neue lakonische Stakkatostil, der das ganze Stück sprachlich prägt« (335). Neben eine »rhythmisierte, wohldurchkonstruierte Prosa« stellt Grabbe einen »skeletthaften« parataktischen »Nominal- und Partikularstil« (M. Schneider, 8 1973, 320-321), den die Bezeichnung »a masterful exercise in understatement« genau trifft (Cowen, 7.3 1972, 143). Reagierte die ältere Forschung noch zwiespältig auf die Mischung von Pathos und Sarkasmus, realistischen und surrealen Bildern, gehobenen und vulgären Sprachebenen, so zählen inzwischen die »Stil-Wechselbäder« (Klotz, 8 1990, 32) zu Grabbes originellsten und wirkungsvollsten Zügen.

## 2.3. Das Theater zu Düsseldorf
Entstanden 1835, Erstdruck 1835

*Das Theater zu Düsseldorf mit Rückblicken auf die übrige deutsche Schaubühne* besteht aus 16 Aufsätzen, in denen Grabbe nach einem kurzen Bericht über das Theater in Frankfurt a. M. das Düsseldorfer Stadttheater vorstellt und ausgewählte Dramen- und Opernaufführungen rezensiert. Seine locker aneinandergereihten Urteile – über schauspielerische Leistungen, Regie, Bühnenbild und Publikumswirkung, über einzelne Stücke als Unterhaltung und Literatur oder über allgemeine organisatorische und künstlerische Aspekte des Theaters – ergeben wie immer keine umfassende Theorie. Sie zeigen aber viel »Verständnis für spielplanpolitische und ensemblebildende« sowie »theatersoziologische und -ästhetische Fragen« (Ehrlich, 7.3 1986, 208). Im Gegensatz zur Mehrzahl seiner kritischen Arbeiten ist Grabbes Ton hier relativ gemäßigt. Mit seinen positiven Stellungnahmen wollte er sich bei Immermann einschmeicheln, aber sie entsprachen auch dem Optimismus seiner ersten Monate in Düsseldorf.

Grabbe befolgte Immermanns Empfehlung, persönliche Ausfälle zu streichen, detaillierte Rezensionen auf die Hauptwerke zu beschränken und die Bemühungen der Leitung um ein wertvolles Repertoire und vollendeten Vortrag zu betonen. So wurde die Abhandlung zu »einem ausgeklügelten literarischen Konstrukt«, dessen »Hauptzweck neben der Vermittlung von Informationen« eine »bestimmte Wirkungsabsicht« – nämlich Propaganda für Immermann - war (Hasubek, 7.2 1988, 24). Das Theater nennt Grabbe eine »Musteranstalt« (IV, 132). Im Kontext von Kunst und Geschäft begrüßt er den Umstand, daß die Aktiengesellschaft, in deren Verwaltungsrat auch Immermann saß, »das Tagesbedürfniß zu befriedigen, aus demselben aber immer zu höheren Gestaltungen aufzustreben« (134) suchte. Die Wichtigkeit von gepflegtem Ensemblespiel und Werktreue betont er, indem er Immermann preist, durch Engagement »bedeutender Talente« und durch »wiederholtes Einstudiren, mannichfache Generalvorlesungen, Leseproben für Einzelne, möglichste Erregung der Seelen für Poesie« die notwendigen Bedingungen geschaffen zu haben, das »Kunstwerk so dargestellt zu erblicken, als es gedichtet ist« (134). Besonderes Gewicht legt er auf die Entfaltung der »Macht der Rede« (146) im Theater.

Grabbes Einzelrezensionen bieten neben manchen scharfsichtigen Analysen nützliche Anhaltspunkte zur Interpretation seiner eigenen Werke. Bei Calderons *Leben ein Traum* gibt er einen aufschlußreichen Hinweis zur eigenen Geschichtsdramatik:

»Wozu Dichtkunst, lehrt sie nur auf Umwegen Geschichte? (...) der Dichter (...) nimmt aus der Welt, die ihm nur Material zu seiner Production ist, das, was ihm zur Vollendung seines Werkes nöthig scheint, setzt aus seinem Geist hinzu, was ihm geziemend dünkt (...). Er bittet: nur zu beurtheilen, ob seine Schöpfung an sich schön? nicht aber sie nach den Thatsachen und Schöpfungen außer ihr zu kritisiren« (IV, 127-128).

Bei *Hamlet* scheint er im Helden sich selbst zu charakterisieren: »Hamlets Gefühl ist zu stark, als daß es anders, als in Ironie, Witz, Bitterkeit, ja ingrimmiger Bosheit zu Tag kommt« (141). Bei *Stella* verrät er erneut seine Verachtung der »genialen Gewandheit« (142) Goethes und bei dem »so von Gefühl und äußerer Natur durchwebten« *Wallenstein* seine Liebe zu Schiller (150). Bei *König Johann* scheint er mit der Würdigung von Shakespeares sprachlichen »Grillen und Eigenthümlichkeiten« (154) seine eigenen Extravaganzen legitimieren zu wollen. Bei Immermanns *Alexis* erkennt er die auch für ihn gültige Problematik der Darstellung historischer Helden und ihrer Umgebung: »Immermann hatte die Aufgabe, alle Stürme des Volkslebens, der Intrigue der Großen, und doch die Herzen der Einzelnen (...) zu schildern« (157). Bei Tiecks *Blaubart* scheint er bewußt seine eigenen realistischen und episierenden Tendenzen zu verleugnen, wenn er die Wiedereröffnung der »Thore der Romantik« verherrlicht und ähnlich wie in *Über die Shakspearo-Manie* bemerkt: »Ein concentrirender Aufzug ist uns jetzt lieber, als fünf weitläuftige, seien sie noch so schön« (161-162). Im Ganzen ist die Abhandlung trotz gelegentlicher Entgleisungen eine ernstzunehmende theatergeschichtliche und -kritische Arbeit.

## 2.4. Der Cid
Entstanden 1835, Erstdruck 1845, nie aufgeführt

Das Libretto *Der Cid* für eine von Norbert Burgmüller zu komponierende »große Oper in 2-5 Akten« (II, 523) ist ein Gelegenheitsprodukt ohne künstlerischen Anspruch. Ursprünglich plante Grabbe, »à la Cervantes durch eine wirklich im Ganzen poetische Oper auf die Erbärmlichkeit der jetzt existirenden, in Ernst und Komik aufmerksam zu machen« (VI, 228). Im fertigen Text ist von Poesie nichts zu spüren. Grabbe ruft *Scherz, Satire* und *Aschenbrödel* in Erinnerung, indem er den aus spanischen und französischen Romanzen und Corneilles Tragödie bekannten Stoff zu einer Travestie der heroischen Liebes- und Ritteroper entwickelt und märchenhaft-phantastische Elemente mit aktueller Kulturkritik verknüpft. Die dramatische Struktur löst er in eine Vielzahl kurzer und handlungsmäßig wenig motivierter Auftritte der zusammengewürfelten Personen auf. Dialoge und Arien formt er aus holprigen Versen mit fehlerhaften Reimen, unpassenden Metaphern und abrupten Übergängen vom Pathetischen zum Banalen oder Kruden. Seine eigenen Schlachtszenen parodiert er, wenn er den »Cid zu Schaf« (II, 540) anreiten oder mit »hier zwölf Statisten« und »dort neun« (533) Hunderttausende von Gegnern besiegen läßt. Wiederholt bringt er bekannte Persönlichkeiten des zeitgenössischen Opern-, Theater- und Literaturlebens auf die Bühne, wo sie Kommentare abgeben und mit den Darstellern diskutieren, die ihrerseits aus ihren Rollen fallen und sich selbst als Schauspieler und Sänger markieren. Burgmüller präsentiert sich ebenfalls in eigener Person und wird von Chimene um »einige Flötentöne, dann ein Paar Donnerschläge, dann wieder Süßigkeiten, und zuletzt den Finalschweif« (II, 531) gebeten und vom Cid aufgefordert: »Komponiere mich, so daß ich

aussehe, wie es einem mit Vernunft verliebten Feldherrn ziemt«
(525). Obwohl »letzten Endes die Parodie als unfreiwillige Parodie
auf die Parodie erscheint« (Hegele, 8 1970, 33), ist *Der Cid* ein echtes Produkt Grabbescher Ironie. Die Verbindung von Satire und
Verfremdung mit dem »vollendeten Blödsinn« (F. J. Schneider, 7.3
1934, 318) ist ein weiteres Beispiel des Grotesken und Absurden,
das alle seine Dramen kennzeichnet.

## 2.5. Goethe's Briefwechsel mit einem Kinde
Entstanden 1835, Erstdruck 1900

Grabbes erst postum veröffentlichte Rezension der Korrespondenz
zwischen Bettina von Arnim und Goethe, die sie unter dem Titel
*Goethe's Briefwechsel mit einem Kinde* herausgab, ist noch boshafter
und gedanklich bedeutend ärmer als seine frühere Besprechung des
Briefwechsels von Schiller und Goethe. Die wüstesten Beschimpfungen widmet er Bettinas »Schmierereien« (IV, 245), aber im Grunde
spricht aus dem Aufsatz in erster Linie der Neid auf den erfolgreichen Patrizier Goethe, wie er »dem sozialen, geistigen und ästhetischen Außenseiter Grabbe in böse zugespitzter Weise erscheint«
(Ehrlich, 7.3 1983, 214). Bezeichnend nennt er Goethe einen »zum
Höfling gewordenen Kaufmannssohn« und beschuldigt ihn, mit
Hilfe von »Schooshündchen« sich »förmlich zu einem Gott einnim-
busirt« zu haben (IV, 246-247). Zwar enthält seine Polemik schwache Spuren einer künstlerischen und politischen Tendenz, die bei
anderen Autoren der Vormärzzeit und anderswo auch bei ihm selbst
in seriöserer Form hervortritt. Die »Schimpfkanonaden« (Höhle, 8
1970, 87) dieses Aufsatzes können jedoch nirgends als ernsthafte
Kritik, sondern nur als Ausdruck einer maßlosen subjektiven Erbit-
terung angesehen werden.

## 2.6. Beiträge zum »Düsseldorfer Fremdenblatt«
Entstanden 1835-1836, Erstdruck 1836

Grabbes Beiträge zum *Düsseldorfer Fremdenblatt* umfassen 36 Rezensionen von Aufführungen des Stadttheaters und sechs andere Feuilletons. Seine im Vergleich mit dem *Theater zu Düsseldorf* bedeutend
negativeren Kritiken zeigen die Verschlechterung seiner Beziehungen
zu Immermann und seiner allgemeinen Stimmung. Vor allem in seinen Schmähungen gegen zeitgenössische Stücke – etwa von Raupach, Iffland, Eduard von Schenk, Carl Friedrich Töpfer oder Vic-

tor Hugo und Eugène Scribe – verrät sich sein »unversöhnlicher Haß auf Autoren, deren Werke (...) den eigenen Dramen vorgezogen wurden« (Ehrlich, 7.3 1983, 210). Über Klassiker äußert er seriösere Einsichten, die teils an *Über die Shakspearo-Manie* erinnern. An *König Lear* rügt er »die närrischen Grundlagen« (IV, 168) der Exposition. Zu *König Johann* bemerkt er: »Sollen wir Deutschen aber Shakspeares oft fehlgeschlagene Berechnerei immer über Schillers flammende Begeisterung stellen?« (191). *Romeo und Julia* scheint ihm »mehr voll von Witzeleien und Phrasen als von wahrem Gefühl« (207). Wieder gelten seine Einwände aber weniger Shakespeare selbst als der romantischen Shakespeare-Rezeption von Tieck, der »nichts von der Sache versteht«, und seiner Anhänger, die ihm wie »ein Haufen zweibeiniger Schaafe« folgten (207). Bei *Maria Stuart* stellt er Schillers idealistischer Konzeption eine historisch-politische Analyse von Elisabeths Handlungen gegenüber, lobt aber die Streitszene der Königinnen, wo Schiller seine »oft zu begeisterte Auffassung der Menschen und Verhältnisse, so wie nirgend anders mit Wahrheit und Natur versetzt« habe (200). Den Rezensionsbetrieb persifliert er in der letzen Kritik, die er schreibt, »ohne das Stück je gelesen, gesehen oder gehört zu haben« (217). Von den übrigen Feuilletons sind drei besonders nennenswert: der Nachruf auf den »behinderten Genius« (226) Burgmüller; das realistische Bruchstück der Erzählung »Konrad« (229); und die Besprechung eines Gedichts von Hermann Kunibert Neumann mit ihren Angriffen auf Heine, der je »nach Umständen Jude, Christ, monarchisch, republicanisch« sei und der »jetzt in Paris critisirt und kannegießert über Dinge, von denen er nichts versteht.« (224). Die Rezensionen insgesamt machen Grabbes scharfsichtige literarische, dramaturgische und bühnentechnische Erkenntnisse trotz ihrer Boshaftigkeit zu einem beachtenswerten »Zeugnis seines unerbittlichen Kampfes gegen den Niveauverlust der deutschen Dramatik und des Theaters« seiner Zeit (Ehrlich, 7.3 1983, 212-213).

## 2.7. Die Hermannsschlacht
Entstanden 1835-1836, Erstdruck 1838,
Uraufführung Detmold 1936

Den Anstoß für *Die Hermannsschlacht* erhielt Grabbe weniger von der historischen Gestalt des Cheruskerfürsten Arminius, der im Jahr 9 n. Chr. im Teutoburger Wald die Römer besiegte, als von seinen persönlichen Jugenderinnerungen an die lippische Landschaft und ihre Bewohner. Die Arbeit machte ihm große Mühe; in seinem

Nachlaß fanden sich 102 fragmentarische Entwürfe, die zusammen mehr als doppelt so lang sind wie die endgültige Fassung. Die Hauptgründe waren wohl sein körperlicher und geistiger Verfall und die Fülle undramatischen Materials. Als Hauptquellen benutzte er Christian Gottlieb Clostermeiers *Wo Hermann den Varus schlug*, Wilhelm Gottlob Levin von Donops *Historisch-geographische Beschreibung der Fürstlich Lippischen Lande in Westphalen*, Heinrich Ludens *Geschichte des teutschen Volkes*, Tacitus' *Annalen*, H. A. Meidners *Monumenta Lippiaca* und Wilhelm von Coellns *Historisch-geographisches Handbuch des Fürstentums Lippe*. Wie vertraut er mit früheren Bearbeitungen des Arminius-Stoffs war, ist nicht bekannt; über Kleists Drama bemerkte er: »Mein Armin wird aber ganz anders« (VI, 197). Affinitäten zu Schillers *Wilhelm Tell* sind kaum zufällig.

In den Beziehungen zwischen Hermann und den Germanen dramatisiert Grabbe wieder in charakteristisch ambivalenter Weise die Dialektik des großen Einzelnen und seines Volkes. In Rom ausgebildet und scheinbar dem römischen Reich ergeben, ist Hermann von Haß gegen die »Tyrannei« (III, 336) der Römer über sein Land erfüllt. Im Sinn der zentralistischen Bewegungen von Grabbes eigener Zeit will er die germanischen Gebiete, die er anachronistisch »Deutschland« nennt, befreien und vereinigen, aber sein patriotisches Ideal stößt auf das Unverständnis der Menge: »Wo liegt das Deutschland eigentlich? (...) wir sind Marsen, Cherusker (...), Brukterer, Tenkterer« (353). Das Gleiche widerfährt seinem Plan, nach dem Sieg gegen »Rom selbst« zu ziehen: »Was geht uns Rom an. Wir haben seine Soldaten und Schreiber jetzt vom Halse. Wir können nun ruhig nach Hause gehen« (376). Hermann selbst erklärt sich zwar – wie früher Marius oder Heinrich der Löwe – mit seinen Landsleuten solidarisch: »Welch ein Dummbart wär ich, wollt ich was sein ohne mein Volk?« (346). Aber er empfiehlt nach dem Krieg ein Leben »auch im Frieden unter einem gemeinschaftlichen Oberhaupt«, so daß die Herzöge befürchten, er könnte »eine Art König« (367) werden. Wenn er, statt auf dem Eroberungszug zu bestehen, alle »zum Schmaus« (376) einlädt, aber der Erfüllung seiner imperialistischen Hoffnungen »nach Jahrtausenden« (367) entgegensieht, vermeidet Grabbe einen tragischen Ausgang, läßt aber das Verhältnis von Führer und Volk ungeklärt. Auf eine moralische Beurteilung seines Helden verzichtet er wie immer. Als Hermann den blutigen Verrat an den Römern vorbereitet, bewundert ihn die »Walküre« (349) Thusnelda grenzenlos. Den Vorwurf eines alten Germanen, er habe »den Kaiser jahrelang getäuscht«, pariert er: »Ich gebrauchte gleiche Waffen gegen gleiche« (346). Ob Befreiung der

Gemeinschaft oder die Macht des Einzelnen, der Zweck heiligt ihm – wie Sulla, Heinrich VI. oder Napoleon – die Mittel.

An Hannibal erinnert das Schicksal des römischen Oberbefehlhabers Varus. Auch er scheitert, von seinem Feind betrogen und von seinen Vorgesetzten im Stich gelassen, einsam in der Fremde. Wie alle Helden Grabbes hat er keinen transzendenten Glauben, findet jedoch angesichts des Untergangs einen Halt im eigenen Heldentum: »Was Tod, was Leben? Firlefanzerei (...). Es ist alles eins, nur meine Ehre nicht« (374-375). Absurdität und Heroismus verschmelzen tragikomisch, als ihn mitten in der Schlacht der Schreiber mit einer trivialen Unterschrift belästigt oder als er sich nach Hermanns Versprechen, er würde als Gefangener »gut behandelt werden«, mit dem grimmigen Witz »Danke! Ich behandle mich lieber selbst« in sein Schwert stürzt (375).

Die Reihe der Grabbeschen »Kulturkämpfe« (Cowen, 8 1977, 452) – Nord gegen Süd in den *Hohenstaufen* und *Don Juan und Faust*, afrikanische Barbarei gegen europäische Zivilisation in *Gothland*, karthagische Dekadenz gegen römische Disziplin in *Hannibal* – schließt der Konflikt zwischen Germanen und diesmal negativ gezeichneten Römern. Am schärfsten kontrastieren die beiden Völker in ihrer Haltung zu Landschaft und Klima. Die Römer fühlen sich im Teutoburger Wald dauernd von »Schneegewirr und Baumgeschling«, »Nebelstreifen und Frost« (III, 321-322) bedroht, wogegen die Germanen sich brüsten, »an Sturm, Regen und Schnee gewöhnt« (341) zu sein. In den Kampfhandlungen behindern die Römer »bald schwellende Bäche, bald klebrigter Sand, regentriefende Wälder und morastige Wiesen«, während die Germanen die überlegenen Positionen »oben auf den Bergen« finden (344). So erliegen die Römer nicht zuletzt der Natur, die Grabbe realistisch reproduziert und zugleich mythologisiert. Im Gegensatz zu den bodenständigen Germanen zeigen sie die »Anzeichen eines überzivilisiert-dekadenten Verhaltens im Sinne undifferenzierter legalistischer Praktiken, starrer Hierarchisierung und administrativen Leerlaufs« (Freund, 8 1987, 256). Namentlich die Gerichtsszene, wo der brutale Prätor und der bürokratische Schreiber den Germanen ihre ungerechten Entscheidungen aufzwingen, enthüllt nicht nur grundlegende Unterschiede der Mentalitäten, sondern auch die Willkürherrschaft einer Besatzungsmacht, die ihre Untertanen insgesamt als »Vieh« apostrophiert (III, 328).

Von der traditionellen fünfaktigen Struktur entfernt sich Grabbe in diesem Stück am deutlichsten, indem er die »drei Bewegungsphasen« auch äußerlich durch einen »dreiteiligen Aufbau« kennzeichnet (Nieschmidt, 8 1951b, 71). Der »Eingang« enthält sieben Szenen, die in verschiedenen Gegenden des Teutoburger Waldes und in Hermanns Wohnung spielend die politische Lage in der besetzten Provinz exponieren. Sie zeigen Grabbe »als Meister bei der Gestaltung (...) eines gärenden historischen Weltzustandes, der die große kämpferische Auseinandersetzung gleichsam aus sich heraustreibt« (Nieschmidt, 8 1978, 18). Der Hauptteil umfaßt drei Tage und Nächte von der ersten Meuterei Hermanns bis zum Sieg der Germanen und Varus' Selbstmord. Diese »fortwährende Schlacht mit abwechselndem Glück« (III, 372) gestaltet Grabbe – bis auf einige besinnliche Augenblicke – mit einer Dynamik, die selbst *Napoleon* übertrifft. Neben Auftritten kleinerer Gruppen von Offizieren und Soldaten lassen seine Regieanweisungen ganze Legionen in einer ausgedehnten Landschaft komplizierte Manöver ausführen und heftig aufeinanderstoßen. Indem er in einer Vielzahl kurzer, ohne erkennbare Kausalität abrollender Episoden von Ort zu Ort und von Gefecht zu Gefecht springt, erweckt er den Eindruck einer hastigen physischen Bewegung, die erneut den Film vorwegnimmt. Seine exakten strategischen und topographischen Angaben erzeugen einen realistischen Effekt, aber die Verkürzungen und Raffungen, die er benutzt, um die Totalität der Schlacht wiederzugeben, verzerren die Ereignisse ins Groteske und Irrationale. Im epilogartigen »Schluß« kündigt der sterbende Augustus mit der Verbindung von Hermanns Sieg und der Geburt Christi weitere welthistorische Zusammenhänge an: »Es beginnt eine neue Zeit. Nicht bloß aus dem Norden, auch aus Osten naht sie« (380). In einem Brief bemerkte Grabbe:

»Ich gehe in meinen Stücken stets auf einen Punct. Ein Punct wird spitz, wie der Straßburger Münster in seiner Höhe. Doch eben um diese Spitze zu erreichen muß man breit unterbauen. Das hab' ich in etwas gethan, und den letzten Acten im Schlusse (zu Rom) noch einen Haarbeutel oder Windfahne angehängt, welche nicht ohne Erfolg rauscht« (VI, 347).

Den Unterbau erkennt man hier wie in anderen Dramen Grabbes in der epischen Darstellung geschichtlicher Situationen. Eine einzelne Spitze läßt sich bei ihm allerdings nirgends leicht identifizieren, und dieser dramatisch ungenügend motivierten Schlußepisode im besonderen fehlt die Überzeugungskraft. Obwohl man sie als »Fluchtpunkt der dramatischen Handlung« und »Integrationspunkt der konzentrischen Bild- und Symbolstruktur« (Nieschmidt, 8 1978, 16) sehen wollte, ist sie eher eine »äußerliche Zutat« (F. J. Schneider, 7.3 1934, 333) oder ein »hegelianisches Einsprengsel« (Sengle, 8 1952, 171).

Die Mehrdeutigkeit des Stücks spiegeln die divergenten Interpretationen. Bei Hermann und den Germanen legen optimistische

Deutungen das Hauptgewicht auf das »Zusammenwirken von Held und Volk inmitten der vertrauten heimatlichen Landschaft« (Sengle, 8 1980, 176). Grabbe erkenne »die geschichtsbildende Kraft des Volkes« und gestalte die »Übereinstimmung der Interessen von Individuum (...) und Gesellschaft (...) als Voraussetzung für erfolgreiche historische Aktionen« (Ehrlich, 7.3 1986, 235-236). Für die Schlußszene insbesondere hat man eine für Grabbe neue »Glaubenshaltung« (Brüggemann, 8 1986, 117) und »Perspektiven sinnvoller Gegenwart und Zukunft« (M. Schneider, 8 1973, 387) reklamiert. Nach pessimistischen Deutungen dramatisiert er aber einmal mehr »das vergebliche Ringen des großen (...) Menschen mit der Vergänglichkeit aller irdischen Dinge und mit der Begrenztheit der ihn als Zeitgeist und Massenwirkung niederzwingenden Gegenkräfte« (Wiese, 8 1948, 512). Indem die »heroische Tat (...) von der Mediokrität der Verhältnisse aufgesogen« werde, verkünde er wieder »seine Auffassung, der Sinn der Geschichte sei nicht erkennbar und wahrscheinlich gar nicht vorhanden« (Oellers, 8 1987, 126). Ferner wird von »Heimatskunst« (F. J. Schneider, 7.3 1934, 319) und »Heimatdichtung« (Michelsen, 8 1980, 284) gesprochen. In Grabbes »Konstruktion eines patriarchalisch-harmonischen Gesellschaftsideals« erkannte man das »konservative Denken der Zeit« wieder (Kopp, 8 1982, 190-191). Als »für die faschistische Propaganda besonders geeignet« (Ehrlich, 8 1986b, 89) erwiesen sich die chauvinistischen Tendenzen des Stücks unter den Nazis.

Qualitativ fällt *Die Hermannsschlacht* hinter *Napoleon* oder *Hannibal* zurück. Zwar hat man sich bemüht, in der Metaphorik eine »in Ansätzen sichtbare motivische und symbolische Integrationsabsicht« (Brüggemann, 8 1986, 103) nachzuweisen und lobend bemerkt, daß das Stück »in formaler Hinsicht die reinste Ausprägung des neuen Dramentypus darstellt, den Grabbe seit dem Jahre 1830 in zunehmendem Maße realisiert« (Nieschmidt, 8 1951b, 71). Dominant bleiben jedoch die »Spannungslosigkeit« und »Bühnenunfähigkeit« (Porrmann, 6.3 1872, 41-42), weil die »auflösenden Elemente« entscheidend gegenüber denen überwiegen, die »noch Geschlossenheit und Einheit erreichen wollen« (Hegele, 8 1970, 244-245). Richtig wurde bemerkt, daß die »Verbindung zwischen dem Geschichtlichen und der Natur« nirgends über »das Rhetorische« hinausgehe (M. Schneider, 8 1973, 363) und »das Heroische und das Idyllische« sich »nicht fugenlos« verbinde (382); weil Grabbe »das Verhältnis des Helden zu seiner Umwelt nicht mehr primär polarisiert-dialektisch, sondern organisch-untergeordnet« gestalte, habe sich »der dramatische Impuls seines ganzen Schaffens zum Nachteil der Kunst aufgehoben« (387-388). Unbefriedigend ist schließlich der Prosadialog, der keinen Ausgleich zwischen dem nüchternen, stellenweise humoristischen Alltagsidiom der Genre- und Soldatenszenen und dem Pathos von Hermanns rhetorischen Höhenflügen zu treffen vermag. Es ist eine der traurigsten Tatsachen in Grabbes traurigem Leben, daß es ihm in seinem letzten und ehrgeizigsten Werk nicht mehr gelang, die Kluft zwischen seinen an sich schon widersprüchlichen gedanklichen Intentionen und deren künstlerischer Verwirklichung zu überwinden.

# III.
# Forschung

# 1. Interpretation und Wertung

## 1.1 1827-1945

Grabbe war nie das verkannte Genie, als das man ihn oft dargestellt hat. Obwohl das zeitgenössische Theater seine Dramen ablehnte, errangen sie bei der Literaturkritik beträchtliche Erfolge, die nach seinem Tod in vielen Nachrufen bestätigt wurden. Auch namhafte Dichter wie Tieck und Immermann schätzen sein Talent hoch. Besonders positiv beurteilten ihn, teils aus ihrer eigenen politischen Sicht, die Jungdeutschen. Hermann Marggraf nannte ihn einen »Buonarotti der Tragödie« (*Bücher und Menschen*, Bunzlau 1837, 222), und Karl Gutzkow meinte, er habe »in der ästhetischen Agonie der Restaurationsperiode die Erinnerung an Shakespeare und Goethe wach erhalten« (Ehrlich 7.3 1983, 69). Heine titulierte ihn als »einen betrunkenen Shakespeare« (*Memoiren*, Bergmann, 7.1 1968, 24). Dagegen warf ihm etwa Hebbel eine leere »Hypergenialität« vor (*Tagebücher*, 10. Nov. 1846). Als erste ausführlichere Darstellungen seines Lebens und Charakters erschienen die Skizzen von Ernst Willkomm (Willkomm, 7.1 1837) und Immermann (Immermann, 7.1 1838) sowie die Biographien von Eduard Duller (Duller, 7.3 1838) und Karl Ziegler (Ziegler, 7.3 1855).

Die klassizistisch und moralistisch orientierte Literaturwissenschaft des 19. Jahrhunderts verdammte Grabbes Werk zusammen mit seinem Lebenswandel. Friedrich Theodor Vischer bezeichnete ihn als einen »Schnappslump«, der sich »zu einem Kraft und Saftgenie aufblasen wollte« (*Kritische Gänge*, 1844, I, 63). Laut Georg Gottfried Gervinus war in ihm »der reine Kunsttrieb (...) augenscheinlich ganz verloren« (*Geschichte der deutschen Dichtung*, 1853, V, 633). Wilhelm Scherer fand ihn »bloß lächerlich« (Scherer, 8 1883, 15. Aufl. 1922, 793). Noch im 20. Jahrhundert begegneten Formulierungen wie »Renommist der Größe und des Dichtens« (Fechter, 8 1932, 585), »Originalitätssucht eines Clowns« (Ermatinger, 8 1949, 607), »Grimassen der Impotenz« und »Karikatur eines Genies« (Walter Muschg, *Tragische Literaturgeschichte*, 3. Aufl. 1957, 268).

Als in der Gründerzeit und der wilhelminischen Epoche nationalistische und naturalistische Kreise auf Grabbe aufmerksam wurden, entstanden mehrere Gesamtausgaben der Werke. Ihnen folgte während der ersten drei Jahrzehnte des 20. Jahrhunderts eine Reihe von Dissertationen über einzelne Dramen oder allgemeinere Fragen. Gleichzeitig wurde Grabbe durch Dichter des Expressionismus und Surrealismus und das Theater der Weimarer Republik entdeckt. Georg Heym notierte: »Ich liebe alle, die in sich ein zerrissenes Herz haben, ich liebe Kleist, Grabbe, Hölderlin, Büchner (...). Ich liebe alle, die nicht von der großen Menge angebetet werden« (*Tagebuch*, 20. 7. 1909). Brecht stellte Grabbe, neben den Elisabethanern, Lenz, dem jungen Goethe und Schiller und Büchner, in die Entwicklungslinie zu »gewissen Versuchen des epischen Theaters« (Ehrlich, 7.3 1983, 125). Die erste bedeutende Gesamtdarstellung veröffentlichte ein Jahr nach der Machtergreifung Hitlers Ferdinand Josef Schneider. Sein Buch enthält, abgesehen von einer Anzahl Nazi-Klischees, wertvolle Kommentare zu allen Werken. Das »maßlose Selbstgefühl« Grabbes deutet Schneider als »Überkompensation innerlich hemmender Unzulänglichkeitsgefühle« (F. J. Schneider, 7.3 1934, 9-10), und hinter Grabbes ständigem »Konflikt zwischen Verstand und Gefühl« (12) vermutet er eine durch »Trunksucht« gesteigerte »psychopathische Erbanlage« (5). Grabbes Dramen drückten, einer »stark pessimistischen Geschichtsauffassung« gemäß, die Überzeugung aus, »daß auch das Werk der größten Einzelpersönlichkeit der Macht der Zeit und des Todes, dem Ansturm der Masse und der Feindseligkeit des Kleinen und Gemeinen erliegt« (15). Wie Grabbe im Dritten Reich für die nationalsozialistische Kulturpropaganda vereinnahmt wurde, zeigt Kapitel III.2.2.

## 1.2 1946-1969

In einer einflußreichen Interpretation charakterisierte kurz nach dem zweiten Weltkrieg Benno von Wiese Grabbe als den ersten deutschen Dichter der »Tragödie des Nihilismus« (Wiese, 8 1948, 455). Die Nihilismus-These ist inzwischen umstritten, als gesichert gilt jedoch von Wieses weitere Einsicht, daß es »in der gesamten deutschen Dichtung keinen so geschichtsunmittelbaren Dramatiker wie Grabbe« (469) gebe. Als Grundstimmung vor allem der Jugendwerke Grabbes erkannte von Wiese den zeittypischen »Weltschmerz« (465), der in *Gothland* und *Scherz, Satire* ebenso wie in *Don Juan und Faust* die Werte der »idealistischen Bühne« ins »Groteske, Schauerliche und Lächerliche« (464) umbiege. Als Grabbes wichtigste Leistung sah er jedoch die Entwicklung eines von Shakespeare beeinflußten Geschichtsdramas, in dem ein »neuzeitliches (...) Geschichtserlebnis zum Durchbruch gelangt« (457). Infolge der »Befreiung von der klassisch-romantischen Ideenwelt« erlebe Grabbe die Geschichte »nicht als zeitlosen Gedanken, sondern als räumlich landschaftliche Gliederung und zeitliche Dynamik; nicht als metaphysische Bestimmung des Menschen, sondern als Zusammenspiel von überpersönlicher Konstellation und persönlicher, im Willen des großen Einzelmenschen zusammengeballter Energie« (469). Neben die »einmaligen Geschichtsheroen« stelle er die »geschichtsbildend« wirkende »Vielheit der Personen, Stände, Volksgruppen« (472). Dabei entfalte er mit den »neuen Stilmitteln der perspektivischen Verkürzung der Situationen und ihrer rhythmischen Szenenfolge« eine konzentrierte, »fast kinoartige Dramatik«, die sich um die »künstlerische Gestaltung« der »Wirklichkeit selbst« bemühe (472-473). Die »Wurzeln« aller seiner Geschichtsdramen seien »Heroenkult und Epochendichtung«, und seine frühen »Übermenschen« kehrten in den Geschichtsdramen wieder als die »heldischen Seelen«, die mit der »geschichtlichen Wirklichkeit« in einer »tragischen Verknotung stehen« (499). In *Napoleon*, so von Wiese, gelinge es ihm wie sonst nirgends, »Zeitgeist und Zeitmilieu einzufangen und mit den Mitteln einer schon ganz modernen Bühnentechnik in unmittelbare dramatische Bewegung umzusetzen« (500). In *Hannibal* gestalte er »am eindringlichsten« den »scheiternden Helden, der an der Bedingtheit seines Zeitalters zugrunde geht« (506). Seine »romantische Sehnsucht nach dem großen Einzelmenschen« (511) vermöge den tragischen »Untergang der Größe durch die Übermacht des Kleinen« (509) und durch die eigene »Endlichkeit und Vergänglichkeit« (511) nicht aufzuhalten.

In seiner Studie des deutschen Geschichtsdramas deutete Friedrich Sengle Grabbes historische Stücke als »ein Suchen nach dem Gültigen und Hohen in der Zeit des Epigonentums« (Sengle, 8 1951, 2. Aufl. 1969, 159). Obwohl »die Volksszenen wohl das Originalste und künstlerisch Höchste« bei Grabbe konstituierten, sei »Träger der geschichtlichen Bewegung« für ihn der ins »Übermenschliche und Titanische« gesteigerte »große Mann« (159-160). Da aber die Geschichte selbst als »bloßer Kampf physischer Kräfte« erscheine, lauere hinter der »hastenden Tätigkeit« der Helden »das Nichts« und leuchte in den Dramenschlüssen »nichts Absolutes« auf (162-163). Dank seines Verzichts auf eine »klare ideelle Struktur« sei Grabbe »der objektivste Geschichtsschreiber unter den großen Dramatikern«, aber darum »auch als Dramatiker problematisch« (163). In seiner späteren Darstellung der Biedermeier-Literatur erklärte Sengle, daß Grabbe »mit Hilfe eines tragisch-heroischen Pathos, dem aber der Zynismus verräterisch beigemischt ist«, den

»konservativen Geist des Biedermeiers« (Sengle, 8 1989, 147) be-kämpfe. Bei *Gothland* und *Scherz, Satire* betonte er das »negativ-theologische Weltbild« (153) Grabbes. An *Marius und Sulla* be-merkte er den Anfang von »Grabbes Genrerealismus« (159). In *Na-poleon* entdeckte er im Untergang des Titelhelden den Beweis für Grabbes »Fatalismus« (171). *Hannibal* hielt er aufgrund seiner als »lakonisch, herb, graniten« beschriebenen Sprache für Grabbes »Meisterwerk« (174-175). Unzutreffend seien Begriffe wie »Realis-mus« (148) oder »Surrealismus« (151) für Grabbes »Mischung von Pathos und Witz, Tragödie und Komödie« (148), die zahlreiche »Re-ste der vorrealistischen Tradition« (151) des Barocks und Sturm und Drangs enthalte. Obwohl ihm keine »kontinuierliche Gedankenent-faltung« und »gleichmäßige Durchbildung der Form« gelinge, gehö-re Grabbe zu den »großen Experimentatoren des Dramas« (179).

Ebenfalls zu Anfang der 1950er Jahre untersuchte Hans-Werner Nieschmidt die »Wesensverwandtschaft« (Nieschmidt, 8 1951b, 25) zwischen Byron und Grabbe, in dessen *Don Juan und Faust* und an-deren Frühwerken die »Entwertung eines romantischen Idealismus« (34) ein ähnliches Nebeneinander von »Titanentum« und »Bewußt-sein trostloser Einsamkeit« (17), von »Tragik, Komik und Groteske« (24) hervorbringe. Für *Napoleon*, *Hannibal* und *Die Hermanns-schlacht* reklamierte er in einer Analyse ihrer »inneren eigengesetzli-chen Strukturierung« (50), im Gegensatz zur üblichen Ansicht, eine durch »räumliche Verdichtung« und »elementare Steigerung des dra-matischen Geschehens« erzeugte »Geschlossenheit« (Nieschmidt, 8 1951c, 75). In späteren Artikeln erläuterte er die Funktion von »be-kannten historischen Zitaten« (Nieschmidt, 8 1973a, 15) und die »bedrohte Idylle« in mehreren Geschichtsdramen (Nieschmidt, 8 1973b, 62) sowie die Leitmotive der *Hermannsschlacht*, in der er ein wachsendes »Vertrauen in den notwendigen Gang der Geschichte« (Nieschmidt, 8 1978, 20) feststellte. Affinitäten zwischen Grabbe und Byron im Sinne einer »›negativen‹ Romantik« erörterte ferner Ulrich Wesche (Wesche, 8 1978, 11).

Zehn Jahre nach Benno von Wiese bewertete in einer ebenfalls wegweisenden Studie Walter Höllerer die szenischen, grammati-schen und metaphorischen Strukturen Grabbes als positive antiklas-sische Leistungen. Durch »Zerschlagen des großen einheitlichen dramatischen Bogens« gerate Grabbe »in die Nähe der Epik« (Hölle-rer, 8 1958, 29) des modernen Theaters. Eine bedeutende Einzelme-tapher sei »das Bild von der ›lächelnden Bestie‹« (19), die er in ihrer »zertrümmernden Funktion und zugleich in ihrem urtümlichen Da-sein« (41) bejahen wolle, aber durch »Ironie« (42) relativiere. In der Gesamtmetaphorik der Dramen verbinde sich »das Lachen (...) aufs engste mit dem Bildfeld der Trümmer und der Wüste, das bei Grabbe ebenso durchgängig ist wie die Bildfelder der Komödie, des Karussells und der Bestie« (46). Durch alle diese Bilder bemühe sich Grabbe, »die Entschleierung als Mittel zu seinen Bemühungen um Neubau zu benutzen« (57).

Ausführlich analysierte Fritz Martini etwas später *Napoleon* als »die ironische Tragikomödie des Sinnlosen« (Martini, 8 1959, 44) in der durch die »Groteske« (47) Grabbes »Titanismus und Nihilismus« sich als »zwei Erscheinungsformen der gleichen Grunderfahrung« (54) erwiesen. Der Einsatz von »allen Wirkungselementen der bewegten Szene, des Mimischen und fast schon Opernhaften« (51) mache Grabbe zum »genialischen (...) Vorläufer« (63) des modernen Dramas. Indem er sowohl »einem Realismus, der sich an die Grenzen der zeitlich-räumlichen Wirklichkeit hält« (55), als auch »der klassischen Ästhetik« (63) radikal absage, vergegenwärtige er durch »Demaskierung der Kontraste« die »Totalität eines gespaltenen Weltzustandes« (63). Gleichzeitig postulierte Gerhard Kaiser in *Scherz, Satire* eine parodistische »Selbstaufhebung der Aussage aus Verzweiflung an Welt und Kunst« (G. Kaiser, 8 1959, 7), die das »Prinzip des Lustspiels« bis zur »Grenze des Umschlags in einen tragischen Pessimismus« (13) radikalisiere.

Im folgenden Jahrzehnt lieferte Volker Klotz in seiner Typologie (*Geschlossene und offene Form im Drama*, München 1960) der Grabbe-Forschung den wichtigen Begriff des »offenen« Dramas. Hauptgewicht auf »das Tragikomische als Ausdruck nihilistischer Verzweiflung« (Guthke, 8 1961, 200) und auf die »Spiegeltechnik« (206) in *Don Juan und Faust* legte Karl S. Guthke, der danach mit dem Titelhelden von *Gothland* den »ersten Dandy des Weltschmerzes auf die deutsche Bühne« treten sah (Guthke, 8 1971, 144). Peter Michelsen nannte *Don Juan und Faust* ein unschätzbares »Dokument für die Entwicklung der Übermensch-Ideologie innerhalb des Bürgertums des 19. Jahrhunderts« (Michelsen, 8 1965, 101), bevor Rainer Dorner hinter dem »Ästhetizismus« beider Helden »das Parasitäre« des bürgerlichen Intellektuellen aufspürte (Dorner, 8 1976, 101). Hans Mayer fand die »tiefere Bedeutung« aller Dramen Grabbes in ihrer »Ironie« (Mayer, 8 1965, 95). Wilhelm Steffens verfocht in seiner Monographie die These, daß Grabbe »abseits von den progressiven Kräften seiner Zeit stand« (Steffens, 7.3 1966, 23) und deshalb sein vielversprechender »Realismus« in einem »Pessimismus« subjektivistischer Art »versandet« sei (21). In seinem Artikel über *Scherz, Satire* hob Benno von Wiese »die Gestaltungsform des schwarzen Humors« (Wiese, 8 1968, 300) hervor, mit der Grabbe das »moderne absurde Theater« vorwegnehme (292). Roger A. Nicholls bescheinigte Grabbe in seinem amerikanischen Buch neben »bitterness and sense of disillusion« überall »a constant urge to assert human energy and defiance against the meaningless confusion of events« (Nicholls, 8 1969, 12). Eine Anzahl Dissertationen, die wenig Neues boten, liegen nur maschinenschriftlich vor; die wertvolleren Entdeckungen anderer Doktorandinnen und Doktoranden erschienen dagegen auch in Büchern oder Artikeln, die in dieser Übersicht jeweils in ihrer veröffentlichten Form vorgestellt werden. Den Stand der Forschung in der Bundesrepublik am Ende der 1960er Jahre illustrierte die knappe Gesamtdarstellung von Helga-Maleen Gerresheim, die Grabbe als einen an der eigenen »Unzulänglichkeit« (Gerresheim, 8 1969, 174) und dem »restaurativen Deutschland« (185) leidenden Dichter einschätzte, »der aus der Sackgasse der epigonalen Dramatik seiner Zeit immer wieder neue Auswege suchte, dem aber endlich das künstlerische Gleichgewicht fehlte, seine Wege auch zu Ende zu gehen« (195).

Die DDR-Forschung folgte in dieser Phase meist Franz Mehring, der als erster Marxist »Grabbes unvergleichliche Fähigkeit, historische Massen in dramatische Aktion zu setzen« pries, aber beklagte, daß »die elenden Umstände« seiner Zeit »jede revolutionäre Schwungkraft in ihm getötet haben« (Mehring, 8 1901-1902, Neudruck 1961, 340-342). Einige ungedruckte Dissertationen entwickelten ähnliche Gedankengänge. In Paul Reimanns Literaturgeschichte figurierte Grabbe als »plebejischer Dichter«, der »instinktiv mit den revolutionären Volksmassen sympathisiert« (Reimann, 8 1956, 673) und versucht habe, »die realen Triebfedern der geschichtlichen Vorgänge (...) aufzudecken« (669), dem es aber »nicht möglich war, sich zu klaren revolutionären Erkenntnissen zu erheben« (673). Fritz Böttgers Gesamtdarstellung verherrlichte Grabbe als einen Revolutionär, der »die rote Fahne der Empörung aufgezogen und sich in diesem Kampfe frühzeitig aufgerieben« (Böttger, 7.3 1963, 14), aber zugleich den »rebellisch vor- und aufwärtsstrebenden Kräften« der Gesellschaft gedient habe (26). Mit *Don Juan und Faust* beschäftigten sich die Artikel von Hans-Henrik Krummacher, der den »zwiespältigen Charakter« (Krummacher, 8 1959, 253) von Grabbes bald traditioneller, bald innovativer Sprache untersucht, und von Hans Henning, der die »Richtungslosigkeit« (Henning, 8 1967, 162) von Grabbes »Auseinandersetzung mit der schalen Zeit zwischen 1815 und 1830« (160) kritisiert.

Ausführlich erläuterte zu Beginn der nächsten Phase in der Bundesrepublik Wolfgang Hegele die »neuartigen Strukturformen und
Kompositionselemente« (Hegele, 8 1970, 246) von Grabbes Geschichtsdramen. Nach shakespearisierenden Anfängen bemühe sich
Grabbe zunehmend, »ganze historische Epochen (...) und ihre großen Heroen« in »unmittelbarer Darstellung« (245-246) auf die Bühne zu bringen. Besonders originell benutze er in seinen Dialogen
»das Mittel des Kommentars« und in seinen Handlungen eine
»Knotenpunkttechnik«, die »das wesentliche Geschehen (...) mittels
szenischer Abschnittfolgen in ihren politischen Zentren« erfasse
(246). Vor allem durch eine »neue Form der Milieu- und Massenszene« (130) in *Napoleon* erreiche er in der »realistischen (...) Darstellung der politisch-historischen Wirklichkeit« einen einmaligen
»Höhepunkt« (219). Allerdings scheiterten seine Experimente an der
»Mischung von Elementen, die auf Geschlossenheit zielen, und von
solchen, die einem geschlossenen Eindruck widersprechen« (239).
Der Hauptgrund für diese Zwiespältigkeit liege im Konflikt zwischen seinem »Ergriffensein von den großen gewaltigen Geschichtsheroen« und seinem Vorsatz, »wirklich Geschichte selbst« darzustellen (252).

   Eine einsichtsreiche Einführung in Grabbes Leben, Persönlichkeit und Kunst veröffentlichte in Amerika Roy C. Cowen (Cowen,
7.3 1972). Im deutschen »Nachwort« zu seiner Werkausgabe zog er
das Fazit dieser Monographie und mehrerer kleinerer Arbeiten.
Durch sein »rebellisches Benehmen« und seine »unkonventionelle
Haltung als Künstler und Kritiker« (Cowen, 8 1977, 416) erschaffe
sich Grabbe einen »persönlichen Mythos« (413), aber seine »antibürgerliche Einstellung«, sein »Selbstmitleid« und seine »Neigung
zum Exzeß« (415) bestimmten auch Form und Inhalt seiner Werke.
Bereits *Gothland* enthalte alle seine »Grundgedanken« (421), namentlich seine »Ablehnung aller Metaphysik« (422) und die »welt-
schmerzlerische Problematik« (422) seiner ganzen Generation.
*Scherz, Satire* verkünde eine ähnliche »Absage an die geistige Freiheit
des Menschen« (428). *Marius und Sulla* erzeuge durch das Zusammenwirken von »politischen, gesellschaftlichen und militärischen
Kräften« den Eindruck der »Historizität« (431). *Don Juan und Faust*
verbinde »Weltschmerz« (435) mit »Hedonismus« (437) und vernei-
ne eine »überpersönliche Bedeutung der Ereignisse« (438). Einen
»Höhepunkt des dramatischen Realismus« (442) erreiche *Napoleon*,
vor dem es »kaum ein Schauspiel von vergleichbar epischer Breite
gegeben« (444) habe; der Kaiser symbolisiere »etwas Überzeitliches

im Menschen« (445), obwohl er von der »Einstellung des Volkes« (443) abhänge und »weltgeschichtlich ohne dauerhafte Wirkung« (445) bleibe. In *Hannibal* verrate sich »das Tragikomische im Geschick selbst der größten Helden« (446) aufs deutlichste. In der *Hermannsschlacht* sei der Kampf »zweier Kulturkreise« (449) im Grunde »ein auf ›Worten‹ aufgebauter« (452) Konflikt. Seinen »Glauben an die Absolutheit der eigenen Individualität« pflege Grabbe »als Surrogat einer tatsächlich verlorenen Identität« (454). Seine »Überzeugungskraft« verdanke er der »Auflehnung« gegen alle »etablierten« oder zum »geistlosen ›System‹ erstarrten Werte« (455). In einer späteren Übersicht betonte Cowen, daß Grabbe zwar »als einer der ersten durchaus realistischen Dichter in der Literaturgeschichte einzuordnen« sei, aber sich »immer wieder als ein Meister des Grotesken und Tragikomischen« (Cowen, 8 1988, 72) enthülle.

Manfred Schneiders eindringliches Buch identifizierte in Grabbes Dramen eine Dialektik zwischen dem vorherrschenden »Bild und Ereignis der Zerstörung« (M. Schneider, 8 1977, ix) und der »utopischen Vorstellung« einer »großen Gemeinschaftsleistung, die der Heros möglich gemacht hat« (396). In *Gothland* und Grabbes anderen Frühwerken liefere bloß »die heroische Gebärde ein Gegenbild zur Katastrophe des Individuums« (xi). In *Marius und Sulla* und den *Hohenstaufen* träten die »großen geschichtlichen Helden« als »Erlöserkraft« der »gesellschaftlichen Wirklichkeit« entgegen (xi). In *Napoleon*, *Hannibal* und der *Hermannschlacht* erschaffe ein »Heros«, vor allem in der Schlacht, das »Bild der Gemeinschaft« als »Gegenwelt« zu einer »weiterbestehenden destruktiven Wirklichkeit« (xii). So gelange Grabbe über einen wirklichkeitsfeindlichen »Monumentalheroismus« zum »sozialen Heroismus« (391). Allerdings gelinge es ihm nur selten, eine dramatisch überzeugende Handlung zu konstruieren, »wo im Erlebnis der geschmolzenen Gemeinschaft und zugleich der zerstörten Gesellschaft der utopische Augenblick einer Welterneuerung Wirklichkeit geworden zu sein scheint« (393).

Zehn Jahre später beurteilte Detlev Kopp in seiner Monographie Grabbes »geschichtliche und gesellschaftliche Desorientiertheit« und seine »für Gegner der repressiven Restaurationsgesellschaft überhaupt spezifische Erfahrung faktischer Ohnmacht« als Ursprung der »Desorganisiertheit, Disparatheit und Widersprüchlichkeit« seiner Geschichtsdramen (Kopp, 8 1972, 216-217). Grabbe sehe die Geschichte als eine »diskontinuierliche Folge« von »kurzen Perioden der Ordnung«, in denen, meist »auf Kosten der Allgemeinheit«, ein »großes Individuum alle Macht in sich vereinigt«, und »langen Phasen des Verfalls«, in denen »die Leistungen der Ausnahmeindividuen wieder annihiliert werden« (218). Die französische Revolution von

1830 habe eine »wichtige Wende« in seinem »historischen Denken«
produziert: von *Gothland* bis zu den *Hohenstaufen* gestalte er die
Helden als »autonome, geschichtsmächtige Subjekte«, in *Napoleon*
und *Hannibal* werde der Held jedoch »in ein geschichtliches Bedin-
gungsgefüge eingeordnet, das sein Handeln determiniert« (221). In
der *Hermannsschlacht* mißlinge die »ideologische Harmonisierung
der gesellschaftlichen Widersprüche in der Konstruktion einer na-
turhaft-idyllischen Lebenswelt« (226). Häufig störe eine Divergenz
zwischen Grabbes »Relativierung des Individualsubjekts« und seinem »dominanten Individualismus« (148). Die »Apotheose des
Machtmenschen« (63) in *Marius und Sulla* lade zu faschistischen
Lesarten ein.

Im Großbritannien traten zwei Forscher hervor. Edward McInnes
begründete die »bezeichnende Inkonsistenz« der Dramen mit Grabbes »niemals völlig« erfolgreichen Bemühungen, »sein skeptisches
Geschichtsbewußtsein mit der ihm gefühlsmäßig nahestehenden
Idee des heroischen Individualismus in Einklang zu bringen«
(McInnes, 8 1982, 18). Dennoch mache er in *Napoleon* durch eine
eigentümlich »diskontinuierliche Form« (20) den »ironischen Gegensatz« zwischen dem »eng begrenzten Handlungs- und Reaktions-
spielraum« des Helden und der »unausweichlichen Dynamik historischer Prozesse« wie »kein anderer Dramatiker des 19. Jahrhunderts«
(23) sichtbar. David Horton nannte »Protest, Zerstörung überliefer-
ter Vorbilder, Traditionsfeindlichkeit« Grabbes »Devise« (Horton, 8
1980, 13). Schon in den Frühwerken nahe Grabbe einer »absolut
hoffnungslosen Sicht der geschichtlichen Welt« (18). In *Hannibal*
und *Napoleon* erschaffe er einen »neuen Typus des Geschichtsdramas« (67), der »als Teil einer modernen weltdramatischen Entwicklung (...) auf eine umfassende Darstellung sozialgeschichtlicher
Kräfte« (68) abziele, aber zugleich eine »Tendenz zur Verklärung
und Idealisierung des titanischen Helden« (71) beibehalte. Die »Zi-
vilmassen« bildeten dabei im Gegensatz zu den heroischen »Armeen« der Heerführer eine »passive, negative und obstruktive Komponente der dramatischen Handlung« (75-76). Da Grabbe überall
auf die »Darstellung psychologisch komplexer und glaubwürdig motivierter Figuren« (111) verzichte und selbst in der »rauhen Lapidarprosa der Meisterdramen« neben »alltäglicher Dialogführung« eine
»gehobene, stilisierte Sprachebene« (115) benutze, könne der Begriff
des »Realismus« die »kontradiktorische Qualität« (119) seiner Werke
nicht hinreichend definieren.

Zum herausragenden Grabbe-Forscher der DDR profilierte sich
seit den 1970er Jahren Lothar Ehrlich mit zahlreichen Arbeiten, die
in einer Gesamtdarstellung von Grabbes Leben und Werk kulmi-

nierten. Für den schizoiden »Wechsel von depressiven und manischen Lebens- und Schaffenshaltungen« und den »Alkoholismus, der seinen schwächlichen und kranken Körper vollends zugrunde richtete« (Ehrlich, 7.3 1986, 237), machte Ehrlich gleichermaßen Grabbes »psychische Disposition und negative gesellschaftliche Erfahrung« (18) verantwortlich. Als Künstler gehöre Grabbe, obwohl ein »Einzelgänger«, zu »jenen Autoren, die in leidenschaftlich-kritischer Auseinandersetzung mit der Weimarer Klassik, der Romantik und der (...) Trivialliteratur am ›Ende der Kunstperiode‹ schrieben« (245). Seine ästhetisch wie politisch bedeutendste Leistung liege in der Dramatisierung kritischer Erkenntnisse über das »Verhältnis von historischer Einzelgestalt und Volksmassen« (111) mittels »Episierung der Struktur« und »Integration antiillusionistischer Elemente im Figuren- und Stückbau« (251-252). Seinen »eigentlichen dramatischen Stil« (245) erreiche er in *Napoleon* mit einer »Vielzahl dramaturgischer Lösungen zur theatralisch wirksamen, differenzierten Erfassung handelnder Volksmassen« (180). In *Hannibal* und der *Hermannsschlacht* scheitere sein »Versuch, die historischen Prozesse vor allem unter dem Aspekt des Verhältnisses von Individuum und Geschichte zu erklären«, weil er nicht imstande sei, den »entidealisierten Vorgängen einen neuen – womöglich materialistischen – Sinn zu geben« (230). Während seine »in zum Teil schockierend-ungewohnter Weise« ausgedrückte »antifeudale und antibürgerliche Haltung«, eine »kurzfristige theatralische Wirkung (...) ausschloß«, habe er »nach der Juli-Revolution von 1830 wesentliche Beiträge zur Herausbildung der realistischen Geschichtsdramatik im Vormärz sowie im 19. und 20. Jahrhundert überhaupt« geliefert (246).

Ebenfalls in der DDR würdigte Hans-Georg Werner in der »Einleitung« seiner Werkausgabe die »neuartige dramatische Technik«, mit der Grabbe »die historisch objektiven Machtfaktoren« als »ausschlaggebend« (Werner, 8 1987, xxiv) erscheinen lasse und, vor allem in *Napoleon*, im »Wechselspiel zwischen historischer Einzelpersönlichkeit und sozialen Massenbewegungen« (xl) mit einer nie dagewesenen »Fülle von sozialen, politischen und militärischen Aspekten« demonstriere, daß »nur die Aktionen von Massen eine genügende soziale Schubkraft besitzen, um das Beharrungsvermögen und die Widerstandskraft etablierter sozialer Strukturen überwinden zu können« (xxxv). Die Gewalttaten in allen Dramen sah Werner als »dichterische Antwort auf einen Zustand sozialer Stagnation« (xlv). In einem Aufsatz über *Napoleon* verneinte er die Annahme eines »grundsätzlichen Geschichtspessimismus« bei Grabbe, registrierte jedoch in dessen Konzeption der Geschichte als irrationaler Machtkampf »auch etwas Bestialisches« (Werner, 8 1986, 119-120).

Zum 150. Todesjahr Grabbes erschien Winfried Freunds Sammelband (Freund, 8 1986a). In seiner Einleitung charakterisierte Freund Grabbes Leben und Werk als »Gegenentwürfe« zu den »Existenz- und Bewußtseinsnormen« des »Erwerbs- und Bildungsbürgertums« (Freund, 8 1986b, 10) und stellte in *Napoleon, Hannibal* und der *Hermannsschlacht* den »Wunsch nach positiven Wertentwürfen« fest (16). In seinem Aufsatz über *Hannibal* argumentierte er, daß Grabbe, wenn auch in »satirischer, tragischer und utopischer Brechung«, für »Versöhnung des Gemeinschaftsgefühls mit dem persönlichen Geltungsstreben« plädiere (Freund, 8 1986c, 96). Diethelm Brüggemann fand in der religiösen Symbolik der *Hermannsschlacht* eine neue »Glaubenshaltung« (Brüggemann, 8 1986, 117). Einen Gegensatz zu Freunds und Brüggemanns positiven Stellungnahmen bildeten die negativeren Deutungen von Herbert Kaiser, Kopp sowie Klaus Lindemann und Reimar Zons. Kaiser sah *Scherz, Satire* als »strukturelles Abbild einer Welt, vor der die Kategorien von Verstehen, Sinn, Sinnzusammenhang, Bedeutung versagen« (H. Kaiser, 8 1986, 17). Kopp bekräftigte seine Ansicht, daß *Marius und Sulla* in protofaschistischer Art das diktatorische »Eingreifen eines autonomen Individualsubjekts« legitimiere (Kopp, 8 1986, 42). Lindemann und Zons erläuterten Symbole der »Vergänglichkeit« in *Napoleon* (Lindemann und Zons, H81968, 68). Werkbiographisch interpretierte Cowen *Don Juan und Faust* als »Wegweiser zu den späten historischen Werken« (Cowen, 8 1986, 58).

Beiträge zu einem Symposium aus dem gleichen Jahr enthielt der Sammelband von Werner Broer und Detlev Kopp (Boer und Kopp, 8 1987). Obwohl die verschiedenen Aufsätze kein zusammenhängendes Bild Grabbes ergaben, vermittelten sie nützliche Erkenntnisse über einzelne Werke oder Probleme. Kopp analysierte Grabbes wechselndes Bild in der Literaturwissenschaft und sah seinerseits die »besondere Qualität« der Dramen in ihrer »Destruktivkraft«, die »jede eindeutige Sinnbereitstellung« hintertreibe (Kopp, 6.1 1987, 7). Broer verstand die »Reihe der großen Scheiternden« (Broer, 8 1987, 13) bei Grabbe als Spiegelungen einer »Existenz, die mit sich selbst hadert« (17). Volker Klotz spekulierte über Grabbes »Dramaturgie des Plus ultra« (Klotz, 8 1987a, 41). Ralf Schnell erblickte die »tiefere Bedeutung« (Schnell, 8 1987, 84) von *Scherz, Satire* in »Selbstdestruktion« (94) und »Ironie als Formprinzip« (84). Norbert Oellers spürte in den »letzten Dramen« eine zunehmende »Verdüsterung des Grabbeschen Welt- und Geschichtsbildes« (Oellers, 8 1987, 118). Cowen lokalisierte die »innere Wahrheit« zugleich »auf der Ebene der Legende«, wo Grabbe sich »die Subjektivität eines Genies« andichte, und »auf der Ebene des Werks«, das »in vielen

Hauptgestalten« eine ihm »persönlich unerreichbare Objektivität« verherrliche (Cowen, 7.2 1978, 140). Brüggemann warf aus Grabbes Briefen »Schlaglichter« auf »bislang eher unter-, falsch oder überbewertete Facetten« seiner Persönlichkeit (Brüggemann, 7.2 1987, 166). Drei Aufsätze behandelten *Napoleon*. Manfred Schneider entschlüsselte das Stück semiotisch als »Grabbes Dichtermythos« (M. Schneider, 8 1987, 50); Jürgen Link fand darin eine »Synthese zwischen massendynamischer und interaktionistischer Geschichtsauffassung mittels der thermodynamischen Symbolik« (Link, 8 1978, 70); Harro Müller begrüßte unter Berufung auf sozialpsychologische »Theorien der Moderne« (H. Müller, 8 1987, 98) den Verzicht auf die Suche nach »Synthesis« zwischen »Kontingenz, Macht, Funktion und Sinn« (110) in der Geschichte.

Der aus einem zweiten Symposium resultierende Sammelband von Detlev Kopp und Michael Vogt (Kopp und Vogt, 6 1990) interpretierte Grabbe durch sein Verhältnis zu zeitgenössischen Dramatikern. Obgleich dieses Thema eine gewisse Einheit gewährleistete, überwiegt der Eindruck methodologischer und inhaltlicher Vielfalt. In Grabbes Geschichtsdramen erkannte Vogt eine »konsequente Entwicklung zur Episierung« (Vogt, 8 1990, 6) im Einklang mit dem allgemeinen »Übergang vom biedermeierlichen Klassizismus zur Liberalisierung der Form im Vormärz« (3), Ralf Schnell ein Erlebnis der Geschichte als »stummer Resonanzraum einer antwortlosen Suche« (Schnell, 8 1990, 24) und Martin Rector eine Wiederkehr der »ästhetischen Konventionen des Idealismus« (Rector, 8 1990, 40). Peter Hasubek konzedierte Grabbes »theoretischen Äußerungen« in *Über die Shakspearo-Manie* trotz ihrer klassizistischen Orientierung eine eigene »Modernität« gegenüber der Romantik (Hasubek, 8 1990, 74). Reimar Zons erläuterte Grabbes Zerstörung der Biedermeier-Vorstellung vom Menschen durch »Schrecken ohne Katharsis« (Zons, 8 1990, 76) in *Gothland*. Ernst Ribbat apostrophierte Grabbe aufgrund von *Aschenbrödel* als »Fortsetzer dessen, was die Romantik ermöglicht hat« (Ribbat, 8 1990, 111). Jürgen Hein demonstrierte »Struktur-Affinitäten« (Hein, 8 1990a, 117) zwischen dem Wiener Volkstheater und Grabbes wiederholter »Theatralisierung des Literaturtheaters« (122). Hans-Georg Werner betonte Grabbes »Anspruch auf eine bessere Welt« in *Scherz, Satire* (Werner, 8 1990, 147). Gegenüber den Jungdeutschen reklamierte Cowen für Grabbe eine ästhetische wie chronologische »sozio-politische Priorität« (Cowen, 8 1990, 211). Eine prinzipielle Verwandtschaft mit Fichte, Hegel und Schopenhauer konstatierte Herbert Kaiser im »Willen« als Handlungsimpuls von Grabbes Helden (H. Kaiser, 8 1990, 218). Hildtrud Gnüg notierte ideelle Parallelen hinter der strukturellen »Antithetik« von *Don Juan und Faust* und deutete Don Juan als »Menschen, der die Sinnlichkeit ästhetisch zu reflektieren sucht« (Gnüg, 8 1990, 235-236). Werner Broer beklagte Grabbes »schwache Präsenz« (Broer, 8 1990, 245) im Schulunterricht. Besonders oft wurde *Napoleon* mit *Dantons Tod* verglichen. Maria Porrmann entdeckte in beiden Dramen eine »ästhetische Reflexion über das Medium selbst« (Porrmann, 8 1990, 166) mittels »Geschichte im Schauspiel und Geschichte als Schauspiel« (149). Ehrlich vermißte bei Grabbe die von Büchner erreichte »ästhetische Geschlossenheit« und »Totalität der geistigen Substanz«, würdigte aber »die Vielzahl neuer Möglichkeiten bei der zeitlich und räumlich totalen Erfassung historischer Vorgänge« sowie den »Gestus der Distanz und der komischen Brechung« (Ehrlich, 8 1990, 181-182). Harro Müller unterstrich die »ambivalente, polyperspektivisch angelegte Präsentation« von Kaiser und Volk und die Favorisierung der »Machtverhältnisse vor Sinnverhältnissen«, die *Napoleon* »zugleich radikaler und kälter« als *Dantons Tod* erscheinen lasse (H. Müller, 8 1990, 200).

Die Mehrzahl aller in Zeitschriften oder anderen Bänden erschienenen Artikel über einzelne Dramen beschäftigte sich mit *Napoleon*. Zu Anfang der 1970er Jahre monierte Hannelore Schlaffer am Stück eine reaktionäre Übereinstimmung mit der »bürgerlichen Geschichtswissenschaft« (Schlaffer, 8 1972, 90), während Christa Bürger die »politische Standortlosigkeit« als seine »Größe und Grenze« einschätzte (Bürger, 8 1973, 92-94). Später beobachtete Herbert Kaiser in dem mit »moderner empirischer Totalität« (H. Kaiser, 8 1981, 197) vergegenwärtigten Streben des Helden nach »grenzenloser Willensherrschaft« die »tatsächlich wirksame bürgerliche Revolution« (205) des 19. Jahrhunderts, während Zons und Lindemann hinter der metaphorischen »Poetisierung des Krieges« (Zons und Lindemann, 8 1988, 60) die »Leere« am »Ende der Befreiungskriege« (73) aufdeckten. Dietrich Busse registrierte eine »Gegenbewegung (...) von zeitlicher Dauer und heroischem Augenblick« (Busse, 8 1986, 18), die es vor allem in der Schlacht dem Helden ermögliche, »ein Ziel zu verfolgen, und sei es auch nur kurzfristig« (16). Maria Porrmann erörterte das »Repertoire komischer Techniken« (Porrmann, 8 1987, 16), die die Geschichte zum »Schauspiel« machten, das »je nach Zuschauer als Tragödie oder als Komödie rezipiert wird« (22). Dieter Liewerscheidt suchte die Einheit des Stücks in einer »dramaturgischen Strategie, welche die Entstehungsbedingungen heroischer Idolatrie einerseits analytisch (...) bloßlegt, (...) andererseits aber so ernst nimmt, daß in einigen Szenen der identifikatorische Mitvollzug geradezu herausgefordert wird« (Liewerscheidt,

8 1989, S. 63). Rainer Lewandowski legte dar, wie es Grabbe bei »völligem Desinteresse an jeder etwaigen technisch möglichen Umsetzbarkeit« gelungen sei, den Film als »neues Medium (...) vorauszudenken« (Lewandowski, 8 1989, 72).

Nennenswerte Artikel schrieben ferner: Brüggemann (Brüggemann, 8 1977), Klotz (Klotz, 8 1987b), Freund (Freund, 8 1988) und Mack (Mack, 8 1989) über *Scherz, Satire*; Klotz über *Hannibal* (Klotz, 8 1990); Plachta über *Die Hermannsschlacht* (Plachta, 8 1989); Freund über die drei letzten Geschichtsdramen (Freund, 8 1987). Vom wiedererwachten Interesse an *Gothland* zeugten die Artikel von Halbach und Konitzer (Halbach und Konitzer, 8 1987), Blickle (Blickle, 8 1990), Wünsch (Wünsch, 8 1990), Vaßen (Vaßen, 8 1992), Wiemer (Wiemer, 8 1992) und Harro Müller (H. Müller, 8 1993). Unter Grabbes weniger beachteten Werken wurden *Kosciuszko* von Kozielek (Kozielek, 8 1979), *Aschenbrödel* von Kopp (Kopp, 8 1984) und Hein (Hein, 8 1990b), *Die Hohenstaufen* von Vogt (Vogt, H 1986) und Wißkirchen (Wißkirchen, 8 1989), *Nannette und Maria* – zusammen mit *Scherz, Satire* – von Vogt (Vogt, 8 1991) und das *Eulenspiegel*-Projekt von Löb (Löb, 8 1993) untersucht.

# 2. Sonderfragen

## 2.1 Grabbes Werke auf der Bühne

Das Theater nahm Grabbe, abgesehen von einer Vorstellung von *Don Juan und Faust* (Detmold, 29. März 1829), erstmals durch Alfred von Wolzogens patriotische *Hohenstaufen*-Inszenierungen (Schwerin 1875) und einige Aufführungen von *Napoleon* (Frankfurt a.M. 1895, Berlin 1898, 1911) und *Scherz, Satire* (Berlin 1915) zur Kenntnis. Albert Steinrücks Interpretation von *Hannibal* (München 1918) als Parallele zur Dolchstoßlegende folgten mehrere ähnliche Deutungen während der Weimarer Republik. Von Brechts 1922 geplanter *Hannibal*-Bearbeitung existieren nur Bruchstüche. Expressionistische Züge zeigten Erich Engels *Scherz, Satire* (München 1922, Berlin 1923) sowie Leopold Jessners *Napoleon* und *Hannibal* (Berlin 1992 bzw. 1925). Beliebt war ferner von 1919 bis 1922 *Don Juan und Faust*. Das Dritte Reich feierte Grabbe mit Aufführungen von *Napoleon*, *Hannibal* und der *Hermannsschlacht* in Detmold und anderen Städten Deutschlands. Im Exil spielte Leopold Lindtberg *Scherz, Satire* (Zürich 1937). Wichtige Reprisen erlebten in der Bundesrepublik *Napoleon* (Alfred Erich Sistig, Münster 1963, Wiesbaden 1970; Ulf Reiher, Detmold 1989), *Don Juan und Faust* (Sistig, Münster 1966; Günter Roth, Bad Hersfeld 1985; Ulf Reiher, Detmold 1992), *Gothland* (Kai Braak, Düsseldorf 1972; Martin Kušej, Stuttgart 1993), *Scherz, Satire* (Nora Bauer, Köln 1985; Alexander Tancsik, München 1989; Hans-Ulrich Becker, Aachen 1992); in der DDR *Napoleon* (Horst Ruprecht, Meiningen 1973), *Scherz, Satire* (Horst Ruprecht, Halle 1975, Magdeburg 1989), *Don Juan und Faust* (Helmut Straßburger und Ernstgeorg Hering, Berlin 1984), *Gothland* (Alexander Lang, Berlin 1984) und *Hannibal* (Johannes Schütz, Bochum 1994).

Das problematische Verhältnis zwischen Grabbe und der Bühne erforscht das wichtige theaterwissenschaftliche Buch von Maria Porrmann, die anhand repräsentativer Aufführungen aus 100 Jahren nachweist, »weshalb und wie« Grabbes Geschichtsdramatik jeweils für »den ideologischen Konsens der Zeit usurpiert« und »durch welche Rezeptionsvorgaben der Texte selbst die ideologische Deutungsphantasie ›gelenkt‹ wurde« (Porrmann, 6.3 1982, 13). Margaret Sutherland (Sutherland, 6.3 1983; Sutherland, 6.3 1984) konzentriert sich auf die Bühnengeschichte von *Hannibal*. Künstlerische und theaterpolitische Fragen möglicher und wirklicher Grabbe-Aufführungen in der DDR diskutierten zwei Kolloquien, deren Resultate in zwei Broschüren (Diersen u.a., 6.3 1985; Christian Dietrich Grabbe, 6.3 1986) veröffentlicht wurden und in denen Lothar Ehrlich richtunggebend als Literaturwissenschaftler und Theaterfachmann hervortrat (Ehrlich, 6.3 1988; Ehrlich, 8 1986a; auch Ehrlich, 6.3 1974). Im Anschluß an ein Detmolder Kolloquium von Wissenschaftlern und Theaterschaffenden erschienen ein Diskussionsbericht (Ehrlich u.a., 6.3 1993) und mehrere Artikel, unter denen neben Ehrlich (Ehrlich, F. 1993b) vor allem Bernd Vogelsang (Vogelsang, 6.3 1993) sowie Martin Kušej und Frank-M. Raddatz (Kušej und Raddatz, 6.3 1993) Inszenierungsfragen anschneiden und Maria Porrmann darlegt, wie die »disparaten theatralischen Mittel« Grabbes die Herstellung von »sittlich-moralisch definierten Charakteren« (Porrmann, 6.3 1993, 23) verweigert und dem als »Unterhaltungs- und Erbauungsbetrieb« (19) funktionierenden »synthetisierenden Theater« (23) seiner Zeit widersprochen hätten.

## 2.2 Grabbe und der Nationalsozialismus

Im Dritten Reich wurde Grabbe unter Verdrehung seines Patriotismus und Titanismus als einer der größten Vorläufer des Nationalsozialismus glorifiziert. Zu seinem 100. Todestag fand 1936 in Detmold auf Betreiben des Lehrers Heinrich Hollo unter der Schirmherrschaft von Reichsminister Goebbels eine über Presse und Rundfunk in ganz Deutschland mitgefeierte Grabbe-Woche statt, in der *Die Hermannsschlacht* und andere Dramen aufgeführt und festliche Ehrungen abgehalten wurden. Reichsdramaturg Rainer Schlösser pries Grabbe als »Antisemit unter Judengenossen, Franzosenfresser unter Frankophilen, Volksmann unter Bürgern, soldatischer Geist unter Pazifisten, Heldenverehrer unter Milieutheoretikern, Volksdichter unter Feuilletonisten« (Vogt, 6.2 1986, 104); Grabbes unglücklichem Leben stellte er »die Gnade der nationalen Erhebung« unter dem »Führer« (105) gegenüber. Gauleiter Alfred Meyer rühmte Grabbe, »schon vor hundert Jahren« für »großes Führertum, Gefolgschaftstreue, Heroismus, Volksgemeinschaft, Volk, Nation, Blut und Boden« eingetreten zu sein (Jahrbuch 3, 5 1940, 10). Von 1936 bis 1944 wiederholten sich die Veranstaltungen jährlich. 1937 wurde die Grabbe-Gesellschaft gegründet und bis 1945 unter Meyers und Schlössers Patronat von Hollo geleitet. Zu ihren Veröffentlichungen gehörte das *Jahrbuch der Grabbe-Gesellschaft* (5 1939; 5 1940), wo namentlich ein Artikel von Heinz Kindermann den Krieg als »Erfüllung« der »Vision« der *Hermannsschlacht* begrüßte (Kindermann, 8 1940, 49) und Grabbes Geschichtsdramen mit ihrer »ewiggermanischen Grundspannung zwischen Führer und Volk« und ihrer »Bejahung des Kämpferischen und des Heroischen« als »ein Prophetisch-Großes« verherrlichte (46). Die Grabbe-Gesellschaft veröffentlichte auch Kindermanns Anthologie mit Auszügen aus den Dramen und Huldigungen von Nazi-Propagandisten (Kindermann, 6.2 1939) zur Hebung der Kampfmoral. In der Germanistik trieben ferner Adolf Bartels, Josef Nadler, Walther Linden, Hermann Pongs und Fritz Martini mit Grabbe unverhüllte Nazi-Propaganda. Ferdinand Josef Schneider vermied im wissenschaftlichen Teil seiner Monographie – im Gegensatz zu späteren Aufsätzen – die üblichen Parolen, lobte aber im »Schlußwort« Grabbes Sympathien für »nordisches Menschentum« und seine »den Führer- und völkischen Gemeinschaftsgedanken miteinander verschmelzende dichterische Einstellung« (F. J. Schneider, 7.3 1934, 366-367). Auf dem Theater kulminierte der Kult im Grabbe-Zyklus von Saladin Schmitt, der 1941 in Bochum während einer Woche alle Jugendwerke (außer *Nannette und Maria*) und alle Geschichtsdramen (außer *Marius und Sulla*) aufführte. Andere wichtige Inszenierungen boten Jürgen Fehling mit *Don Juan und Faust* (Berlin 1936) und Karl-Heinz Martin mit *Hannibal* (München 1941). Am beliebtesten auf den Bühnen des Dritten Reichs waren *Hannibal* und die vorher kaum bekannte und nachher kaum wieder gespielte *Hermannsschlacht*. Die verschiedenen Aspekte des nationalsozialistischen Mißbrauch von Grabbe erörtern Goltschnigg (Goltschnigg, 6.2 1978), Porrmann (Porrmann, 6.3 1982, 185-278; Porrmann, 6.3 1986), Ehrlich (Ehrlich, 6.2 1983; Ehrlich 6.2, 1987; Ehrlich, 7.3 1983, 154-163; Ehrlich, H 1986b), Kopp (Kopp, 6.2 1986), Vogt (Vogt, 6.2 1986) und Broer (Broer, 6.2 1987).

# 3. Materialien

## 3.1 Alfred Bergmann

Als unermüdlichster aller Grabbe-Forscher trat der Bibliothekar Alfred Bergmann (1887-1975) hervor. Unter seinen rund 120 größeren und kleineren Arbeiten meist positivistischer Art, die ihm schließlich den Ehrentitel eines Professors einbrachten, stellen viele das unerläßliche Material für die wissenschaftliche Beschäftigung mit Grabbe dar. In jedem der folgenden Abschnitte ist er mit grundlegenden Beiträgen vertreten.

## 3.2 Ausgaben

Fast alle Werke Grabbes erschienen bereits zu seinen Lebzeiten im Druck. Die Frühwerke – von *Herzog Theodor von Gothland* bis *Marius und Sulla* – wurden 1827 im Verlag der Joh. Christ. Herrmannschen Buchhandlung, Frankfurt a. M., von dessen Inhaber Georg Ferdinand Kettembeil in zwei Bänden unter dem Titel *Dramatische Dichtungen von Grabbe. Nebst einer Abhandlung über die Shakspearo-Manie* veröffentlicht. Ihnen folgten 1829-1831, ebenfalls in Kettembeils Verlag, in Einzelausgaben *Don Juan und Faust*, die beiden *Hohenstaufen*-Dramen und *Napoleon oder die hundert Tage*. 1835 wurden *Aschenbrödel, Hannibal* und *Das Theater zu Düsseldorf* von Carl Georg Schreiner im Verlag der J. H. C. Schreinerschen Buchhandlung, Düsseldorf, herausgebracht. Im gleichen Verlag erschien 1838 postum *Die Hermannsschlacht*, herausgegeben und durch Grabbes erste Biographie erweitert von Eduard Duller. Die *Aufsätze über Detmold und sein Theater* wurden 1827-1829, die Selbstrezensionen 1828-1831 in verschiedenen Zeitungen und Zeitschriften veröffentlicht. Ausführliche bibliographische Daten zu allen diesen Ausgaben finden sich im Literaturverzeichnis, Abschnitt 1.1.

Die erste Gesamtausgabe von Grabbes Werken – die sich allerdings als unvollständig und textlich unbefriedigend erwies – veranstaltete in der Gründerzeit Rudolf von Gottschall (Sämtliche Werke, 1.2 1870). Ihr folgte bald die zweite Gesamtausgabe von Oskar Blumenthal (Sämmtliche Werke und handschriftlicher Nachlaß, 1.2

1874), die zwar erstmals Grabbes Manuskripte berücksichtigte und mehr Material enthielt, aber den Dilettantismus des Herausgebers verriet. Unter den nächsten drei Gesamtausgaben, die zwischen der Jahrhundertwende und dem Anfang des ersten Weltkriegs erschienen, zeigten die von Eduard Grisebach (Sämtliche Werke in vier Bänden, 1.2 1902) und Otto Nieten (Sämtliche Werke in sechs Bänden, 1.2 1908) relativ wenig Fortschritt; die Gesamtausgabe von Wukadinović (Werke in sechs Teilen, 1.2 1913) dagegen erreichte einen so hohen Grad an Vollständigkeit und Verläßlichkeit, daß sie bis zu den 1960er Jahren die maßgebende Edition blieb und erst von der historisch-kritischen Gesamtausgabe von Alfred Bergmann (Werke und Briefe, 1.2 1960-73) überholt wurde. Die neueste, fast vollständige Ausgabe der Dramen und Aufsätze von Roy C. Cowen (Cowen, 1.2 1975-77) besticht durch einen gehaltvollen Kommentarband, enthält jedoch nur ausgewählte Briefstellen zu den Werken und keinen textkritischen Apparat.

Bereits seit dem 1. Weltkrieg trug Alfred Bergmann sich mit dem Vorsatz, eine modernen wissenschaftlichen Erfordernissen genügende historisch-kritische Ausgabe zu veranstalten, die endlich 1960-1973 in sechs Bänden erschien und als Göttinger Akademiausgabe bekannt ist. Die ersten drei Bände umfassen die Dramen; der vierte die Prosa-Schriften, kleinere dramatische Fragmente und einige kurze Gelegenheitsnotate; der fünfte und sechste die Korrespondenz. In den ersten vier Bänden sind Grabbes Werke vollständig mit allen Vorstufen, Umarbeitungen und Lesarten wiedergegeben, während die letzten beiden Bände alle überlieferten persönlichen Briefe von, an und über Grabbe, seinen dienstlichen Schriftverkehr jedoch in einer charakteristischen Auswahl enthalten. Bergmanns textkritischer Apparat folgt zwar veralteten Prinzipien, und eine allgemeine Würdigung Grabbes fehlt ebenso wie Hinweise auf eine Entstehungs- und Wirkungsgeschichte der Werke und Grabbes eigene Stellungnahmen oder ein Namen- und Sachregister. An Vollständigkeit und Exaktheit der Texte und Varianten und an Sachkenntnis der Erläuterungen läßt sich Bergmann jedoch kaum überbieten.

Eher nach Volkstümlichkeit als nach Wissenschaftlichkeit strebten die mehr oder weniger umfangreichen Teilausgaben, die im Lauf des 20. Jahrhunderts erschienen. Die ersten nennenswerten Teilausgaben legte noch vor dem ersten Weltkrieg Paul Friedrich (Werke in sieben Büchern, 1.3 1907) sowie Albin Franz und Paul Zaunert (Werke, 1.3 1910) vor. Ihnen folgten in der Zwischenkriegszeit die Teilausgaben von Paul Friedrich (Gesammelte Werke, 1.3 1923), Paul Zech (Werke, 1.3 1925) und Alfred Sternbeck (Dramen, 1.3 1927), kurz vor dem zweiten Weltkrieg die Teilausgabe der Hafis-

Lesebücherei (Dichtungen, 1.3 1937) und während des zweiten Weltkriegs die von Benno von Wiese (Auswahl in zwei Bänden, 1.3 1943) und Hermann Stresau (Dramatische Dichtungen, 1.3 1944). Teilausgaben seit dem Krieg veranstalteten in der Bundesrepublik Walther Vontin (Werke in einem Band, 1.3 1960), Fritz Siefert (Gesammelte Werke, 1.3 1964) und Roy C. Cowen (Werke in einem Band, 1.3 1982), in der DDR Ursula Münchow (Kommata der Weltgeschichte, 1.3 1972) und Hans-Georg Werner (Werke in zwei Bänden, 1.3 1987).

Eine Ausgabe aller Selbstzeugnisse Grabbes zu seinen Dramen, Aufsätzen und Plänen besorgte Ladislaus Löb (Grabbe über seine Werke, 1.4 1991).


### 3.3 Bibliographien

Das herausragende bibliographische Hilfsmittel ist Bergmanns umfangreiche *Grabbe Bibliographie* (Bergmann, 2 1973), die rund 2150 in Büchern, Zeitschriften und Zeitungen bis 1970 erschienene Veröffentlichungen von und über Grabbe anführt und nur gelegentlich kurze Erwähnungen in Literaturgeschichten, Rezensionen von Aufführungen, Berichte über unwichtige Veranstaltungen sowie bloße Abdrucke bereits bekannter biographischer Daten oder belanglose Wiederholungen von Stellen aus der Primär- und Sekundärliteratur nicht berücksichtigt. Weitergeführt wird die Bibliographie ähnlich ausführlich im *Grabbe-Jahrbuch* von Klaus Nellner, der zunächst die Lücke 1970-81 schloß (Nellner, 2 1982) und seither einen jährlichen Nachtrag liefert (Nellner, 2 1983 ff.).

Eine nützliche Auswahlbibliographie von Detlev Hellfaier enthält Winfried Freunds Sammelband *Grabbes Gegenentwürfe* (D. Hellfaier, 2 1986). Eine kommentierte Bibliographie der Sekundärliteratur bis 1970 ist die des Amerikaners Neil Herbert Rudin (Rudin, 2 1974).


### 3.4 Forschungsberichte

Über die Forschung von ihren Anfängen bis Ende der 1960er Jahre erteilt Alberto Martinos Forschungsbericht (Martino, 3 1970) Auskunft. Detlev Kopps Forschungsbericht (Kopp, 3 1986) setzt die Übersicht bis zur Mitte der 1980er Jahre fort und wird durch zwei weitere einschlägige Artikel vom selben Autor (Kopp, 6.1 1986; Kopp, 6.2 1987) ergänzt. Die frühen Forschungsberichte von F. J. Schneider (F. J. Schneider, 3 1938) und Alfred Bergmann (Bergmann, 3 1934) sind heute von historischem Interesse, sind aber im übrigen veraltet.

## 3.5 Grabbe-Archiv

Einen großen Teil der Bestände des heutigen »Grabbe-Archivs Alfred Bergmann« sammelte Bergmann ab 1904 persönlich und oft unter beträchtlichen finanziellen Opfern. Eröffnet wurde das Archiv im Jahr 1938, ist seither im Besitz der Lippischen Landesbibliothek und befindet sich seit kurzem in Grabbes Geburtshaus, Bruchstraße 27, in Detmold. Von 1938 bis 1952 wurde es von Bergmann selbst geleitet. Im Augenblick enthält es rund 550 Autographen, 12.500 Druckbände, 7.000 Zeitungsausschnitte und viele Materialien anderer Art.

Zu den mehr als 350 teilweise oder ganz von Grabbe eigenhändig niedergeschriebenen Texten im Archiv gehören die Druckvorlagen von *Herzog Theodor von Gothland* und *Scherz, Satire, Ironie und tiefere Bedeutung* sowie die von *Nannette und Maria, Marius und Sulla* und *Napoleon oder die hundert Tage*, ferner zahlreiche fragmentarische Entwürfe zur *Hermannsschlacht*, die erste Fassung des Aufsatzes *Über die Shakspearo-Manie*, Manuskripte der Beiträge zum *Düsseldorfer Fremdenblatt* und rund 250 Briefe an Grabbes Verleger Kettembeil und Schreiner, seinen Freund Petri, seine Eltern, seine Frau und andere Empfänger. Verloren sind die Manuskripte von *Don Juan und Faust, Kaiser Friedrich Barbarossa, Kaiser Heinrich der Sechste, Das Theater zu Düsseldorf* bis auf wenige Bruchstücke, das Manuskript der *Aufsätze über Detmold und sein Theater* restlos. Die gedruckten Texte umfassen alle auf deutsch und in Übersetzungen veröffentlichten Schriften von Grabbe, den größten Teil der über ihn erschienenen Sekundärliteratur sowie illustrierte Dokumentationen von Inszenierungen seiner Dramen und anderen Aspekten seines Lebens und seiner Kunst. Die von Grabbe selbst gelesenen Bücher und rezensierten Theaterstücke, Publikationen ihm persönlich bekannter oder durch Themen verbundener Autoren sowie Gesamtausgaben von über 300 deutschen und ausländischen Schriftstellern zwischen 1750 und 1850 wurden ebenfalls ins Archiv aufgenommen, um ihn in seiner weiteren literarischen Umgebung zu zeigen.

Über Entstehung und Beschaffenheit des Archivs unterrichten die Artikel von Bergmann (Bergmann, 4 1942; Bergmann, 4 1973), Nellner (Nellner, 4 1969; Nellner, 4 1985), Karl-Alexander Hellfaier (K. Hellfaier, 4 1977; K. Hellfaier, 4 1986) und Detlev Hellfaier (D. Hellfaier, 4 1992).

Kleine Sammlungen von Grabbe-Handschriften befinden sich ferner in der Staatsbibliothek Preußischer Kulturbesitz in Berlin, der Deutschen Staatsbibliothek in Berlin, dem Goethe- und Schiller-Archiv der Nationalen Forschungs- und Gedenkstätten der Klassischen Deutschen Literatur in Weimar, dem Heinrich-Heine-Institut in Düsseldorf und der Stadt- und Landesbibliothek Dortmund.

## 3.6 Grabbe-Gesellschaft, Grabbe-Jahrbuch

Der wissenschaftlichen und kulturellen Pflege Grabbes widmet sich die ebenfalls im Grabbe-Haus Detmold angesiedelte Grabbe-Gesellschaft. Sie wurde 1937 unter der Schirmherrschaft von Reichsminister Goebbels gegründet und diente mit ihren Veranstaltungen bis 1945 dem Grabbe-Kult der Nationalsozialsozialisten. Ihre Neugründung mit veränderten Satzungen erfolgte 1948. Ihr erster nicht-nationalsozialistischer Vorsitzender war Alfred Bergmann, dem Ernst Schnelle und Werner Broer folgten. Die Grabbe-Gesellschaft fördert Publikationen und Aufführungen, betreut das Archiv, veranstaltet Vorträge und Symposien und veröffentlicht seit 1982 anstelle eines knappen Mitteilungsblattes (1957-1981) das *Grabbe-Jahrbuch*, das das wichtigste Forum der neuen Grabbe-Forschung darstellt. Ihr Tätigkeitsbereich umfaßt ferner die beiden anderen Detmolder Dichter, Ferdinand Freiligrath und Georg Weerth.

## 3.7 Biographien

Die Hauptquellen zur Kenntnis von Grabbes Leben und Charakter bilden neben seiner eigenen Korrespondenz die Biographien, die seine Bekannten Eduard Duller (Duller, 7.3 1838) und Karl Ziegler (Ziegler, 7.3 1855) kurz nach seinem Tod verfaßten. Erschwert wird die Erstellung einer exakten Darstellung dadurch, daß Grabbe dauernd Rollen spielte und geflissentlich Gerüchte über sich selbst in die Welt setzte, in denen Wahres und Unwahres sich fast untrennbar mischen. Eine große Standardbiographie fehlt vorläufig trotz zahlreicher Vorarbeiten.

Duller, der mit Grabbe nur während seines kurzen Aufenthaltes in Frankfurt a. M. persönlich verkehrte, gab einen sentimental verzerrten Eindruck von der angeblichen Liebe zwischen Grabbe und seiner Frau Louise und löste vor allem durch sein übertriebenes Lob von Louise und seine Verunglimpfung von Grabbes Mutter heftige Kontroversen aus. Ziegler, der Grabbe in Detmold näher kannte und später Louises Dienstmädchen Sophie heiratete, schrieb bei gegenteiliger Tendenz exakter und objektiver, aber auch seine Darstellung weist Lücken und Ungenauigkeiten auf. Zahlreiche weitere Berichte von Zeitgenossen, die Bergmann in einer wertvollen Anthologie (Bergmann, 7.1 1968) zusammentrug, ändern am widerspruchsreichen Gesamtbild Grabbes nur wenig. Korrekturen zu den Darstellungen von Duller, Ziegler und anderen enthält Bergmanns kritische Untersuchung der Zeugnisse zu verschiedenen biographischen Streitpunkten (Bergmann, 7.2 1933). Aufschlußreich für Grabbes Gedankenwelt und die Entstehung seiner Werke ist Bergmanns Verzeichnis von dessen weitreichender Lektüre in der Öffentlichen Bibliothek zu Detmold (Bergmann, 7.2 1965).

Nützlich sind ferner die Kurzbiographien von Bergmann (Bergmann, 7.3 1936; Bergmann, 7.3 1954; Bergmann, 7.3 1977) und die biographischen Abschnitte der Gesamtdarstellungen von Böttger (Böttger, 7.3 1963), Cowen (Cowen, 7.3 1972) und Ehrlich (Ehrlich, 7.3 1986). Biographische Skizzen finden sich auch in den meisten Werkausgaben. Mit Grabbes physischen und psychischen Leiden beschäftigen sich speziell die Studien von Piper (Piper, 7.2 1898), Ebstein (Ebstein, 7.2 1906), Bergmann (Bergmann, 7.2 1932), Bergler (Bergler, 7.2 1934) und Margulies (Margulies, 7.2 1938-1939). Hasubek (Hasubek, 7.2 1988) schildert Grabbes Verhältnis zu Immermann. Hillekamps (Hillekamps, 7.2 1929) und Brüggemann (Brüggemann, 7.2 1987) sichten seine Briefe als biographische Quellen. Cowen (Cowen, 7.2 1987) wägt Dichtung und Wahrheit in seiner selbsterfundenen Legende. Scheele (Scheele, 7.2 1986) und Ehrlich (6.2 1987) prüfen seinen Antisemitismus. Busse (Busse, H.2 1989) erörtert seine Haltung zur Heimat.

## 3.8 Rezeption

Die zeitgenössische Rezeption der Werke ist in Bergmanns Sammlung von Kritiken und Rezensionen (Bergmann, 6.1 1958-1966) vollständig dokumentiert. Eine ausführliche Analyse der Haltung von Presse, Theater und Wissenschaft von 1827 bis 1945 bietet Michael Vogt. Die »Offenheit der Grabbe'schen Texte für unterschiedliche Sinnzuweisungen« (Vogt, 6.1 1983, 11) bietet, wie er betont, »all jenen gesellschaftlichen Formationen die Möglichkeit, die eigene Orientierungslosigkeit im Spiegel seiner Dramen wiederzuerkennen, die selbst einer ähnlichen existentiellen Verunsicherung ausgeliefert sind« (199); deshalb werde Grabbe primär in Zeiten »historischer Diskontinuität« beachtet (198-199). Die Rezeption bis in die neueste Zeit, namentlich durch Brecht und das Theater der DDR, studiert Ehrlich im Hauptteil seines ersten Buches über Grabbe (Ehrlich, 7.3 1983, 59-212) und mehreren anderen Arbeiten (Ehrlich, 6.1 1974; Ehrlich, 6.1 1978; Ehrlich, 6.1 1981; Ehrlich, 7.3 1986, 245-261). Das Hauptgewicht legt er auf die »Wirkung« Grabbes auf die Dramatik des 19. und 20. Jahrhunderts« im Sinne »der Herausbildung epischer Dramen- und Theaterkonzeptionen« (Ehrlich, 7.3 1986, 251). Max Spalter bewertet Grabbe als neben Lenz und Büchner wichtigsten »anticipator of Brechtian theater in particular and twentieth-century realistic drama in general« (Spalter, 8 1967, 50).

## 3.9 Grabbe als Held in der Dichtung

Infolge der sensationellen Berichte über sein Leben als Outsider, Enfant terrible und Rebell tritt Grabbe als Held vieler Erzählungen, Dramen und Gedichte auf, die mit seiner wirklichen Biographie meist nur wenig gemeinsam haben. Die bekanntesten sind Hanns Johsts Stück *Der Einsame* (1917), das Brechts *Baal* (1922) provozierte, und Thomas Valentins Roman *Grabbes letzter Sommer* (1980), der auch als Fernsehspiel und Hörspiel bekannt wurde. Über alle diese Fiktionen orientieren Bergmann (Bergmann, 6.4 1923; Bergmann, 6.4 1936; Bergmann, 6.4 1964), Broer (Broer, 6.4 1977), Ehrlich (Ehrlich, 6.4 1987), Vaßen (Vaßen, 6.4 1989) und Porrmann (Porrmann, 6.4 1991).

# IV.
# Literaturverzeichnis

## *Vorbemerkung*

Die nachfolgenden Listen stellen eine Auswahl der wichtigsten Veröffentlichungen von und über Grabbe dar. Vollständigkeit in der Art der Bibliographien von Alfred Bergmann (Bergmann, 2 1973) und Klaus Nellner (Nellner, 2 1982; Nellner, 2 1983 ff.) streben sie nicht an. Die Abschnitte über Textausgaben (1) und ausgewählte Literatur zu einzelnen Werken (9) sind chronologisch geordnet, die übrigen alphabetisch. Grabbes eigene Schriften werden im vorangehenden Text nach Alfred Bergmanns historisch-kritischer Göttinger Akademiausgabe (Werke und Briefe, 1.2 1960-73) zitiert, wobei die römischen Ziffern den Band, die arabischen Ziffern die Seite angeben. Nachweise zur Sekundärliteratur enthalten den Namen des Autors, die Nummer des relevanten Abschnitts im Literaturverzeichnis sowie das Veröffentlichungsjahr der Arbeit und die Seitenzahl. Bei direkt aufeinanderfolgenden Zitaten aus dem gleichen Text von Grabbe oder anderen Autoren steht nur die Seitenzahl.

## 1. Textausgaben

### 1.1. Erstausgaben

*Dramatische Dichtungen. Nebst einer Abhandlung über die Shakspearo-Manie*, 2 Bde., Frankfurt a.M. 1827. (Enthält: *Herzog Theodor von Gothland; Nannette und Maria; Scherz, Satire, Ironie und tiefere Bedeutung; Marius und Sulla; Ueber die Shakspearo-Manie.*)
*Aufsätze über Detmold und sein Theater*, 1827-1829 (Artikel in verschiedenen Zeitungen, unter diesem Sammeltitel erstmals in: *Werke*, hrsg. Wukadinowić, Bd. 5, Leipzig, Wien, Stuttgart 1913.)
*Don Juan und Faust. Eine Tragödie*, Frankfurt a.M. 1829.
*Kaiser Friedrich Barbarossa. Eine Tragödie in fünf Akten* (= *Die Hohenstaufen. Ein Cyclus von Tragödien. Erster Band*), Frankfurt a.M. 1829.
*Kaiser Heinrich der Sechste. Eine Tragödie in fünf Akten* (= *Die Hohenstaufen. Ein Cyclus von Tragödien. Zweiter Band*), Frankfurt a.M. 1830.
*Napoleon oder die hundert Tage. Ein Drama in fünf Aufzügen*, Frankfurt a.M. 1831.
*Aschenbrödel. Dramatisches Mährchen*, Düsseldorf 1835.
*Hannibal. Tragödie*, Düsseldorf 1835.

*Das Theater zu Düsseldorf mit Rückblicken auf die übrige deutsche Schaubühne*, Düsseldorf 1835.

*Beiträge zum Düsseldorfer Fremdenblatt*, 1835-1836. (Theaterrezensionen und Feuilletons, unter diesem Sammeltitel erstmals in: *Werke und Briefe*, hrsg. Bergmann, Bd. 4, 1966.)

*Die Hermannsschlacht. Drama*, Düsseldorf 1838.

*Der Cid. Große Oper in zwei bis fünf Akten. Musik von Burgmüller*, in: Arthur Müller (Hrsg.): Moderne Reliquien, Bd. 1, Berlin 1845.

*Kosciuszko, dramatisches Fragment*, in: Robert Hallgarten (Hrsg.): »Aus dem Nachlasse Chr. D. Grabbes«, in: Euphorion 7 (1900), S. 547-564.

*Goethes Briefwechsel mit einem Kinde*, in: Robert Hallgarten (Hrsg.): »Aus dem Nachlasse Chr. D. Grabbes«, in: Euphorion 7 (1900), S. 758-764.

*Etwas über den Briefwechsel zwischen Schiller und Goethe*, in: Werke, hrsg. Wukadinović, Bd. 5, Leipzig, Wien, Stuttgart 1913. (Teildruck unter dem Titel »Schiller und Goethe. Ein Fragment aus einer Abhandlung über deren Briefwechsel«, in: Hermann, 50 (1835), S. 390-392.)

## 1.2 Gesamtausgaben

*Sämmtliche Werke. Erste Gesammtausgabe*, hrsg. Rudolf von Gottschall, 2 Bde., Leipzig 1870.

*Sämmtliche Werke und handschriftlicher Nachlaß. Erste kritische Gesammtausgabe*, hrsg. Oskar Blumenthal, 4 Bde., Detmold 1874.

*Sämtliche Werke in vier Bänden*, hrsg. Eduard Grisebach, Berlin 1902.

*Sämtliche Werke in sechs Bänden. Vollständige Ausgabe mit den Briefen von und an Grabbe*, hrsg. Otto Nieten. Leipzig 1908.

*Werke in sechs Teilen*, hrsg. Spiridion Wukadinowić (richtig: Wukadinović), Berlin, Leipzig, Wien, Stuttgart 1913.

*Werke und Briefe. Historisch-kritische Gesamtausgabe in sechs Bänden*, hrsg. Akademie der Wissenschaften in Göttingen, bearb. Alfred Bergmann, Emsdetten 1960-73. (Dazu:) Alfred Bergmann: Die historisch-kritische Ausgabe von Grabbes Werken und Briefwechsel. Eine Denkschrift, Detmold 1951. Alfred Bergmann: Die historisch-kritische Ausgabe von Grabbes Werken und Briefen. Göttinger Akademie-Ausgabe. Ein Nachwort des Bearbeiters, in: Mitteilungen der Grabbe-Gesellschaft 17 (1974), S. 1-8.

*Werke*, hrsg. Roy C. Cowen, 3 Bde., München, Wien 1975-77.

## 1.3 Teilsammlungen

*Werke in sieben Büchern*, hrsg. Paul Friedrich, 6. Bde., Berlin 1907.

*Werke*, hrsg. Albin Franz und Paul Zaunert, 3 Bde., Leipzig, Wien 1910.

*Gesammelte Werke*, hrsg. Paul Friedrich, 4 Bde., Weimar 1923.

*Werke*, hrsg. Paul Zech, 2 Bde., Berlin 1925.

*Dramen*, hrsg. Alfred Sternbeck, Berlin 1927.

*Dichtungen*, Hafis-Lesebücherei 16, Leipzig 1937.

*Auswahl in zwei Bänden*, hrsg. Benno von Wiese, Stuttgart 1943.

*Dramatische Dichtungen*, hrsg. Hermann Stresau, 3. Bde., Berlin 1944.
*Werke in einem Band*, hrsg. Walther Vontin, Hamburg 1960.
*Gesammelte Werke*, hrsg. Fritz Siefert, Gütersloh 1964.
*Kommata der Weltgeschichte. Stücke*, hrsg. Ursula Münchow, Leipzig 1972.
*Werke in einem Band*, hrsg. Roy C. Cowen, Dortmund 1982.
*Werke in zwei Bänden*, hrsg. Hans-Georg Werner, Berlin, Weimar 1987.

1.4 Selbstzeugnisse

*Grabbe über seine Werke. Christian Dietrich Grabbes Selbstzeugnisse zu seinen Dramen, Aufsätzen und Plänen*, hrsg. Ladislaus Löb, Frankfurt a.M., Bern, New York, Paris 1991.

## 2. Bibliographien

*Alfred Bergmann*: Grabbe Bibliographie, Amsterdam 1973.
*Detlev Hellfaier*: Christian Dietrich Grabbe – Literatur in Auswahl, in: Freund (Hrsg.): Grabbes Gegenentwürfe, München 1986, S. 137-144.
*Klaus Nellner*: Grabbe-Bibliographie 1970-1981, in: Grabbe-Jahrbuch 1 (1982), S. 127-145.
*Klaus Nellner*: Grabbe-Bibliographie 1982 (ff.) mit Nachträgen, jährlich im Grabbe-Jahrbuch 2 ff., 1983 ff.
*Neil Herbert Rudin*: Grabbe-Scholarship 1918-1970. An Annotated Bibliography, Buffalo 1974.

## 3. Forschungsberichte

*Alfred Bergmann*: Grabbe-Forschung und Grabbeprobleme 1918-1934, in: Germanisch-romanische Monatsschrift 22 (1934), S. 343-357, 437-457.
*Detlev Kopp*: Die Grabbe-Forschung 1970-1985, in: Freund (Hrsg.): Grabbes Gegenentwürfe, München 1986, S. 119-136
*Alberto Martino*: Christian Dietrich Grabbe, in: Jost Hermand und Manfred Windfuhr (Hrsg.): Zur Literatur der Restaurationsepoche 1815-1848. Forschungsberichte und Aufsätze, Stuttgart 1970, S. 202-246.
*Ferdinand Josef Schneider*: Neuere Grabbe-Literatur, in: Zeitschrift für deutsche Philologie 63 (1938), H. 1, S. 70-82.

## 4. Archiv

*Alfred Bergmann*: Meine Grabbe-Sammlung. Erinnerungen und Bekenntnisse, Detmold 1942.
*Alfred Bergmann*: Das Grabbe-Archiv der Lippischen Landesbibliothek, in: Nachrichten, Lippische Landesbibliothek (1973) H. 3.
*Detlev Hellfaier*: Im Geburtshaus Christian Dietrich Grabbes: das Literatur-

archiv der Lippischen Landesbibliothek Demold, in: Grabbe-Jahrbuch 11 (1992), S. 79-89.

–: Alfred Bergmann und das Grabbe-Archiv der Lippischen Landesbibliothek, in: Heimatland Lippe 70 (1977), Nr. 1, S. 40-46.

*Karl-Alexander Hellfaier*: Alfred Bergmann. Grabbe-Sammler und Grabbe-Forscher, in: Grabbe-Jahrbuch 5 (1986), S. 59-72.

*Klaus Nellner*: 30 Jahre Grabbe-Archiv Alfred Bergmann in der Lippischen Landesbibliothek, in: Mitteilungsblatt. Verband der Bibliotheken des Landes Nordrhein-Westfalen N.F. 19 (1969), S. 142-145.

–: Das Grabbe-Archiv Alfred Bergmann der Lippischen Landesbibliothek. Geschichte, Bestände, Erschließung, in: Grabbe-Jahrbuch 4 (1985), S. 37-45.


## 5. Jahrbücher

*Grabbe-Jahrbuch* 1-5 (1982-1986), hrsg. Winfried Freund und Karl-Alexander Hellfaier. 6-12 (1987-1993), hrsg. Werner Broer, Detlev Kopp, Michael Vogt. 13 (1994), hrsg. Werner Broer, Fatz u. Krause, Walter Spethmann. (Wird fortgesetzt.)

*Jahrbuch der Grabbe-Gesellschaft* 1 (1939), 3 (1940), hrsg. Grabbe-Gesellschaft. (Bd. 2 erschien nicht.)

*Mitteilungen der Grabbe-Gesellschaft e.V. Detmold* 1-25 (1967-1981).


## 6. Rezeption und Nachwirkung

### 6.1 Grabbe in der Kritik und Literaturwissenschaft, Grabbe und das moderne Drama

*Alfred Bergmann* (Hrsg.): Grabbes Werke in der zeitgenössischen Kritik, 6 Bde., Detmold 1958-1966.

–: Vom Nachleben Grabbes, in: Grabbe-Studien, Detmold 1977, S. 7-72.

*Lothar Ehrlich*: Zur Tradition des epischen Theaters. Brecht und Grabbe, in: Wissenschaftliche Zeitschrift der Friedrich-Schiller-Universität Jena. Gesellschafts- und sprachwissenschaftliche Reihe 23, (1974), H. 1, S. 103-111.

–: Zur Tradition des epischen Theaters. Brecht und Grabbe, in: Weimarer Beiträge 24 (1978), H. 2, S. 148-160.

–: Grabbes Wirkungen. Ein Grundriß, in: Weimarer Beiträge 27 (1981), H. 7, S. 34-52.

*Detlev Kopp*: »Eine klassische Leiche der Charakteristik auf dem Paradebette der Literatur«. Grabbe-Nekrologe des Jungen Deutschland, in: Grabbe-Jahrbuch 5 (1986), S. 30-39.

–: Grabbe und die Literaturwissenschaft. Einleitende Anmerkungen zu einem komplizierten Verhältnis, in: Broer und Kopp (Hrsg.): Christian Dietrich Grabbe. Ein Symposium, Tübingen 1987, S. 1-8.

*Eberhard Moes*: Christian Dietrich Grabbes Dramen im Wandel der Urteile von Ludwig Tieck bis zur Gegenwart, Diss. Kiel, Leipzig 1929.

*Hans-Werner Nieschmidt*: Brecht und Grabbe. Rezeption eines dramatischen Erbes, Detmold 1979.

*Michael Vogt*: Literaturrezeption und historische Krisenerfahrung. Die Rezeption der Dramen Chr. D. Grabbes 1827-1945, Frankfurt a. M., Bern 1983.

*Rosemarie Zeller*: Zur Rezeption von Grabbes Dramen. Ein Beispiel struktureraler Literaturgeschichte, in: Akten des 6. Internationalen Germanisten-Kongresses Basel 1980, Bern, Frankfurt, Las Vegas 1980, S. 401-408.


6.2 Grabbe und der Nationalsozialismus

*Josef Bergenthal* (Hrsg.): Festschrift zur Grabbe-Woche 1936 anläßlich der hundertsten Wiederkehr von Christian Dietrich Grabbes Todestag, Bochum 1936.

– (Hrsg.): Detmolder Grabbe-Tage. Im Auftrage des Gauleiters und Reichsstatthalters Alfred Meyer hrsg. vom Reichspropagandaamt Westfalen-Nord in Verbindung mit der Grabbe-Gesellschaft, Münster 1938.

*Johann Bertram*: Grabbe im deutschen Schicksalskampf, in: Jahrbuch der Grabbe-Gesellschaft 3, (1940), S. 51-74.

*Werner Broer und Detlev Kopp* (Hrsg.): Grabbe im Dritten Reich. Zum nationalsozialistischen Grabbe-Kult, Bielefeld 1986. (Enthält: Kopp, Vogt, 6.2 1986; Porrmann, 6.3 1986; Ehrlich, 8 1986b.)

*Werner Broer*: Die Grabbe-Gesellschaft im Dritten Reich, in: Grabbe-Jahrbuch 6 (1987), S. 65-78.

*Lothar Ehrlich*: Eine »völkische Wiedergeburt«. Zur faschistischen Grabbe-Rezeption, in: Günter Hartung und Hubert Orlowski (Hrsg.): Traditionen und Traditionssuche des deutschen Faschismus, Halle 1983, S. 146-165.

–: »Antisemit unter Judengenossen«? Grabbes Verhältnis zu den Juden und seine faschistische Verwertung, in: Günter Hartung und Hubert Orlowski (Hrsg.): Traditionen und Traditionssuche des deutschen Faschismus, Halle 1987, S. 38-47.

*Dietmar Goltschnigg*: Zur Ideologisierung der Literaturwissenschaft – am Beispiel Grabbes, in: Wirkendes Wort 28 (1978), H. 4, S. 232-242.

*Heinz Kindermann* (Hrsg.): Was ist mir näher als das Vaterland?, Detmold 1939.

*Detlev Kopp*: Christian Dietrich Grabbe in der Germanistik des Dritten Reichs, in: Broer und Kopp (Hrsg.): Grabbe im Dritten Reich, Bielefeld 1986, S. 9-46.

*Michael Vogt*: »Durchbruchsschlacht für Grabbe«. Die Grabbe-Woche 1936 als Beispiel nationalsozialistischer Kulturpolitik in der Region, in: Broer und Kopp (Hrsg.): Grabbe im Dritten Reich, Bielefeld 1986, S. 91-110.


6.3 Grabbes Werke auf der Bühne

*Christian Dietrich Grabbe – Aktuelle Interpretationsansätze. Beiträge von einem VT-Kolloquium.* Berlin 1988. (Enthält u.a.: Ehrlich, G.3 1988; Ehrlich, I 1986a.)

*Inge Diersen* u.a.: »Gothland« und »Iphigenie« – ein Doppelprojekt am Deutschen Theater. Inszenierung Alexander Lang. Für und Wider, in: Weimarer Beiträge 31 (1985), S. 837-857.

*Lothar Ehrlich:* Christian Dietrich Grabbe und das Verhältnis unserer Theater zum Erbe, in: Weimarer Beiträge 7 (1974), S. 149-161.

–: Christian Dietrich Grabbe 1986, in: Christian Dietrich Grabbe – Aktuelle Interpretationsansätze, Berlin 1988, S. 4-22.

–: »Don Juan und Faust«. Dramaturgische Bemerkungen zur Inszenierung 1992 in Detmold, in: Grabbe-Jahrbuch 12 (1993)a, S. 99-107.

– u.a.: Podiumsdiskussion: Grabbe aufs Theater! – Grabbe aufs Theater?, in: Grabbe-Jahrbuch 12 (1993)b, S. 59-98.

*Martin Kušej und Frank-M. Raddatz*: Der Kampf des Unmenschen und des Untiers. Grabbes »Herzog Theodor von Gothland« am Staatstheater Stuttgart, in: Grabbe-Jahrbuch 12 (1993), S. 113-118.

*Maria Porrmann*: Grabbe – Dichter für das Vaterland. Die Geschichtsdramen auf deutschen Bühnen im 19. und 20. Jahrhundert, Lemgo 1982.

–: Grabbe-Dramatik auf den Bühnen im faschistischen Deutschland: Die Inszenierung einer völkischen Legende?, in: Broer und Kopp (Hrsg.): Grabbe im Dritten Reich, Bielefeld 1986, S. 47-73.

–: Für welche Bühne, gegen welches Theater hat Grabbe seine Stücke geschrieben?, in: Grabbe-Jahrbuch 12 (1993), S. 13-25.

*Margaret Sutherland*: »Parallelen mit der Gegenwart«. On the Première of Grabbe's »Hannibal« in 1918, in: Grabbe-Jahrbuch 1 (1982), S. 42-47.

–: The Reception of Grabbe's »Hannibal« in the German Theatre, Frankfurt. a. M., Bern, New York 1984.

*Bernd Vogelsang*: Das Theater Grabbes und das Problem der »Unspielbarkeit«, in: Grabbe-Jahrbuch 12 (1993), S. 26-48.

## 6.4 Grabbe als Held in der Dichtung

*Alfred Bergmann*: Grabbe als Gestalt des Dramas, in: Friedrich und Ebers (Hrsg.): Das Grabbe-Buch, Detmold 1923, S. 89-103

– (Hrsg.): Gedichte auf Grabbe. Zur hundertsten Wiederkehr seines Todestages am 12. September 1936, in: Düsseldorfer Heimatblätter 5 (1936), H. 8, S. 185-223.

–: Grabbe als Held in Drama und Roman, in: Lippische Mitteilungen aus Geschichte und Landeskunde 33 (1964), S. 218-247.

*Werner Broer*: Grabbe als Gestalt in der Dichtung, in: Heimatland Lippe 70 (1977), Nr. 1, S. 28-33.

*Lothar Ehrlich*: Zur Grabbe-Rezeption in der DDR-Literatur der achtziger Jahre, in: Grabbe-Jahrbuch 6 (1987), S. 25-32.

*Maria Porrmann*: Grabbe-Detmold: Traumpaarung oder Klischee?: Kursorische Anmerkungen zum Umgang mit Grabbes Biografie in fiktionalen Texten der achtziger Jahre, in: Grabbe-Jahrbuch 10 (1991), S. 42-62.

*Florian Vaßen*: Die »Verwerter« und ihr »Material« – Brecht und Baal. Bertolt Brechts »Baal« – ein Gegenentwurf zu Hanns Johsts »Der Einsame«, in: Grabbe-Jahrbuch 8 (1989), S. 7-43.

7.1. Zeitgenössische Lebenszeugnisse

*Alfred Bergmann* (Hrsg.): Grabbe. Begegnungen mit Zeitgenossen, Weimar 1930.

— (Hrsg.): Grabbe in Berichten seiner Zeitgenossen, Stuttgart 1968.

*Karl Immermann*: Grabbe. Erzählung, Charakteristik, Briefe. November 1834-Mai 1836, in: Taschenbuch dramatischer Originalien, hrsg. Dr. Franck, Leipzig 1838, S. III-CXII. Wiederabgedruckt in: Karl Immermann: Memorabilien Th. 2, (Schriften Bd. 13), Hamburg 1843, S. 1-181.

*Ernst Willkomm*: Silhouetten dramatischer Dichter. I. Grabbe, in: E. Willkomm und A. Fischer (Hrsg.): Jahrbücher für Drama, Dramaturgie und Theater Bd. 1, Leipzig 1837, S. 67-76.

7.2 Biographische Einzeluntersuchungen

*Edmund Bergler*: Zur Problematik des »oralen« Pessimisten. Demonstriert an Christian Dietrich Grabbe, in: Imago 20 (1934), S. 330-376.

*Alfred Bergmann*: War Grabbe syphilitisch?, in: Zeitschrift für Sexualwissenschaft und Sexualpolitik 18 (1932), H. 8, S. 507-521.

—: Die Glaubwürdigkeit der Zeugnisse für den Lebensgang und Charakter Christian Dietrich Grabbes. Eine quellenkritische Untersuchung, Berlin 1933.

—: Die Vorfahren Christian Dietrich Grabbes, Detmold 1937.

—: Grabbe als Benutzer der Öffentlichen Bibliothek in Detmold, Detmold 1965.

—: Das Detmolder Zuchthaus als Stätte von Christian Dietrich Grabbes Kindheit und Jugend, Demold 1968.

*Diethelm Brüggemann*: Grabbe in seinen Briefen, in: Broer und Kopp (Hrsg.): Christian Dietrich Grabbe. Ein Symposium, Tübingen 1987, S. 145-170.

*Dietrich Busse*: »Ja, aus der Welt werden wir nicht fallen. Wir sind einmal darin.« Heimat in Christian Dietrich Grabbes Werk und Leben, in: Grabbe-Jahrbuch 8 (1989), S. 44-56.

*Roy C. Cowen*: Ansätze zu einer Biographie?, in: Broer und Kopp (Hrsg.): Christian Dietrich Grabbe. Ein Symposium, Tübingen 1987, S. 130-144.

*Bernhard Ebert*: Grabbe als Jurist, in: Lippische Mitteilungen aus Geschichte und Landeskunde 20 (1951), S. 112-147.

*Erich Ebstein*: Chr. D. Grabbes Krankheit. Eine medizinisch-literarische Studie, München 1906.

*Peter Hasubek*: Wechselseitige Anziehung und Abstoßung: Grabbe und Immermann, in Grabbe-Jahrbuch 7 (1988), S. 11-34.

*Karl-Alexander Hellfaier*: Historische und historiographische Aspekte einer Grabbe-Biographie. Ein referierender Exkurs, in: Karl Ziegler: Grabbe's Leben und Charakter, Neudruck Detmold 1984, S. 219-244.

*Carl Heinrich Hillekamps*: Ch. D. Grabbes Briefe als biographische Quelle, Diss. Münster 1929.

*Max Margulies*: Medizinische und psychologische Bemerkungen zum Grabbe-Problem, in: Nederlandsch Tijdschrift voor Psychologie 6 (1938-1939), S. 255-286.

*Carl Anton Piper*: Grabbe, eine psychopathische Erscheinung, in: Beiträge zum Studium Grabbes, München 1898, S. 1-50.

*Gerhard Scheele*: Der »Antisemitismus« bei Christian Dietrich Grabbe, in: Lippische Mitteilungen aus Geschichte und Landeskunde 55 (1986), S. 219-238.

*Eugen Wohlhaupter*: Christian Dietrich Grabbe, in: Dichterjuristen, hrsg. H. G. Seifert, Bd. 2, Tübingen 1955, S. 284-339.

7.3 Gesamtdarstellungen

*Carl Behrens*: En tysk Digter Christian Dietrich Grabbe. Hans Liv og Digtning. Kopenhagen 1903.

*Alfred Bergmann*: Christ. Dietr. Grabbe. 1801-1836. Sein Leben in Bildern, Leipzig 1936.

–: Christian Dietrich Grabbe. Chronik seines Lebens. 1801-1836, Detmold 1954.

–: Christian Dietrich Grabbe. Ein Lebensbild, Münster 1962.

–: Christian Dietrich Grabbe, in: Heimatland Lippe 70, (1977), S. 2-25.

*Fritz Böttger*: Grabbe. Glanz und Elend eines Dichters, Berlin 1963.

*Roy C. Cowen*: Christian Dietrich Grabbe, New York 1972.

*Eduard Duller*: Grabbe's Leben, in: Die Hermannsschlacht. Drama von Grabbe, Düsseldorf 1838, S. 1-91.

*Lothar Ehrlich*: Leben und Werk Christian Dietrich Grabbes, in: Weimarer Beiträge 23 (1977), S. 66-99.

–: Christian Dietrich Grabbe. Leben, Werk, Wirkung, Berlin 1983.

–: Christian Dietrich Grabbe. Leben und Werk, Leipzig 1986.

*Karl Goedeke*: Grundriß der Geschichte der deutschen Dichtung, 2. Aufl., 8. Bd., Dresden 1905, S. 622-637.

*Rudolf von Gottschall*: Christian Dietrich Grabbe, Leipzig 1901.

*Otto Nieten*: Chr. D. Grabbe. Sein Leben und seine Werke, Dortmund 1908.

*Ferdinand Josef Schneider*: Christian Dietrich Grabbe. Persönlichkeit und Werk, München 1934.

*Wilhelm Steffens*: Christian Dietrich Grabbe, Velber 1966.

*Karl Ziegler*: Grabbe's Leben und Charakter, Hamburg 1855.

*8. Sekundärliteratur zum Werk*

*Paul Adams*: Das Weltbild in Grabbe's Herzog Theodor von Gothland, Diss. Münster 1928, Teildruck in: Literaturwissenschaftliches Jahrbuch der Görres-Gesellschaft, Bd. 2, Freiburg 1927, S. 103-135.

*Jean-Claude Avérous*: Vers une distortion grotesque du tragique. Le théâtre de Grabbe, in: Etudes Germaniques 43 (1988), S. 52-65.

*Giuliano Baioni*: Nichilismo e realismo nel dramma storico di Christian Dietrich Grabbe (1801-1836), in: Atti dell' Istituto Veneto di Scienze, Lettere ed Arti 119 (1960-61), S. 401-469.

*Wolfgang Baumgart*: Die Zeit des alten Goethe, in: Heinz Otto Burger (Hrsg.): Annalen der deutschen Literatur, 2. Aufl. Stuttgart 1971, S. 617-618.

*Helmut Becker*: Chr. D. Grabbes Drama Napoleon oder die hundert Tage, Diss. Marburg, Leipzig 1921.

*Alfred Bergmann*: Einleitung in die »Shakspearo-Manie«, in: Jahrbuch der Grabbe-Gesellschaft 1 (1939), S. 25-29.

–: Volksglaube in Grabbes Werken. Ein Beitrag zur lippischen Volkskunde, in: Lippische Mitteilungen aus Geschichte und Landeskunde 30 (1961), S. 77-106.

–: Quellen des Grabbeschen »Napoleon«, Detmold 1969.

–: Alfred Jarrys Übersetzung von Grabbes Lustspiel »Scherz, Satire, Ironie und tiefere Bedeutung«, in: Grabbe-Studien, Detmold 1977, S. 104-111.

*Peter Blickle*: Christian Dietrich Grabbes »Herzog Theodor von Gothland« und Shakespeares »Othello«, in: Grabbe-Jahrbuch 9 (1990), S. 87-96.

*Rudi Bock*: Das Verhältnis von Dichtung und Datentreue in den historischen Dramen Grabbes, Kolberg 1940.

*Arno Borst*: Barbarossas Erwachen – zur Geschichte der deutschen Identität, in: Odo Marquard und Karlheinz Stierle (Hrsg.): Identität (Poetik und Hermeneutik Bd. VII), München 1979, S. 17-60.

*Werner Broer und Detlev Kopp* (Hrsg.): Christian Dietrich Grabbe (1801-1836). Ein Symposium, Tübingen 1987. (Enthält: J. Link, H. Müller, Oellers, M. Schneider, 8 1987; Klotz, 8 1987a; Kopp, 6.1 1987; Brüggemann, 7.2 1987; Cowen, 7.2 1987.)

*Werner Broer*: Grabbe in heutiger Sicht, in: Broer und Kopp (Hrsg.): Christian Dietrich Grabbe. Ein Symposium, Tübingen 1987, S. 9-23.

–: Grabbe im Schulunterricht, in: Kopp und Vogt (Hrsg.): Grabbe und die Dramatiker seiner Zeit, Tübingen 1990, S. 245-251.

*Diethelm Brüggemann*: Grabbe. »Scherz, Satire, Ironie und tiefere Bedeutung«, in: Walter Hinck (Hrsg.): Die deutsche Komödie. Vom Mittalter bis zur Gegenwart, Düsseldorf 1977, S. 127-144.

–: Kampf um die Wirklichkeit. Grabbes »Hermannsschlacht« im Spannungsfeld seiner letzten Lebensmonate, in: Freund (Hrsg.): Grabbes Gegenentwürfe, München 1986, S. 97-117. Leicht geänderte Fassung von: »Fortwährende Schlacht mit abwechselndem Glück«. Grabbes letztes Drama »Die Hermannsschlacht« und die Realität des Realitätslosen, in: Grabbe-Jahrbuch 3 (1984), S. 9-40.

–: Novalis' fünfte Hymne an die Nacht in Grabbes »Hermannsschlacht«, in: Grabbe-Jahrbuch 4 (1985), S. 28-36.

*Christa Bürger*: »Napoleon oder die hundert Tage«, in: Deutschunterricht – Ideologie oder Aufklärung, Frankfurt a.M., Berlin, München, 2. Aufl. 1973, S. 90-95.

*Dietrich Busse*: »Aus Nichts schafft Gott, wir schaffen aus Ruinen!«. Geschichte als Prozeß im Werk Christian Dietrich Grabbes, in: Grabbe-Jahrbuch 5 (1986), S. 11-20.

*Arild Christensen*: Titanismus bei Grabbe und Kierkegaard, in: Orbis Litterarum 14, 1959, S. 184-205.

*Antonio Cortesi*: Die Logik von Zerstörung und Größenphantasie in den Dramen Christian Dietrich Grabbes, Bern, Frankfurt a.M., New York 1986.

*Roy C. Cowen*: Satan and the Satanic in Grabbe's Dramas, in: Germanic Review 39 (1964), Nr.2, S. 120-136.

–: Grabbe's »Don Juan und Faust« and Büchner's »Dantons Tod«: Epicureanism and Weltschmerz, in: PMLA 82 (1967)a, Nr. 5, S. 342-351.

–: Grabbe's Napoleon, Büchner's Danton, and the Masses, in: Symposium 21, (1967)b, Nr. 4, S. 316-323.

–: Grabbe's Faust – Another German Hamlet?, in: Studies in Romanticism 12, (1973), S. 443-460.

–: Mundus Perversus and Mundus Inversus in Grabbe's Dramas, in: Germanic Review 51 (1976), S. 245-258.

–: Nachwort, in: Christian Dietrich Grabbe: Werke, hrsg. Cowen, München, Wien 1977, Bd. 3, S. 411-457.

–: Grabbe und das Schicksalsdrama, in: Grabbe-Jahrbuch 3 (1984), S. 41-58.

–: Das historische Bewußtsein als formgebendes Moment in »Don Juan und Faust«, in: Freund (Hrsg.): Grabbes Gegenentwürfe, München 1986, S. 45-58.

–: Grabbe, in: Das deutsche Drama im 19. Jahrhundert, Sammlung Metzler 247, Stuttgart 1988, S. 70-79.

–: Grabbe und das Junge Deutschland, in: Detlev Kopp und Michael Vogt (Hrsg.): Grabbe und die Dramatiker seiner Zeit, Tübingen 1990, S. 202-216.

*Horst Denkler*: Verkanntsein und Wirkungslosigkeit als Preis für die Vollendung (Grabbe-Büchner), in: Restauration und Revolution. Politische Tendenzen im deutschen Drama zwischen Wiener Kongreß und Märzrevolution, München 1973, S. 234-254.

*Ernst Diekmann*: Christian Dietrich Grabbe. Der Wesensgehalt seiner Dichtung. Versuch einer Deutung seiner Weltanschauung, Detmold 1936.

*Rainer Dorner*: Liebe, Sinnlichkeit und bürgerlicher Konsum: Grabbe, in: Doktor Faust. Zur Sozialgeschichte des deutschen Intellektuellen zwischen frühbürgerlicher Revolution und Reichsgründung (1525-1871), Kronberg/Ts. 1976, S. 98-105.

*Maurice Edwards*: Grabbe's »Jest, Satire, Irony and Deeper Significance«: An Introduction, in: Drama Survey. A Review of Dramatic Literature 5 (1966), Nr. 2., S. 100-122.

(*Lothar Ehrlich*:) Das dramatische Werk Grabbes nach der Julirevolution, in: Kurt Böttcher (Hrsg.): Geschichte der deutschen Literatur. Von 1830 bis zum Ausgang des 19. Jahrhunderts. Geschichte der deutschen Literatur von den Anfängen bis zur Gegenwart, Bd. 8, Berlin 1975, S. 170-176.

*Lothar Ehrlich*: Grabbes Auseinandersetzung mit Schiller, in: Schiller und die Folgen. Zentraler Arbeitskreis Friedrich Schiller im Kulturbund der DDR, Weimar 1976, S. 41-48.

(*Lothar Ehrlich*:) Kritische Literaturkomödie und historische Tragödie. Das frühe Schaffen Christian Dietrich Grabbes, in: Hans-Dieter Dahnke und Thomas Höhle (Hrsg.): Geschichte der deutschen Literatur 1789-1830. Geschichte der der deutschen Literatur von den Anfägen bis zur Gegenwart, Bd. 7, Berlin 1978, S. 742-748.

–: Grabbes »Hannibal«. »Nichts schändlicher als Manier.«, in: Weimarer Beiträge 32 (1986)a, H. 12, S. 2014-2029.

–: »Die Hermannsschlacht«. Werk und germanistische Interpretation im faschistischen Deutschland, in: Broer und Kopp (Hrsg.): Grabbe im Dritten Reich, Bielefeld 1986b, S. 74-90.

–: Grabbe und Büchner. Dramaturgische Tradition und Innovation, in: Kopp und Vogt (Hrsg.): Grabbe und die Dramatiker seiner Zeit, Tübingen 1990, S. 169-186.

*Hans van Els*: Grabbe als Kritiker, Diss. Marburg 1914.

*Emil Ermatinger*: Deutsche Dichter 1750-1900, Bonn 1949, überarb. Jörn Göres, Frankfurt a. M., Bonn 1961, S. 606-612.

*Paul Fechter*: Dichtung der Deutschen, Berlin 1932, S. 584-586.

*Winfried Freund*: Literatur aus regionaler Sicht. Christian Dietrich Grabbe und die Literatur Westfalens, in: Grabbe-Jahrbuch 1 (1982), S. 11-16.

– (Hrsg.): Grabbes Gegenentwürfe. Neue Deutungen seiner Dramen. Zum 150. Todesjahr Christian Dietrich Grabbes, München 1986a. (Enthält: Cowen, H. Kaiser, Kopp, Lindemann und Zons, 8 1986; Freund, 8 1986b; K. Hellfaier, 2 1986; Kopp, 3 1986; Brüggemann, H 1984; Freund, 8 1981.)

–: Grabbes Gegenentwürfe. Ein Aspekt seines Lebens und seiner Kunst, in: Freund (Hrsg.): Grabbes Gegenentwürfe, München 1986b, S. 7-16.

–: Die menschliche Geschichte und der geschichtliche Mensch in Christian Dietrich Grabbes »Hannibal«, in: Freund (Hrsg.): Grabbes Gegenentwürfe, München 1986c, S. 83-96. Wiederabdruck von: »Ja, aus der Welt werden wir nicht fallen.« – Die menschliche Geschichte und der geschichtliche Mensch in Christian Dietrich Grabbes »Hannibal«, in: Wirkendes Wort 31 (1981), H. 5, S. 296-309.

–: Grabbes Geschichtsdramen und die Kritik der Macht, in: Literatur für Leser (1987), S. 249-260.

–: Spiel und Ernst. Grabbes Lustspiel »Scherz, Satire, Ironie und tiefere Bedeutung«, in: Winfried Freund (Hrsg.): Deutsche Komödien. Vom Barock bis zur Gegenwart, München 1988, S. 82-96.

*Paul Friedrich und Fritz Ebers* (Hrsg.): Das Grabbe-Buch, Detmold 1923.

*Heinz Germann*: Grabbes Geschichtsauffassung, Diss. Berlin 1941.

*Helga-Maleen Gerresheim*: Christian Dietrich Grabbe, in: Benno von Wiese (Hrsg.): Deutsche Dichter des 19. Jahrhunderts, Berlin 1969, 2. Aufl., 1979, S. 174-199.

*Hildtrud Gnüg*: Die faustisch-titanische Umdeutung der Don Juan-Gestalt in Christian Dietrich Grabbes »Don Juan und Faust«, Das »donjuaneske«, reflektierte Selbstverständnis der Don Juan-Figur als Konsequenz einer Dramaturgie des Kontrastes und der Konfrontation mit Faust, in: Don Juans theatralische Existenz. Typ und Gattung, München 1974, S. 191-205, 205-219.

–: »Don Juan und Faust«. Eine Tragödie in vier Akten, in: Don Juan, München, Zürich 1989, S. 100-106.

–: Don Juan und Faust. Christian Dietrich Grabbe »Don Juan und Faust« – Théophile Gautier »La Comédie de la Mort«, in: Kopp und Vogt (Hrsg.): Grabbe und die Dramatiker seiner Zeit, Tübingen 1990, S. 232-244.

*Martin Greiner*: Christian Dietrich Grabbe und Georg Büchner, in: Zwischen Biedermeier und Bourgeoisie. Ein Kapitel deutscher Literaturgeschichte, Göttingen 1953, S. 181-200.

*Karl S. Guthke*: Büchner, Grabbe, Hebbel, in: Geschichte und Poetik der deutschen Tragikomödie, Göttingen 1961, S. 197-207.

–: Grabbe: Der Dandy und sein Welt-Theater, in: Die Mythologie der entgötterten Welt. Ein literarisches Thema von der Aufklärung bis zur Gegenwart, Göttingen 1971, S. 144-158.

*Wulf R. Halbach und Ralph Konitzer*: Asiens Steppen an unseren Grenzen. Zu »Vernunft« und »Rasse« in Christian Dietrich Grabbes »Herzog Theodor von Gothland«, in: Grabbe-Jahrbuch 6 (1987), S. 33-51.

*Peter Hasubek*: Grabbes »kritische« Liebe zu Shakespeare. Der Essay »Über die Shakspearo-Manie« als Antwort auf die Shakespeare-Rezeption in den ersten Jahrzehnten des 19. Jahrhunderts, in: Kopp und Vogt (Hrsg.): Grabbe und die Dramatiker seiner Zeit, Tübingen 1990, S. 45-74.

*David Heald*: A Dissenting German View of Shakespeare – Christian Dietrich Grabbe, in: German Life and Letters 24 (1970-1971), S. 67-78.

*Wolfgang Hegele*: Grabbes Dramenform, München 1970.

*Jürgen Hein*: Grabbe und das zeitgenössische Volkstheater, in: Kopp und Vogt (Hrsg.): Grabbe und die Dramatiker seiner Zeit, Tübingen 1990a, S. 117-134.

–: Grabbe und das »volkstümliche« Märchendrama der Biedermeierzeit, in: Grabbe-Jahrbuch 9 (1990)b, S. 71-86

*Reinhard Hennig*: Grabbes »Napoleon« und Venturinis Chronik von 1815. Ein Vergleich, in: Amsterdamer Beiträge zur neueren Germanistik 5 (1976), S. 1-24.

*Hans Henning*: Grabbes »Don Juan und Faust«. Zur Grundidee der Dichtung, in: Helmut Holtzhauer und Hans Henning (Hrsg.): Goethe-Almanach auf das Jahr 1968, Berlin, Weimar 1967, S. 155-181.

–: Originalität Grabbes? Quellen zu »Don Juan und Faust«, in: Solang man lebt, sei man lebendig. Helmuth Holtzhauer zum 2. Dezember 1972, Weimar 1972, S. 409-440.

*Gerhard Friedrich Hering*: Grabbe und Shakespeare, in: Shakespeare-Jahrbuch 77 (1941), S. 93-115.

*Walter Hof*: Pessimistisch-nihilistische Strömungen in der deutschen Literatur vom Sturm und Drang bis zum Jungen Deutschland, Tübingen 1970, S. 118-128.

*Thomas Höhle*: Christian Dietrich Grabbes Auseinandersetzung mit Goethe, in: Wissenschaftliche Zeitschrift der Martin-Luther-Universität Halle Wittenberg 19 (1970), S. 79-91.

*Walter Höllerer*: Christian Dietrich Grabbe, in: Zwischen Klassik und Moderne. Lachen und Weinen in der Dichtung einer Übergangszeit, Stuttgart 1958, S. 17-57.

*Heinrich Hollo*: Grabbe: »Scherz, Satire, Ironie und tiefere Bedeutung«, Frankfurt a.M. 1960.

*Jürgen Holz*: Christian Dietrich Grabbes Teufelsgestalten, in: Im Halbschatten Mephistos. Literarische Teufelsgestalten von 1750 bis 1850, Frankfurt a. M., Bern, New York, Paris 1987, S. 137-175.

*A. W. Hornsey*: Idea and Reality in the Dramas of Christian Dietrich Grabbe, Oxford, London, Edinburgh u.a. 1966.

*David Horton*: Grabbe und sein Verhältnis zur Tradition, Detmold 1980.

–: »Die Menge ist eine Bestie«. The Role of the Masses in Grabbe's Dramas, in: German Life and Letters 35 (1981-82), Nr. 1, S. 14-27.

–: »Die verselnden Ketten«: The Development of Grabbe's Dramatic Language, in: Modern Language Review 79 (1984), S. 97-113.

*Hans Imig*: Das Problem der Religion in Ch. D. Grabbes Tragödie Don Juan und Faust. Versuch einer geistesgeschichtlichen Interpretation. Diss. Münster, Dortmund 1935.

*Kurt Jauslin*: Nackt in der Kälte des Raumes. Emblem und Emblematik in Grabbes historischer Maschine, Grabbe-Jahrbuch 9 (1990), S. 46-70.

*Gerhard Kaiser*: Grabbes »Scherz, Satire, Ironie und tiefere Bedeutung« als Komödie der Verzweiflung, in: Der Deutschunterricht 112 (1959), H. 5, S. 5-14.

*Herbert Kaiser*: Hundert Tage Napoleon oder Das goldene Zeitalter der Willensherrschaft. Zu Grabbes »Napoleon oder die hundert Tage«, in: Walter Hinck (Hrsg.): Geschichte als Schauspiel. Deutsche Geschichtsdramen. Interpretationen, Frankfurt a.M. 1981, S. 197-209.

–: »Und ein geschminkter Tiger ist der Mensch«. Zur Bedeutung von Kraft, Natur und Willen in Grabbes Herzog Theodor von Gothland, in: Grabbe-Jahrbuch 2 (1983), S. 9-28.

–: Scherz, Satire, Ironie und tiefere Bedeutungslosigkeit. Zu Grabbes Lustspiel, in: Freund (Hrsg.): Grabbes Gegenentwürfe, München 1986, S. 17-31.

–: Zur Bedeutung des Willens im Drama Grabbes, in: Kopp und Vogt (Hrsg.): Grabbe und die Dramatiker seiner Zeit, Tübingen 1990, S. 217-231.

*Richard Kaprolat*: Chr. D. Grabbes Drama »Napoleon oder die hundert Tage«. Eine Interpretation, Diss. Münster, Detmold 1939.

*Friedrich Wilhelm Kaufmann*: Die realistische Tendenz in Grabbes Dramen, in: Smith College Studies in Modern Languages 12 (1931), Nr. 4, S. 1-47.

–: Christian Dietrich Grabbe, in: German Dramatists of the 19th Century, New York 1940. Wiederabgedruckt London 1972, S. 81-102.

*Heinz Kindermann*: Das Werden des Hermann-Mythus von Hutten zu Grabbe, in: Jahrbuch der Grabbe-Gesellschaft 3 (1940), S. 26-50.

*Volker Klotz*: Vergegenwärtigungen in und von Grabbes Bühnenstücken. Detmold, den 21. Dezember 2051, in: Broer und Kopp (Hrsg.): Christian Dietrich Grabbe. Ein Symposium, Tübingen 1987a, S. 24-42.

–: Zusichnehmen <-> Vonsichgeben. Grabbes Komödie vom Stoffwechsel der Belletristik: »Scherz, Satire, Ironie und tiefere Bedeutung«, in: Norbert Miller, Volker Klotz, Michael Krüger (Hrsg.): Bausteine zu einer Poetik der Moderne. Für Walter Höllerer, München 1987b, S. 170-187.

–: Grabbes potenziertes Theater. »Hannibal«, für die Bühne gesichtet, in: Grabbe-Jahrbuch 9 (1990), S. 7-45.

*Franz Koch*: Grabbe und Büchner, in: Idee und Wirklichkeit. Deutsche Dichtung zwischen Romantik und Naturalismus, Düsseldorf 1956, Bd. 2, S. 1-14.

*Werner Kohlschmidt*: Christian Dietrich Grabbe, in: Geschichte der deutschen Literatur vom Jungen Deutschland bis zum Naturalismus, Stuttgart 1975, S. 118-132.

*Detlev Kopp*: Geschichte und Gesellschaft in den Dramen Christian Dietrich Grabbes, Frankfurt a.M., Bern 1982.

–: Das Märchen von der Liebe, die man sucht, um sich selbst zu finden. Überlegungen zu Grabbes »Aschenbrödel«, in: Grabbe-Jahrbuch 3 (1984), S. 59-69.

–: Chaos und Ordnung. Überlegungen zu Grabbes Dramenfragment »Marius und Sulla«, in: Freund (Hrsg.): Grabbes Gegenentwürfe, München 1986, S. 33-43.

– und *Michael Vogt* (Hrsg.): Grabbe und die Dramatiker seiner Zeit. Beiträge zum II. Internationalen Grabbe-Symposium 1989, Tübingen 1990. (Enthält Broer, Cowen, Ehrlich, Gnüg, Hasubek, H. Kaiser, H. Müller, Porrmann, Rector, Ribbat, Schnell, Vogt, Werner, Zons, 8 1990; Hein, 8 1990a.)

*Bernd Kortländer*: Die Handschrift des »Hannibal«. Anmerkungen zu Überlieferung, Edition und Interpretation von Grabbes Drama, in: Grabbe-Jahrbuch 6 (1987), S. 42-51.

–: Textkritische Anmerkungen zu Grabbes Drama »Napoleon oder die hundert Tage«, in: Editio 3, (1989), S. 193-199.

*Gerard Koziełek*: Christian Dietrich Grabbes Plan eines Kosciuszko-Dramas, in: Weimarer Beiträge 16 (1970). Nachgedruckt in: Reformen, Revolutionen und Reisen, Wrocław u.a. 1990, S. 209-218.

*Hans-Henrik Krummacher*: Bemerkungen zur dramatischen Sprache in Grabbes »Don Juan und Faust«, in: Hans Werner Seiffert und Bernhard Zeller (Hrsg.): Festgabe für Eduard Berend zum 75. Geburtstag am 5. Dezember 1958, Weimar 1959, S. 235-256.

*Erich Kuhlmann*: Der niederdeutsche Mensch bei Christian Dietrich Grabbe. Ein Beitrag zur Wesensbestimmung des nordisch bestimmten Menschen, Bottrop 1939.

*Artur Kutscher*: Hebbel und Grabbe, München 1913.

*Heinrich Leippe*: Das Problem der Wirklichkeit bei Christian Dietrich Grabbe, in: Fritz Martini (Hrsg.): Vom Geist der Dichtung. Gedächtnisschrift für Robert Petsch, Hamburg 1949, S. 270-285.

*Gotthard Lerchner*: Grabbes »Napoleon oder die hundert Tage«: Organisationsformen und Funktionen der Textgestaltung, in: Horst Hartmann (Hrsg.): Werkinterpretationen zur deutschen Literatur, Berlin 1986, S. 123-138.

*Rainer Lewandowski*: Sehnsucht, Verzweiflung und Unspielbarkeit. Überlegungen zur Dramaturgie Grabbes am Beispiel von »Napoleon oder die hundert Tage«, in: Grabbe-Jahrbuch 8 (1989), S. 68-81.

*Dieter Liewerscheidt*: »... seine Trommeln tönen vielen Eseln noch zu laut«. Grabbes »Napoleon« oder die ästhetische Einheit, in: Grabbe-Jahrbuch 8 (1989), S. 57-67.

*Klaus Lindemann und Raimar Zons*: La marmotte – Über Grabbes »Napoleon oder die hundert Tage«, in: Freund (Hrsg.): Grabbes Gegenentwürfe, München 1986, S. 59-81.

*Sigrid Anemone Lindner*: Christian Dietrich Grabbe »Don Juan und Faust«, in: Der Don Juan-Stoff in Literatur, Musik und bildender Kunst. Eine Analyse ausgewählter Bearbeitungen unter besonderer Berücksichtigung medien-spezifischer Gesichtspunkte, Aachen 1980, S. 210-277.

*Jürgen Link*: »betrachte ... die Menschen als erste von Dampf getriebene Maschinen...«. Grabbe und die Kollektivsymbolik seiner Zeit, in: Broer und Kopp (Hrsg.): Christian Dietrich Grabbe. Ein Symposium, Tübingen 1987, S. 58-77.

*Ladislaus Löb*: »Don Juan und Faust«. Grabbes Drama in einer englischen Radiobearbeitung von Peter Barnes, in: Grabbe-Jahrbuch 8 (1989), S. 87-95.

–: Das Lustspiel, das sich nicht schreiben ließ. Christian Dietrich Grabbes mißglücktes Eulenspiegel-Projekt, in: Eulenspiegel-Jahrbuch 33 (1993), S. 95-121.

*Gerhard Mack*: Die Farce als unzeitgemäße Form komischen Theaters: Grabbes »Lustspiel« »Scherz, Satire, Ironie und tiefere Bedeutung«, in: Die Farce, München 1989, S. 78-91.

*Günther Mahal*: Der Ritter in Grabbes »Don Juan und Faust« – Zähneknirschende Servilität, in: Mephistos Metamorphosen. Fausts Partner als Repräsentant literarischer Teufelsgestaltung, Göppingen 1972, 383-395.

*Otto Mann*: Geschichte des deutschen Dramas, Stuttgart 1960, S. 390-404.

*Ludwig Marcuse*: Grabbe, in: Die Welt der Tragödie, Berlin, Leipzig, Wien, Bern 1923, S. 105-122.

*Bruno Markwardt*: Geschichte der deutschen Poetik. Bd. 4: Das 19. Jahrhundert, Berlin 1959, S. 67-74, 423-428, 536-539.

*Fritz Martini*: Chr. D. Grabbes niederdeutsches Drama, in: GRM 30 (1942), H. 4/6, S. 87-106, H. 7/9, S. 153-171.

–: *Grabbe*: »Napoleon oder die hundert Tage«, in: Benno von Wiese (Hrsg.): Das deutsche Drama vom Barock bis zur Gegenwart. Interpretationen, Düsseldorf 1958, 2. Aufl. 1960, Bd. 2, S. 43-64, 436-437.

–: Deutsche Literaturgeschichte, Stuttgart 1961, S. 383-386.

–: Chr. D. Grabbe: »Napoleon oder die hundert Tage«, in: Geschichte im Drama, Drama in der Geschichte, Stuttgart 1979, S. 349-371. Abgedruckt in: Elfriede von Neubuhr (Hrsg.): Geschichtsdrama, Darmstadt 1980, S. 208-232.

*Hans Mayer*: Grabbe und die tiefere Bedeutung, in: Akzente 12 (1965), S. 79-95. Ausführlicher in: Das unglückliche Bewußtsein, Frankfurt a. M. 1986, S. 511-532.

*Edward McInnes*: »Die wunderlose Welt der Geschichte«: Grabbe and the Development of Historical Drama in the Nineteenth Century, in: German Life and Letters 32 (1978-79), S. 104-114.

–: Grabbe und das Geschichtsdrama , in: Grabbe-Jahrbuch 1 (1982), S. 17-24.

– Christian Dietrich Grabbe, in: Das deutsche Drama des 19. Jahrhunderts, Berlin 1983, S. 63-74.

*Franz Mehring*: Christian Dietrich Grabbe, in: Die Neue Zeit 20 (1901-1902), Bd. 1, Nr. 10, S. 306-311. Wiederabgedruckt in: Aufsätze zur deutschen Literatur von Klopstock bis Weerth. Gesammelte Schriften, Berlin 1961, Bd. 10, S. 335-342.

*Peter Michelsen*: Verführer und Übermensch. Zu Grabbes »Don Juan und Faust«, in: Jahrbuch der Raabe-Gesellschaft (1965), S. 83-102.

–: Die Dramatik Grabbes, in: Walter Hinck (Hrsg.): Handbuch des deutschen Dramas, Düsseldorf 1980, S. 273-285.

*Harro Müller*: Subjekt und Geschichte. Reflexionen zu Grabbes Napoleon-Drama, in: Broer und Kopp (Hrsg.): Christian Dietrich Grabbe. Ein Symposium, Tübingen 1987, S. 96-113.

–: »Man arbeitet heutzutag alles in Menschenfleisch«. Anmerkungen zu Büchners »Dantons Tod« und ein knapper Seitenblick auf Grabbes »Napoleon oder die hundert Tage«, in: Grabbe-Jahrbuch 7 (1988), S. 78-88.

–: Poetische Entparadoxierung. Anmerkungen zu Büchners »Dantons Tod« und Grabbes »Napoleon oder die hundert Tage«, in: Kopp und Vogt: »Grabbe und die Dramatiker seiner Zeit«, Tübingen 1990, S. 187-201.

–: »Meine Gnade ist der Mord!« Interpretationsvorschläge zu Grabbes »Gothland«, in: Grabbe-Jahrbuch 12 (1993), S. 49-58.

*Udo Müller*: Don Juan und seine Gegenmacht bei Grabbe und Lenau, in: Realismus. Begriff und Epoche, Freiburg, Basel, Wien 1982a, S. 60-64.

–: Grabbe: »Napoleon oder die hundert Tage«, in: Realismus. Begriff und Epoche, Freiburg, Basel, Wien 1982b, S. 70-73.

*Walter Muschg*: Grabbe und der Teufel, in: Pamphlet und Bekenntnis. Aufsätze und Reden, hrsg. Peter André Bloch, Olten und Freiburg i. Br. 1968, S. 339-343.

*Edgar Neis*: Erläuterungen zu Christian Dietrich Grabbes »Napoleon oder die hundert Tage« (und) »Hannibal«, Hollfeld, 1973.

–: Absurd-groteske Komik. Christian Dietrich Grabbe: »Scherz, Satire, Ironie und tiefere Bedeutung«, in: Deutsche Lustspiele und Komödien, Hollfeld 1983, S. 77-92, 176-177.

–: Wegbereiter des modernen Dramas: G. Büchner und Chr. D. Grabbe, in: Struktur und Thematik des klassischen und modernen Dramas, Paderborn, München, Wien, Zürich, 1984, S. 56-62.

*Roger A. Nicholls*: The Hohenstaufen Dramas of C. D. Grabbe, in: Karl S. Guthke (Hrsg.): Dichtung und Deutung. Gedächtnisschrift für Hans M. Wolff, Bern, München 1961, S. 97-111.

–: Qualities of the Comic in Grabbe's »Scherz, Satire, Ironie und tiefere Bedeutung«, in: Germanic Review 41 (1966), Nr. 2, S. 89-102.

–: Idealism and Disillusion in Grabbe's »Aschenbrödel«, in: German Quarterly 40 (1967), Nr. 1, S. 68-82.

–: The Dramas of Christian Dietrich Grabbe, The Hague, Paris 1969.

*Hans-Werner Nieschmidt*: George Gordon, Lord Byron und Christian Dietrich Grabbe – »Don Juan und Faust«, in: Christian Dietrich Grabbe. Zwei Studien, Detmold, 1951a, S. 11-46.

–: Die innere Strukturierung der späten Geschichtsdramen Christian Dietrich Grabbes, in: Christian Dietrich Grabbe. Zwei Studien, Detmold 1951b, S. 49-76.

–: Grabbe zitiert Homer. Zur Interpretation von »Kaiser Heinrich der Sechste«, V, 2 und »Hannibal«, V, 4, in: Modern Language Notes 87 (1972), Nr. 5, S. 759-763.

–: Deutung und Dokumentation: Funktionen des Zitats in den Geschichtsdramen Chr. D. Grabbes, in: Deutung und Dokumentation. Studien zum Geschichtsdrama Christian Dietrich Grabbes, Detmold 1973a, S. 9-40.

–: Die bedrohte Idylle in den Geschichtsdramen Chr. D. Grabbes, in: Deutung und Dokumentation. Studien zum Geschichtsdrama Christian Dietrich Grabbes, Detmold 1973b, S. 43-65.

–: Grabbes letztes Geschichtsdrama und die erste Gesamtdarstellung seines Lebens, in: Christian Dietrich Grabbe: Die Hermannsschlacht, Faksdr. hrsg. Hans-Werner Nieschmidt, Detmold 1978, Anh. S. 1-40.

–: »Fechte der Satan, wo Kaufleute rechnen!«. Zur dramatischen Exposition in Grabbes »Hannibal« und ihrer Neufassung in Brechts »Hannibal«-Fragment, in: Grabbe-Jahrbuch 1 (1982), S. 25-40.

*Otto Nieten*: »Don Juan und Faust« und »Gothland«. Eine Studie über Chr. D. Grabbe, in: Studien zur vergleichenden Literaturgeschichte 9 (1909), H. 2, S. 193-222.

*Heidemarie Oehm*: Geschichte und Individualität in Grabbes Drama »Napoleon oder die hundert Tage«, in: Wirkendes Wort 42 (1992), S. 43-55.

*Norbert Oellers*: Die Niederlagen der Einzelnen durch die Vielen. Einige Bemerkungen über Grabbes »Hannibal« und »Die Hermannsschlacht«, in: Broer und Kopp (Hrsg.): Christian Dietrich Grabbe. Ein Symposium, Tübingen 1987, S. 114-129.

*Arnulf Perger*: System der dramatischen Technik mit besonderer Untersuchung von Grabbes Drama, Berlin 1909.

*Carl Anton Piper*: »Herzog Theodor von Gothland«, in: Beiträge zum Studium Grabbes, München 1898, S. 51-145.

*Bodo Plachta*: Christian Dietrich Grabbes »Hermannsschlacht«. Geschichte und Literatur im Spannungsfeld von Regionalismus und Nationalismus, in: Wirkendes Wort 39 (1989), S. 205-218.

*Arthur Ploch*: Grabbes Stellung in der deutschen Literatur. Eine Studie, Leipzig 1905.

*Maria Porrmann*: »Was tragisch ist, ist auch lustig, und umgekehrt«. Anmerkungen zum Komischen in Grabbes Tragödien, in: Grabbe-Jahrbuch 6 (1987), S. 14-24.

–: Die Französische Revolution als Schauspiel, in: Kopp und Vogt (Hrsg.): Grabbe und die Dramatiker seiner Zeit, Tübingen 1990, S. 149-168.

*Martin Rector*: Grabbe von Lenz her zu verstehen, in: Kopp und Vogt (Hrsg.): Grabbe und die Dramatiker seiner Zeit, Tübingen 1990, S. 26-44.

*Paul Reimann*: Christian Dietrich Grabbe, in: Hauptströmungen der deutschen Literatur 1750-1848. Beiträge zu ihrer Geschichte und Kritik, Berlin 1956, S. 667-673.

*Ernst Ribbat*: Grabbe und Tieck. Notizen zu einem Mißverständnis, in: Kopp und Vogt (Hrsg.): Grabbe und die Dramatiker seiner Zeit, Tübingen 1990, S. 103-116.

*Christoph Rodiek*: Grabbe, in: Subjekt – Kontext – Gattung: die internationale Cid-Rezeption. Komparatistische Studien 16 (1990), S. 227-229.

*Wilhelm Scherer*: Geschichte der deutschen Literatur, Berlin 1883, 15. Aufl. 1922, S. 688-704, 793.

*Hannelore Schlaffer*: Dramenform und Klassenstruktur. Eine Analyse der dramatis persona »Volk«, Stuttgart 1972, S. 86-90.

*Jochen Schmidt*: Grabbe und der europäische Napoleon-Kult, in: Die Geschichte des Genie-Gedankens in der deutschen Literatur, Philosophie und Politik 1750-1945, 2. Aufl. Darmstadt 1988, Bd. 2, S. 68-74.

*Ferdinand Josef Schneider*: Das tragische Faustproblem in Grabbes »Don Juan und Faust«, in: Deutsche Vierteljahrsschrift 8 (1930), S. 539-557.

–: Grabbe als Geschichtsdramatiker, in: Zeitschrift für deutsche Geisteswissenschaft 1 (1939), H. 6, S. 539-550.

*Manfred Schneider*: Destruktion und utopische Gemeinschaft. Zur Thematik und Dramaturgie des Heroischen im Werk Christian Dietrich Grabbes, Frankfurt a. M. 1973.

–: Grabbe und der Dichter-Mythos, in: Broer und Kopp (Hrsg.): Christian Dietrich Grabbe. Ein Symposium, Tübingen 1987, S. 43-57.

*Gérard Schneilin*: »Herzog Theodor von Gothland« als »Krankeit zum Tode«. Zur Relation zwischen Christian D. Grabbe und Søren Kierkegaard, in: Sieglinde Hartmann und Claude Lecouteux (Hrsg.): Deutschfranzösische Germanistik. Mélanges pour Emile Georges Zink, Göppingen 1984, S. 249-269.

–: Brecht et Grabbe: réflexions sur le fragment »Hannibal«, in: Jean-Marie Valentin (Hrsg.): Bertolt Brecht: Colloque franco-allemand; tenue en Sorbonne (15-19 novembre 1988), Genève 1990, S. 203-216.

*Ralf Schnell*: Das Lustspiel als Trauerspiel. Zur ironischen Struktur von Grabbes Komödie »Scherz, Satire, Ironie und tiefere Bedeutung«, in: Broer und Kopp (Hrsg.): Christian Dietrich Grabbe. Ein Symposium, Tübingen 1987, S. 78-95.

–: Zur Tradition des barocken Trauerspiels bei Grabbe und Hebbel, in: Kopp und Vogt (Hrsg.): Grabbe und die Dramatiker seiner Zeit, Tübingen 1990, S. 11-25.

*Wilhelm Schöttler*: Die innere Motivierung in Grabbes Dramen, Diss. Göttingen, Dessau 1930.

*Wilhelm Schulte*: Ch. D. Grabbes Hohenstaufen-Dramen auf ihre literarischen Quellen und Vorbilder geprüft, Diss. Münster 1917.

*Friedrich Sengle*: Grabbe und Büchner, in: Das historische Drama in Deutschland. Geschichte eines literarischen Mythos. Stuttgart 1952, 2. Aufl. 1969, S. 158-173.

–: Christian Dietrich Grabbe (1801-1836), in: Biedermeierzeit. Deutsche Literatur im Spannungsfeld zwischen Restauration und Revolution 1815-1848. Band III. Die Dichter, Stuttgart 1980, S. 133-190

*Friedrich Sieburg*: »Napoleon oder die hundert Tage«, in: Christian Dietrich Grabbe: Napoleon oder die Hundert Tage, hrsg. Friedrich Sieburg, Frankfurt a. M., Berlin 1963, S. 5-77.

*Max Spalter*: Christian Dietrich Grabbe, in: Brecht's Tradition, Baltimore 1967, S. 39-73.

*Hermann Stresau*: Deutsche Tragiker. Hölderlin, Kleist, Grabbe, Hebbel, Berlin, München 1939, S. 168-206.

*Margaret A. Sutherland*: »Ingenious« Imagery in Grabbe's »Don Juan und Faust«, in: Hansgerd Delbrück (Hrsg.): Sinnlichkeit in Bild und Klang. Festschrift für Paul Hoffmann zum 70. Geburtstag, Stuttgart 1987, S. 305-316.

*Marianne Thalmann*: Christian Dietrich Grabbe, »Scherz, Satire, Ironie und tiefere Bedeutung«, in: Provokation und Demonstration in der Komödie der Romantik, Berlin 1974, S. 85-91.

*Samuel Theilacker*: Volk und Masse in Grabbes Dramen, Diss. Bern, Würzburg 1907.

*Florian Vaßen*: Das Theater der schwarzen Rache: Grabbes »Gothland« zwischen Shakespeares »Titus Andronicus« und Heiner Müllers »Anatomie Titus Fall of Rome«, in: Grabbe-Jahrbuch 11 (1992), S. 14-30.

*Michael Vogt*: Grabbes Stauferdramen: Tragödien des Übergangs, in: Grabbe-Jahrbuch 5 (1986), S. 21-29.

–: Grabbe – ein Übergangsphänomen der Literaturgeschichte?, in: Kopp und Vogt (Hrsg.): Grabbe und die Dramatiker seiner Zeit, Tübingen 1990, S. 1-10.

–: »'s ist ja doch alles Komödie!«. Grabbes metapoetisches Frühwerk, in: Grabbe-Jahrbuch 10 (1991), S. 9-41.

*Hans-Georg Werner*: Christian Dietrich Grabbe: »Napoleon oder die hundert Tage«. Ein Drama in fünf Aufzügen, in: Horst Hartmann (Hrsg.): Werkinterpretationen zur deutschen Literatur, Berlin 1986, S. 107-122.

–: Einleitung, in: Grabbes Werke, hrsg. Werner, Berlin, Weimar 1987, Bd. 1, S. vii-xlvi.

–: Komik des Niedrigen. Zu Grabbes »Scherz, Satire, Ironie und tiefere Bedeutung«, in: Kopp und Vogt (Hrsg.): Grabbe und die Dramatiker seiner Zeit, Tübingen 1990, S. 135-148.

*Ulrich Wesche*: Byron und Grabbe: Ein geistesgeschichtlicher Vergleich, Detmold 1978.

*Walter Weiss*: Christian Dietrich Grabbe, in: Enttäuschter Pantheismus. Zur Weltgestaltung der Dichtung in der Restaurationszeit, Dornbirn 1962, S. 201-246.

*Carl Wiemer*: Für eine Strategie der Verzweiflung. Eine andere Lesart von Grabbes »Herzog Theodor von Gothland«, in: Grabbe-Jahrbuch 11 (1992), S. 9-13.

*Benno von Wiese*: Die historischen Dramen Grabbes, in: Die Welt als Geschichte 7 (1941), S. 267-294.

–: Die deutsche Tragödie von Lessing bis Hebbel. Hamburg 1948, 6. Aufl. 1964. Kap. 18. Christian Dietrich Grabbe. Sein Weg zum geschichtlichen Drama, S. 455-478. Kap. 19. Grabbes Hohenstaufendramen S. 479-498. Kap. 20. Einzelmensch und Epoche. Das tragische Problem in Grabbes späten Dramen, S. 499-512.

–: Die Deutung der Geschichte durch den Dramatiker Grabbe, Detmold 1966. Wiederabgedruckt in: Von Lessing bis Grabbe. Studien zur deutschen Klassik und Romantik, Düsseldorf 1968, S. 309-329.

–: Grabbes Lustspiel »Scherz, Satire, Ironie und tiefere Bedeutung«, in: Hans Steffen (Hrsg.): Das deutsche Lustspiel, Göttingen 1968, S. 204-224. Unter dem Titel: Grabbes Lustspiel »Scherz, Satire, Ironie und tiefere Bedeutung« als Vorform des absurden Theaters, in: Von Lessing bis Grabbe. Studien zur deutschen Klassik und Romantik, Düsseldorf 1968, S. 289-308.

*Hans Wißkirchen*: Die Gegenwart in der Vergangenheit. Grabbes Hohenstaufendramen zwischen Stoffzwang und Autorintention, in: Literatur für Leser 2 (1989), S. 126-142.

*Marianne Wünsch*: »Schicksal« am Ende der Romantik. Das Beispiel von Grabbes »Herzog Theodor von Gothland«, in: Roger Bauer (Hrsg.): Inevitabilis vis fatorum. Der Triumph des Schicksalsdramas auf der europäischen Bühne um 1800, Bern u.a. 1990, S. 130-150.

*Rosemarie Zeller*: Die Realisierung des Don-Juan-Mythos in der deutschen Literatur des 19. Jahrhunderts am Beispiel E. T. A. Hoffmanns und Chr. D. Grabbes, in: Don Juan. Les actes du Colloque de Treyvaux 1981, Fribourg 1982, S. 123-132.

*Klaus Ziegler*: Grabbe, in: Das deutsche Drama der Neuzeit, in: Wolfgang Stammler (Hrsg.): Deutsche Philologie im Aufriß, 2. Aufl. Berlin 1960, Bd. II, Sp. 2145, 2151-2152.

*Raimar Stefan Zons*: »... die ganze Welt, schauen Sie hier, wie sie rollt und lebt«. Über Grabbes »Napoleon«, in: Grabbe-Jahrbuch 4 (1985), S. 9-27.

–: Zur Aktualität Grabbes, in: Grabbe-Jahrbuch 6 (1987), S. 11-13.

– *und Klaus Lindemann*: Die Schlacht im Theater – vor und nach den »Befreiungskriegen«: Kleists »Hermannsschlacht« und Grabbes »Napoleon«, in: Grabbe-Jahrbuch 7 (1988), S. 35-77.

–: Der Tod des Menschen. Von Kleists »Familie Schroffenstein« zu Grabbes »Gothland«, in: Kopp und Vogt (Hrsg.): Grabbe und die Dramatiker seiner Zeit, Tübingen 1990, S. 75-102.

## 9. Ausgewählte Literatur zu einzelnen Werken

### Herzog Theodor von Gothland

Selbstzeugnisse, 1.4 1991, 27-41. – – F. J. Schneider, 7.3 1934, 71-99. – Wiese, 8 1948, 461-462. – Böttger, 7.3 1963, 71-93. – Cowen, 8 1964. – Hornsey, 8 1966, 41-60. – Steffens, 7.3 1966, 27-35. – Nicholls, 8 1969, 44-69. – Hegele, 8 1970, 9-24. – Guthke, 8 1971, 144-153. – Cowen, 7.3 1972, 40-53. – M. Schneider, 8 1973, 1-31. – Cowen, 7.3 1977, 420-427. – Wesche, 8 1978, 27-47. – Horton, 8 1980, 19-27. – Kopp, 8 1982, 26-39. – H. Kaiser, 8 1983. – Cowen, 8 1984. – Schneilin, 8 1984. – Busse, 8 1986, 11-14. – Cortesi, 8 1986, 73-199. – Ehrlich, 7.3 1986, 37-54. – Halbach und Konitzer, 8 1987. – Blickle, 8 1990. – Rector, 8 1990. – Schnell, 8 1990. – Wünsch, 8 1990. – Zons 8 1990. – Vaßen, 8 1992. – Wiemer, 8 1992. – H. Müller, 8 1993.

### Scherz, Satire, Ironie und tiefere Bedeutung

Selbstzeugnisse, 1.4 1991, 42-49. – – F. J. Schneider, 7.3 1934, 100-135. – G. Kaiser, 8 1959, 5-14. – Hollo, 8 1960. – Böttger, 7.3 1963, 116-137. – Cowen, 8 1964. – Mayer, 8 1965. – Edwards, 8 1966. – Hornsey, 8 1966, 27-36, 60-61. – Nicholls, 8 1966. – Steffens, 7.3 1966, 35-46. – Muschg, 8 1968. – Wiese, 8 1968. – Nicholls, 8 1969, 70-90. – Hegele, 8 1970, 24-30. – Guthke, 8 1971, 153-156. – Cowen, 7.3 1972, 53-65. – M. Schneider, 8 1973, 31-46. – Thalmann, 8 1974. – Cowen, 8 1976, 246-251. – Bergmann, 8 1977, 104-111. – Brüggemann, 8 1977. – Cowen, 7.3 1977, 427-430. – Wesche, 8 1978, 49-57. – Horton, 8 1980, 27-30. – Sengle, 7.3 1980, 155-158. – Kopp, 8 1982, 40-54. – Neis, 8 1983. – Ehrlich, 7.3 1986, 69-84. – H. Kaiser, 8 1986. – Holz, 8 1987. – Klotz, 8 1987b. – Schnell, 8 1987. – Freund, 8 1988. – Mack, 8 1989. – Hein, 8 1990a. – Werner, 8 1990. – Vogt, 8 1991.

### Nannette und Maria

Selbstzeugnisse, 1.4 1991, 50-52. – – F. J. Schneider, 7.3 1934, 136-141. – Böttger, 7.3 1963, 151-153. – Hornsey, 8 1966, 61-64. – Steffens, 7.3 1966, 46-47. – Nicholls, 8 1969, 112-122. – Hegele, 8 1970, 34-35. – Cowen, 7.3 1972, 65-67. – Cowen, 7.3 1977, 430. – Vogt, 8 1991.

### Marius und Sulla
(S. auch Allgemeine Arbeiten zu den Geschichtsdramen)

Selbstzeugnisse, 1.4 1991, 53-57. – – F. J. Schneider, 7.3 1934, 142-169. – Wiese, 8 1948, 473-478. – Böttger, 7.3 1963, 217-226. – Hornsey, 8 1966, 77-87. – Steffens, 7.3 1966, 47-51. – Spalter, 8 1967, 43-48. – Nicholls, 8 1969, 91-111. – Hegele, 8 1970, 177-191. – Cowen, 7.3 1972,

67-78. – M. Schneider, 8 1973, 58-70. – Cowen, 7.3 1977, 430-435. – Kopp, 8 1982, 55-74. – Porrmann, 6.3 1982, 22-26, 63-69, 192-198. – Ehrlich, 7.3 1986, 106-113. – Kopp, 8 1986.


## Über die Shakspearo-Manie

Selbstzeugnisse, 1.4 1991, 219-223. – – F. J. Schneider, 7.3 1934, S. 339-347. – Bergmann, 8 1939. – Markwardt, 8 1959, 67-70. – Böttger, 7.3 1963, 179-184. – Nicholls, 8 1969, 115-122. – Hegele, 8 1970, 171-177. – Heald, 8 1970-1971. – Sengle, 7.3 1980, 159-160. – Kopp, 8 1982, 101-102. – Ehrlich, 7.3 1986, 113-121. – Hasubek, 8 1990.


## Aufsätze über Detmold und sein Theater

Selbstzeugnisse 1.4 1991, 224-226. – – F. J. Schneider, 7.3 1934, 347-350. – Böttger, 7.3 1963, 184-191. – Ehrlich, 7.3 1986, 101-104.


## Don Juan und Faust

Selbstzeugnisse, 1.4 1991, 86-104. – – F. J. Schneider, 8 1930. – F. J. Schneider, 7.3 1934, 170-195. – Wiese, 8 1948, 463-468. – Nieschmidt, 8 1951a. – Krummacher, 8 1959. – Guthke, 8 1961. – Böttger, 7.3 1963, 192-211. – Cowen, 8 1964. – Michelsen, 8 1965. – Hornsey, 8 1966, 65-74. – Steffens, 7.3 1966, 52-56. – Cowen, 8 1967a. – Henning, 8 1967. – Nicholls, 8 1969, 123-150. – Hegele, 8 1970, 35-49. – Cowen, 7.3 1972, 79-97. – Henning, 8 1972. – Mahal, 8 1972. – Cowen, 8 1973. – M. Schneider, 8 1973, 46-57. – Gnüg, 8 1974. – Dorner, 8 1976. – Cowen, 7.3 1977, 435-439. – Wesche, 8 1978, 59-96. – Horton, 8 1980, 30-35. – Lindner, 8 1980. – Sengle, 7.3 1980, 160-163. – Kopp, 8 1982, 75-85. – U. Müller, 8 1982a. – Zeller, 8 1982. – Cortesi, 8 1986, 200-220. – Cowen, 8 1986. – Ehrlich, 7.3 1986, 122-139. – Holz, 8 1987. – Sutherland, 8 1987. – Gnüg, 8 1989. – Löb, 8 1989. – Gnüg, 8 1990. – Ehrlich, 6.3 1993a,b.


## Die Hohenstaufen
Kaiser Friedrich Barbarossa, Kaiser Heinrich der Sechste
(S. auch Allgemeine Arbeiten zu den Geschichtsdramen)

Selbstzeugnisse 1.4 1991, 105-135. – – F. J. Schneider, 7.3 1934, 213-245. – Wiese, 8 1948, 479-498. – Nicholls, 8 1961. – Böttger, 7.3 1963, 212-240. – Hornsey, 8 1966, 88-99. – Steffens, 7.3 1966, 56-58. – Nicholls, 8 1969, 151-169 – Hegele, 8 1970, 192-218. – Cowen, 7.3 1972, 97-110. – Nieschmidt, 8 1972. – M. Schneider, 8 1973, 70-81. – Cowen, 7.3 1977, 438-439. – Borst, 8 1979. – Sengle, 7.3 1980, 164-168. – Kopp, 8 1982, 112-138. – Porrmann, 6.3 1982, 26-32, 55-63, 179-184, 198-212. – Cortesi, 8 1986, 180-199. – Ehrlich, 7.3 1986, 140-154. – Vogt, 8 1986. – Wißkirchen, 8 1989.

Etwas über den Briefwechsel zwischen Schiller und Goethe

Selbstzeugnisse, 1.4 1991, 227-230. – – F. J. Schneider, 7.3 1934, 357-364. – Höhle, 8 1970. – Ehrlich, 7.3 1986, 163-167.

Napoleon oder die hundert Tage
(S. auch Allgemeine Arbeiten zu den Geschichtsdramen)

Selbstzeugnisse, 1.4 1991, 135-155. – – Mehring, 8 1901-1902. – F. J. Schneider, 7.3 1934, 246-279. – Wiese, 8 1948, 500-505. – Nieschmidt, 8 1951b, 50-59. – Martini, 8 1958. – Sieburg, 8 1963.- Cowen, 8 1964. – Böttger, 7.3 1963, 241-273. – Mayer, 8 1965. – Hornsey, 8 1966, 100-105. – Steffens, 7.3 1966, 60-67. – Cowen, 8 1967b. – Spalter, 8 1967, 49-66. – Bergmann, 8 1969. – Nicholls, 8 1969, 194-212. – Hegele, 8 1970, 123-130, 147-150, 218-230. – Cowen, 7.3 1972, 119-133. – Schlaffer, 8 1972. – Bürger, 8 1973. – Neis, 8 1973. – M. Schneider, 8 1973, 242-294 – Hennig, 8 1976. – Cowen, 7.3 1977, 441-446. – McInnes, 8 1978-1979. – Martini, 8 1979. – Sengle, 7.3 1980, 168-162. – H. Kaiser, 8 1981. – Kopp, 8 1982, 139-168. – U. Müller, 8 1982b. – Porrmann, 6.3 1982, 32-37, 69-124, 162-178, 213-228, 270-274, 279-309. – McInnes, 8 1982. – McInnes, 8 1983. – Neis, 8 1984. – Zons, 8 1985. – Busse, 8 1986, 15-18. – Cortesi, 8 1986, 221-248. – Ehrlich, 7.3 1986, 157-182. – Lerchner, 8 1986. – Lindemann und Zons, 8 1986. – Werner, 8 1986. – Freund, 8 1987, 250-254. – H. Müller, 8 1987. – Porrman, 8 1987. – M. Schneider, 8 1987. – Zons, 8 1987. – H. Müller, 8 1988. – Zons und Lindemann, 8 1988. – Kortländer, 8 1989. – Lewandowski, 8 1989. – Lieverscheidt, 8 1989. – Ehrlich, 8 1990. – H. Müller, 8 1990. – Porrmann, 8 1990. – Oehm, 8 1992.

Kosciuszko
(S. auch Allgemeine Arbeiten zu den Geschichtsdramen)

Selbstzeugnisse, 1.4 1991, 268-273. – – F.J. Schneider, 7.3 1934, 280-286. – Steffens, 7.3 1966, 67-68. – Nicholls, 8 1969, S.213-216. – Ehrlich, 7.3 1986, 182-184. – Kozielek, 8 1990.

Aschenbrödel

Selbstzeugnisse 1.4 1991, 156-172. – – F. J. Schneider, 7.3 1934, 196-212. – Böttger, 7.3 1963, 344-348. – Steffens, 7.3 1966, 58-60. – Nicholls, 8 1967. – Nicholls, 8 1969, 170-193. – Hegele, 8 1970, 30-33. – Cowen, 7.3 1972, 110-118. – Cowen, 8 1976, 252-254. – Cowen, 7.3 1977, 438-441. – Kopp, 8 1984. – Ehrlich, 7.3 1986, 154-156. – Hein, 8 1990. – Ribbat, 8 1990.

## Hannibal
(S. auch Allgemeine Arbeiten zu den Geschichtsdramen)

Selbstzeugnisse, 1.4 1991, 173-197. – – F. J. Schneider, 7.3 1934, 283-313. – Wiese, 8 1948, 506-511. – Nieschmidt, 8 1951b, 59-71. – Böttger, 7.3 1963, 312-337. – Hornsey, 8 1966, 105-109. – Steffens, 7.3 1966, 68-75. – Spalter, 8 1967, 66-69. – Nicholls, 8 1969, 217-236. – Hegele, 8 1970, 230-242. – Cowen, 7.3 1972, 133-144. – Nieschmidt, 8 1972. – Neis, 8 1973. – M. Schneider, 8 1973, 295-351. – Cowen, 8 1976, 256-258. – Cowen, 7.3 1977, 446-449. – Sengle, 7.3 1980, 173-176. – Kopp, 8 1982, 169-185. – Nieschmidt, 8 1982. – Porrmann, 6.3 1982, 37-40, 127-162, 228-243. – Sutherland, 6.3 1982. – Sutherland, 6.3 1984. – Ehrlich, 7.3 1986, 217-230. – Ehrlich, 8 1986a. – Freund, 8 1986c. – Freund, 8 1987, 254-256. – Kortländer, 8 1987. – Oellers, 8 1987, 114-124. – Klotz, 8 1990. – Schneilin, 8 1990.


## Das Theater zu Düsseldorf

Selbstzeugnisse 1.4 1991, 231-250. – – F. J. Schneider, 7.3 1934, 350-355. – Ehrlich, 7.3 1986, 208-213. – Hasubek, 7.2 1988.


## Der Cid

Selbstzeugnisse, 1.4 1991, 198-199. – – F. J. Schneider, 7.3 1934, 314-318. – Steffens, 7.3 1963, 68. – Nicholls, 8 1969, 239-241. – Hegele, 8 1970, 33. – Rodiek, 8 1990.


## Goethe's Briefwechsel mit einem Kinde

Selbstzeugnisse 1.4 1991, 251-255. – – F. J. Schneider, 7.3 1934, 356. – Höhle, 8 1970, 87. – Ehrlich, 7.3 1986, 214-215.


## Beiträge zum »Düsseldorfer Fremdenblatt«

Selbstzeugnisse, 1.4 1991, 256-263.


## Beiträge zum »Lippischen Magazin«

Selbstzeugnisse, 1.4 1991, 309.


## Die Hermannsschlacht
(S. auch Allgemeine Arbeiten zu den Geschichtsdramen)

Selbstzeugnisse 1.4 1991, 200-217. – – F. J. Schneider, 7.3 1934, 319-338. – Kindermann, 8 1940. – Wiese, 8 1948, 511-512. – Nieschmidt, 8 1951b, 71-74. – Böttger, 7.3 1963, 355-364. – Hornsey, 8 1966, 109-112.

– Steffens, 7.3 1966, 75-79. – Nicholls, 8 1969, 241-250 . – Hegele, 8 1970, 242-245. – Cowen, 7.3 1972, 144-153. – M. Schneider, 8 1973, 352-388. – Cowen, 7.3 1977, 449-452. – Nieschmidt, 8 1978. – Sengle, 7.3 1980, 176-177. – Kopp, 8 1982, 186-214. – Porrmann, 6.3 1982, 40-43, 244-267, 276-278. – Brüggemann, 8 1985 – Brüggemann, 8 1986. – Ehrlich, 7.3 1986, 230-236. – Ehrlich, 8 1986b. – Freund, 8 1987, 256-259. – Oellers, 8 1987, 125-129. – Plachta, 8 1989.

Allgemeine Arbeiten zu den Geschichtsdramen

Mehring, 8 1901-1902. – F. J. Schneider, 8 1939. – Bock, 8 1940. – Wiese, 8 1941. – Wiese, 8 1948. – Leippe, 8 1949. – Nieschmidt, 8 1951b. – Sengle, 8 1952. – Wiese, 8 1968. – Reimann, 8 1956. – Hegele, 8 1970, 51-166. – Nieschmidt, 8 1973a. – Nieschmidt, 8 1973b. – M. Schneider, 8 1973, 184-241. – Ehrlich, 8 1975. – Kopp, 8 1982. – Porrmann, 6.3 1982. – Ehrlich, 8 1978. – McInnes, 8 1978-79. – Horton, 8 1980, 56-119. – Horton, 8 1981-1982. – McInnes, 8 1983. – Link, 8 1987.

# Register

## 1. Werkregister

## 2. Personenregister

# Anmerkungen zum Autor

Ladislaus Löb, geb. 1933 in Siebenbürgen; Studium an der Universität Zürich mit Promotion 1962; seit 1963 Dozent für Germanistik an der University of Sussex, Brighton, England; Gastdozenturen an der Universität Konstanz und am Middlebury College, USA; zahlreiche Veröffentlichungen im Bereich der Komparatistik, Anglistik und Germanistik.

# Sammlung Metzler